これまでの漢字学習での「なぞり書き」は、うすく書かれた漢字を全画数なぞるものが一般的でした。これは書き始めるときの抵抗感が少なく、丁寧さや集中力も身につく方法ですが、写すだけになってしまう子もいました。

そこで、「書き順がわかる」「よくある間違いがわかる」「字形がわかる」、この三つを意識して、意図的にうすい字を一部だけ残した各漢字の「イチブなぞり」を開発しました。くり返すことで自然と頭の中で字形や書き順を思い浮かべられ、より効果を実感していただけると思います。

困っているあなたに、ぜひ届いてほしいです。

「イチブなぞり」のプラス効果

- よくある間違いが意識でき、書き順が身につく。
- 謎解き感覚で、記憶が引き出しやすくなる。
- 自然と字全体のバランスがとれ、美しい字になる。

たしかめ問題とゲーム問題を収録

- 復習でも同じように「イチブなぞり」を使うことで、記憶に定着しやすくなる。
- ゲーム仕立ての問題で、漢字の力を楽しく確かめられる。

（ここでは、書き順や字形よりも、楽しさ重視で作成しています）

❶ 危

❷ 音 キ　訓 あぶ-ない

❸ 危険　危害　命が危

❶ 書き順や書き方がわかりやすい！

字形がキレイになるように、記号をつけています。

とめ　はね　は

❷ 読み方が一目でわかる！

カタカナ…音読み

ひらがな…訓読み

（-の後は、送りがな）

（　）…中学以降で習う読み方

※…特別な読み方

ゼンブなぞり」と「イチブなぞり」

「ゼンブなぞり」で、字の形をつかみ、その後、「イチブなぞり」で間違いやすい書き順を意識できます。字形も自然と意識されて、キレイな字になりやすくなります。

1-①	胃・異・遺・域	
1-②	宇・映・延・沿	
1-③	恩・我・灰・拡	
1-④	革・閣・割・株	
1-⑤	干・巻・看・簡	
1-⑥	読みのたしかめ	
1-⑦	書きのたしかめ①	
1-⑧	書きのたしかめ②	
1-⑨	書きのたしかめ③	
1-⑩	漢字みつけ！①	
2-①	危・机・揮・貴	
2-②	疑・吸・供・胸	
2-③	郷・勤・筋・系	
2-④	敬・警・劇・激	
2-⑤	穴・券・絹	
2-⑥	読みのたしかめ	
2-⑦	書きのたしかめ①	
2-⑧	書きのたしかめ②	
2-⑨	書きのたしかめ③	
2-⑩	漢字めいろ①	
3-①	権・憲・源・厳	
3-②	己・呼・誤・后	
3-③	孝・皇・紅・降	
3-④	鋼・刻・穀・骨	
3-⑤	困・砂・座	
3-⑥	読みのたしかめ	
3-⑦	書きのたしかめ①	
3-⑧	書きのたしかめ②	
3-⑨	書きのたしかめ③	
3-⑩	正しい漢字みつけ！①	
4-①	済・裁・策・冊	
4-②	蚕・至・私・姿	
4-③	視・詞・誌・磁	
4-④	射・捨・尺・若	
4-⑤	樹・収・宗	
4-⑥	読みのたしかめ	
4-⑦	書きのたしかめ①	
4-⑧	書きのたしかめ②	
4-⑨	書きのたしかめ③	
4-⑩	漢字みつけ！②	
5-①	就・衆・従・縦	
5-②	縮・熟・純・処	
5-③	署・諸・除・承	
5-④	将・傷・障・蒸	
5-⑤	針・仁・垂	
5-⑥	読みのたしかめ	
5-⑦	書きのたしかめ①	
5-⑧	書きのたしかめ②	
5-⑨	書きのたしかめ③	
5-⑩	漢字めいろ②	
6-①	推・寸・盛・聖	
6-②	誠・舌・宣・専	
6-③	泉・洗・染・銭	
6-④	善・奏・窓・創	
6-⑤	装・層・操	
6-⑥	読みのたしかめ	
6-⑦	書きのたしかめ①	
6-⑧	書きのたしかめ②	
6-⑨	書きのたしかめ③	
6-⑩	正しい漢字みつけ！②	
7-①	蔵・臓・存・尊	
7-②	退・宅・担・探	
7-③	誕・段・暖・値	
7-④	宙・忠・著・庁	
7-⑤	頂・腸・潮	
7-⑥	読みのたしかめ	
7-⑦	書きのたしかめ①	
7-⑧	書きのたしかめ②	
7-⑨	書きのたしかめ③	
7-⑩	漢字みつけ！③	
8-①	賃・痛・敵・展	
8-②	討・党・糖・届	
8-③	難・乳・認・納	
8-④	脳・派・拝・背	
8-⑤	肺・俳・班	
8-⑥	読みのたしかめ	
8-⑦	書きのたしかめ①	
8-⑧	書きのたしかめ②	
8-⑨	書きのたしかめ③	
8-⑩	漢字めいろ③	
9-①	晩・否・批・秘	
9-②	俵・腹・奮・並	
9-③	陛・閉・片・補	
9-④	暮・宝・訪・亡	
9-⑤	忘・棒・枚	
9-⑥	読みのたしかめ	
9-⑦	書きのたしかめ①	
9-⑧	書きのたしかめ②	
9-⑨	書きのたしかめ③	
9-⑩	正しい漢字みつけ！③	
10-①	幕・密・盟・模	
10-②	訳・郵・優・預	
10-③	幼・欲・翌・乱	
10-④	卵・覧・裏・律	
10-⑤	臨・朗・論	
10-⑥	読みのたしかめ	
10-⑦	書きのたしかめ①	
10-⑧	書きのたしかめ②	
10-⑨	書きのたしかめ③	
10-⑩	漢字みつけ！④	
1-①	6年で習う漢字①	
1-②	6年で習う漢字②	
1-③	6年で習う漢字③	
1-④	6年で習う漢字④	
2-①	6年で習う漢字⑤	
2-②	6年で習う漢字⑥	
2-③	6年で習う漢字⑦	
2-④	6年で習う漢字⑧	

漢字 1-①

胃・異・遺・域

□ 手本の漢字を指でなぞります。□には漢字を頭の中で思いうかべてから書きましょう。

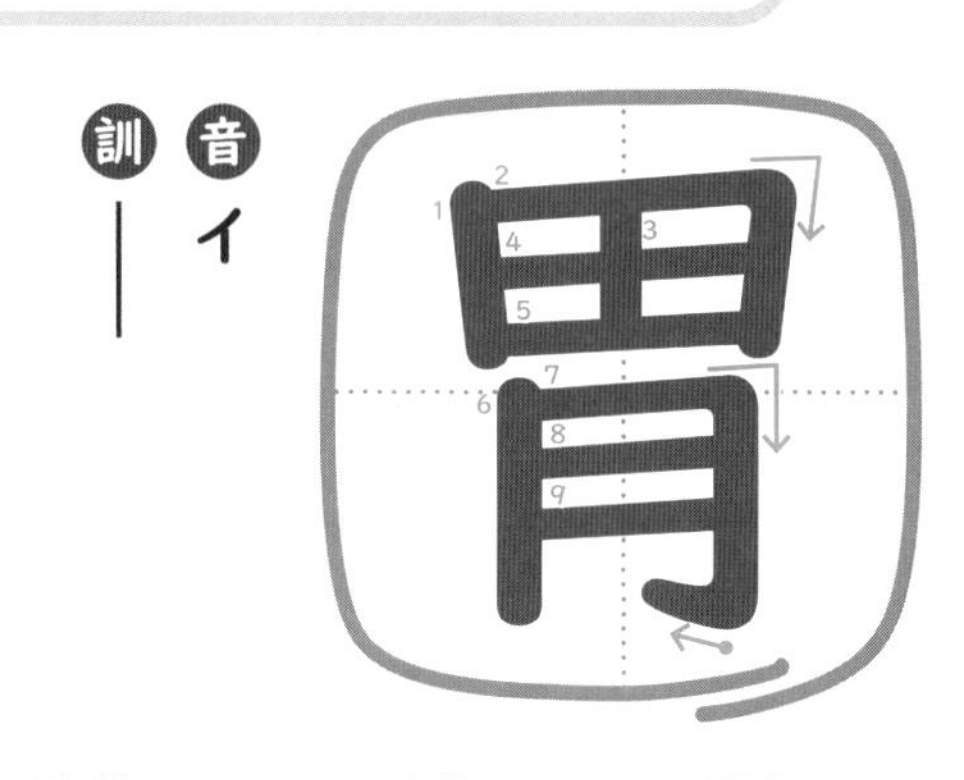

音 イ
訓 ―

□(い)腸(ちょう)

□(い)液(えき)

□(い)をこわす。

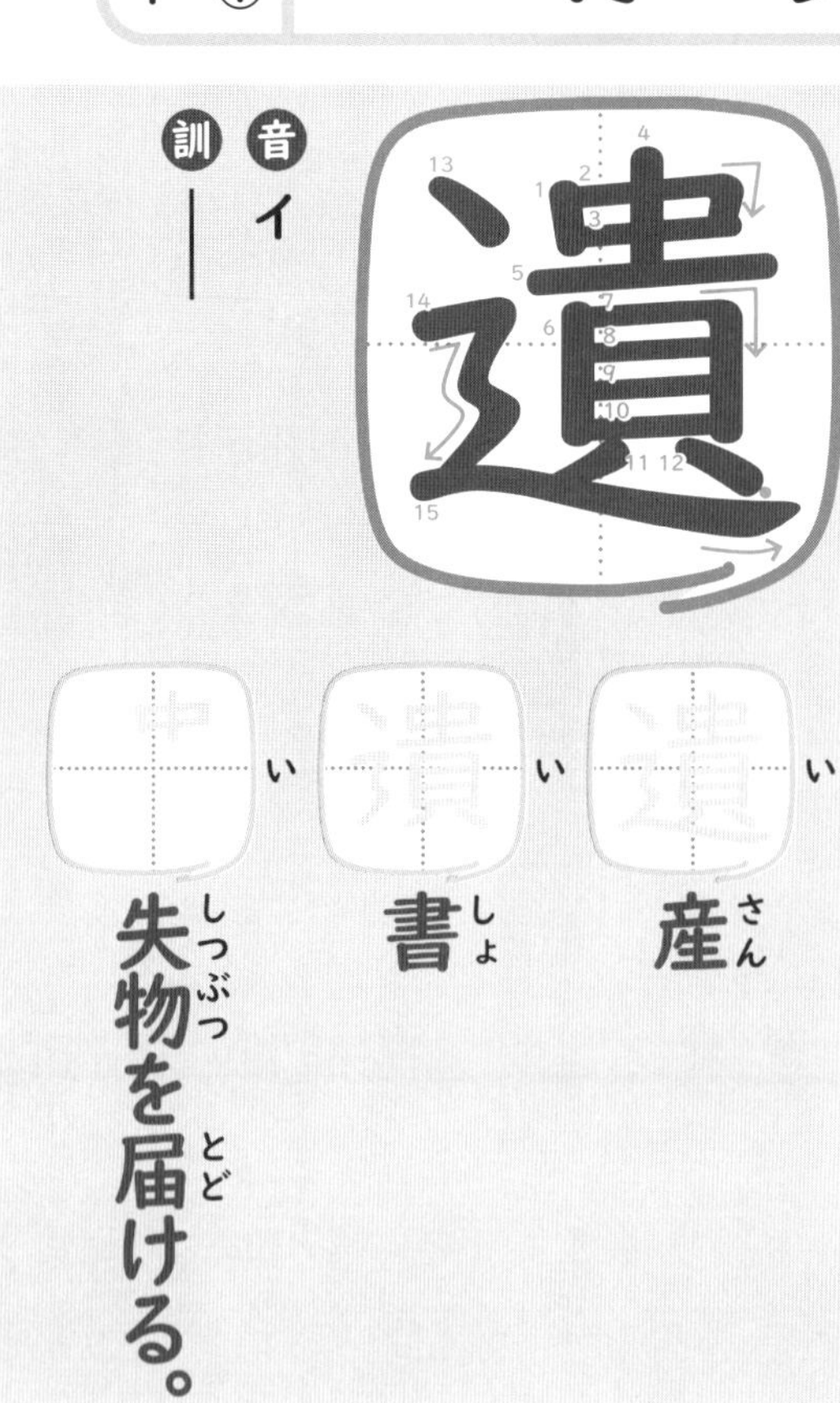

音 イ
訓 ―

□(い)産(さん)

□(い)書(しょ)

□(い)失物(しつぶつ)を届(とど)ける。

音 イ
訓 こと

変(へん)□(い)

常(じょう)□(い)

意見(いけん)が□(こと)なる。

音 イキ
訓 ―

地(ち)□(いき)

区(く)□(いき)

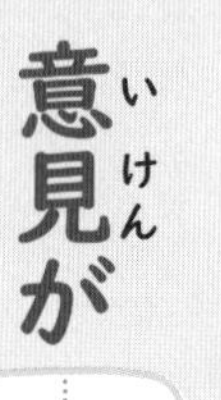

名人(めいじん)の□(いき)になる。

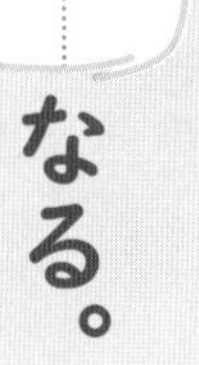

漢字 1-②

宇・映・延・沿

手本の漢字を指でなぞります。□には漢字を頭の中で思いうかべてから書きましょう。

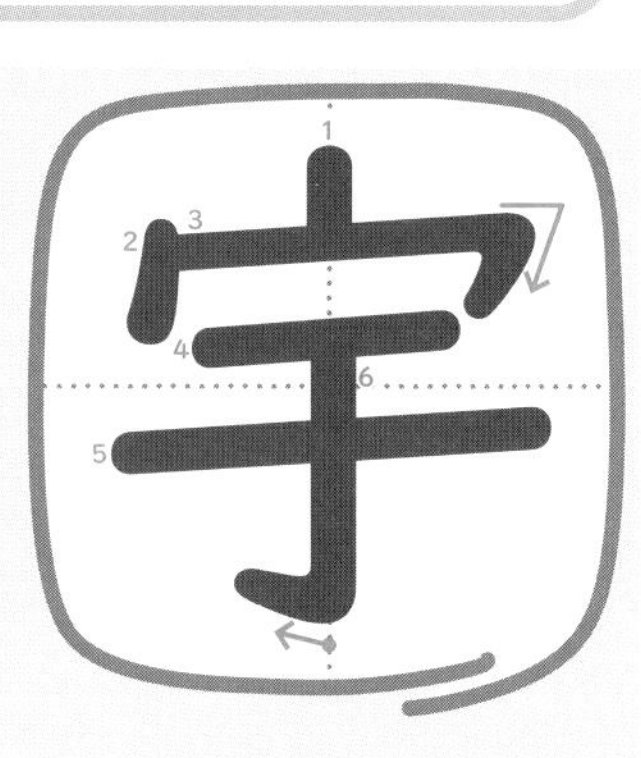

音 ウ
訓 —

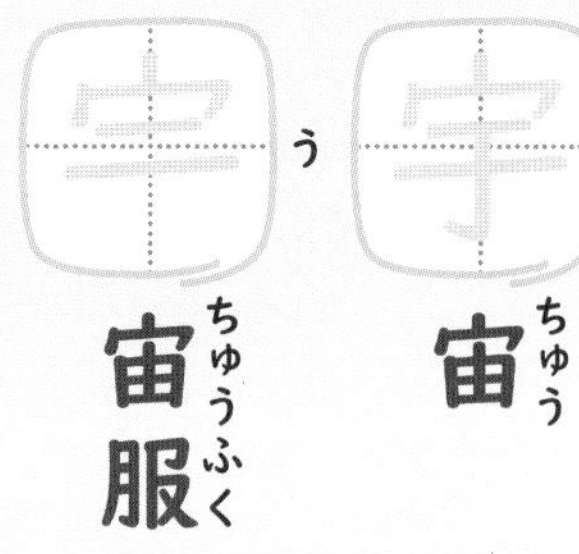

□（う）宙（ちゅう）

□（う）宙服（ちゅうふく）

□（う）宙船（ちゅうせん）に乗（の）る。

音 エン
訓 の-びる　の-べる　の-ばす

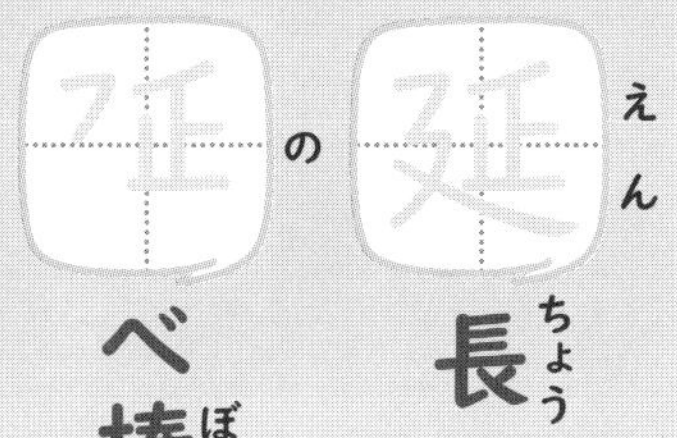

□（えん）長（ちょう）

□（の）べ棒（ぼう）

予定（よてい）が□（の）びる。

音 エイ
訓 うつ-る　うつ-す

□（えい）画（が）

□（えい）像（ぞう）

鏡（かがみ）に□（うつ）る自分（じぶん）。

音 エン
訓 そ-う

□（えん）道（どう）

□（えん）岸（がん）

海岸線（かいがんせん）に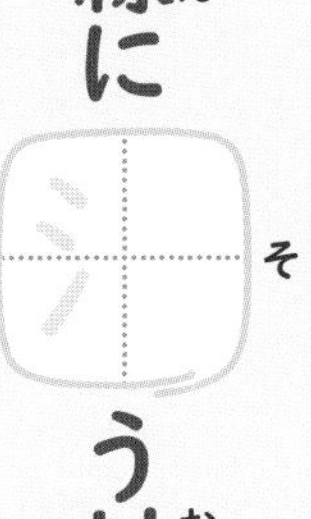□（そ）う村（むら）。

漢字 1-③

恩・我・灰・拡

手本の漢字を指でなぞります。□には漢字を頭の中で思いうかべてから書きましょう。

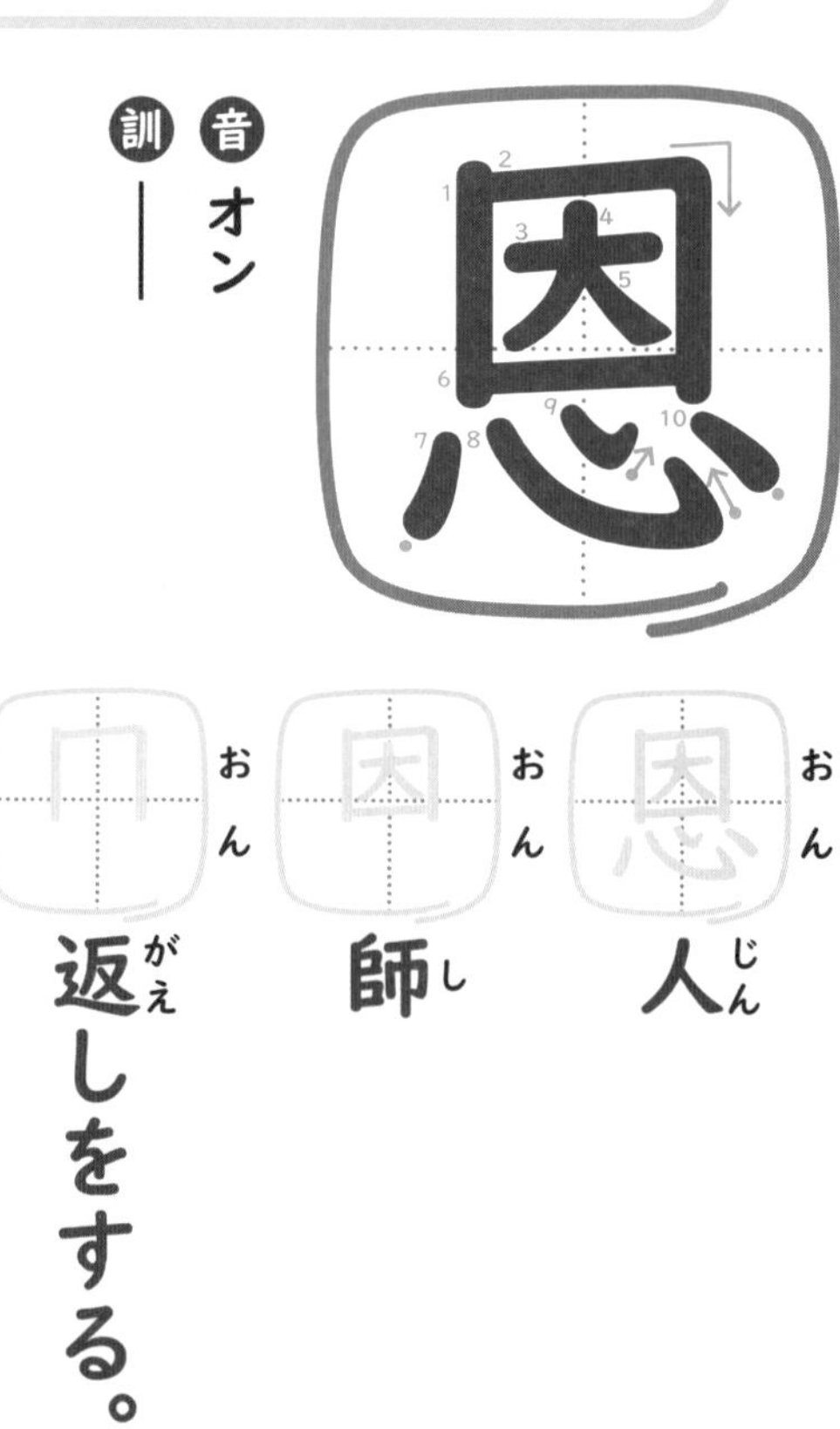

音 オン
訓 —

□（おん）人（じん）
□（おん）師（し）
□（おん）返（がえ）しをする。

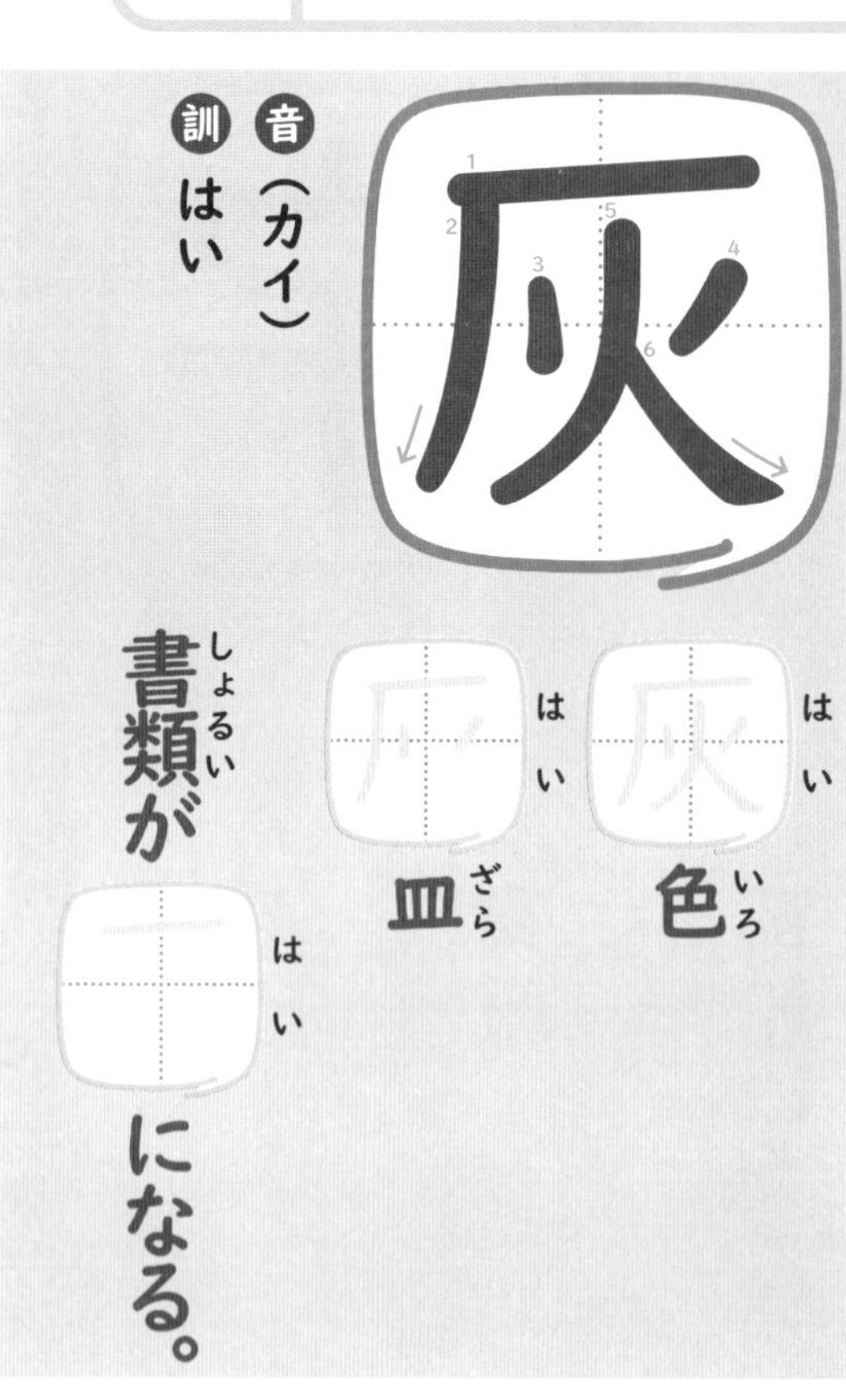

音 （カイ）
訓 はい

□（はい）色（いろ）
□（はい）皿（ざら）
書類（しょるい）が□（はい）になる。

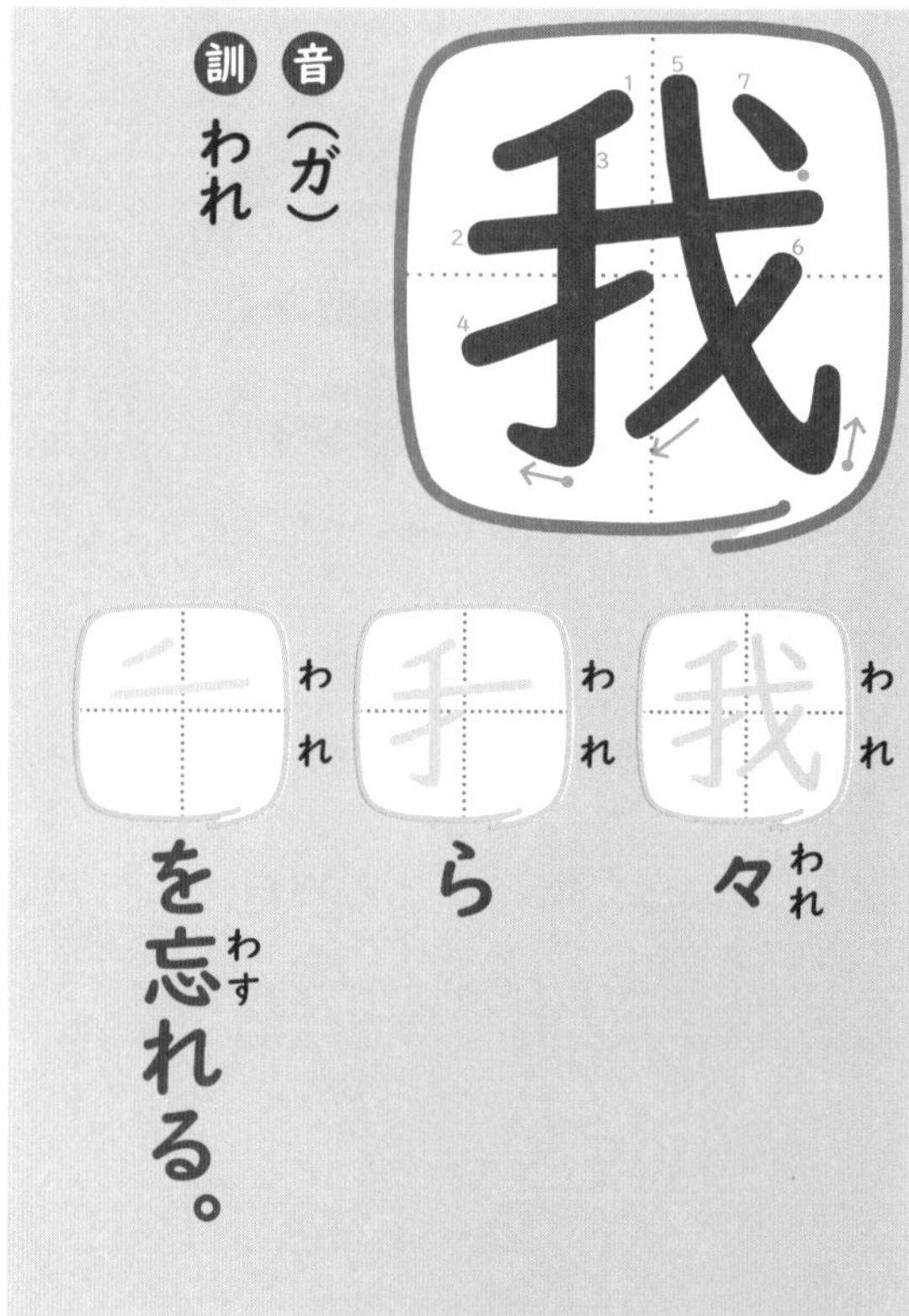

音 （ガ）
訓 われ

□（われ）々（われ）
□（われ）ら
□（われ）を忘（わす）れる。

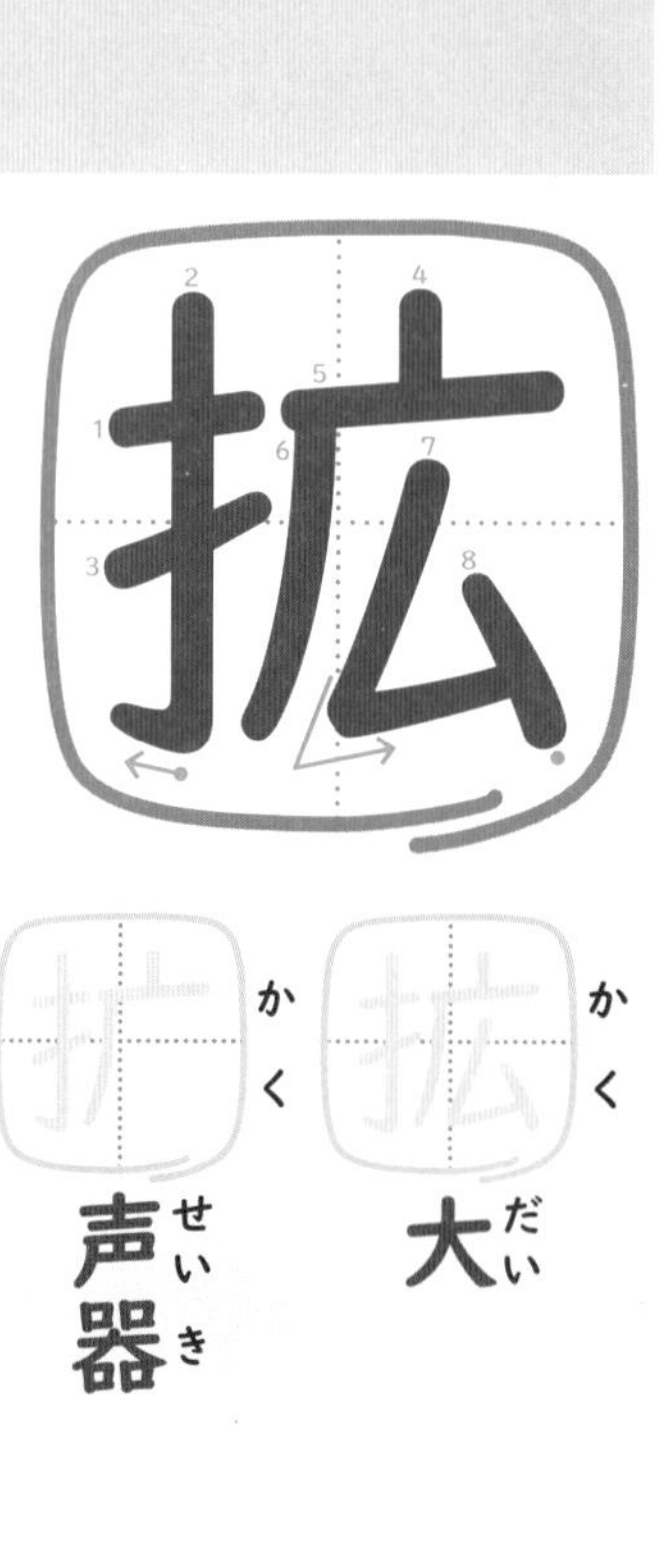

音 カク
訓 —

□（かく）大（だい）
□（かく）声器（せいき）
情報（じょうほう）が□（かく）散（さん）する。

漢字 1-④ 革・閣・割・株

□手本の漢字を指でなぞります。□には漢字を頭の中で思いうかべてから書きましょう。

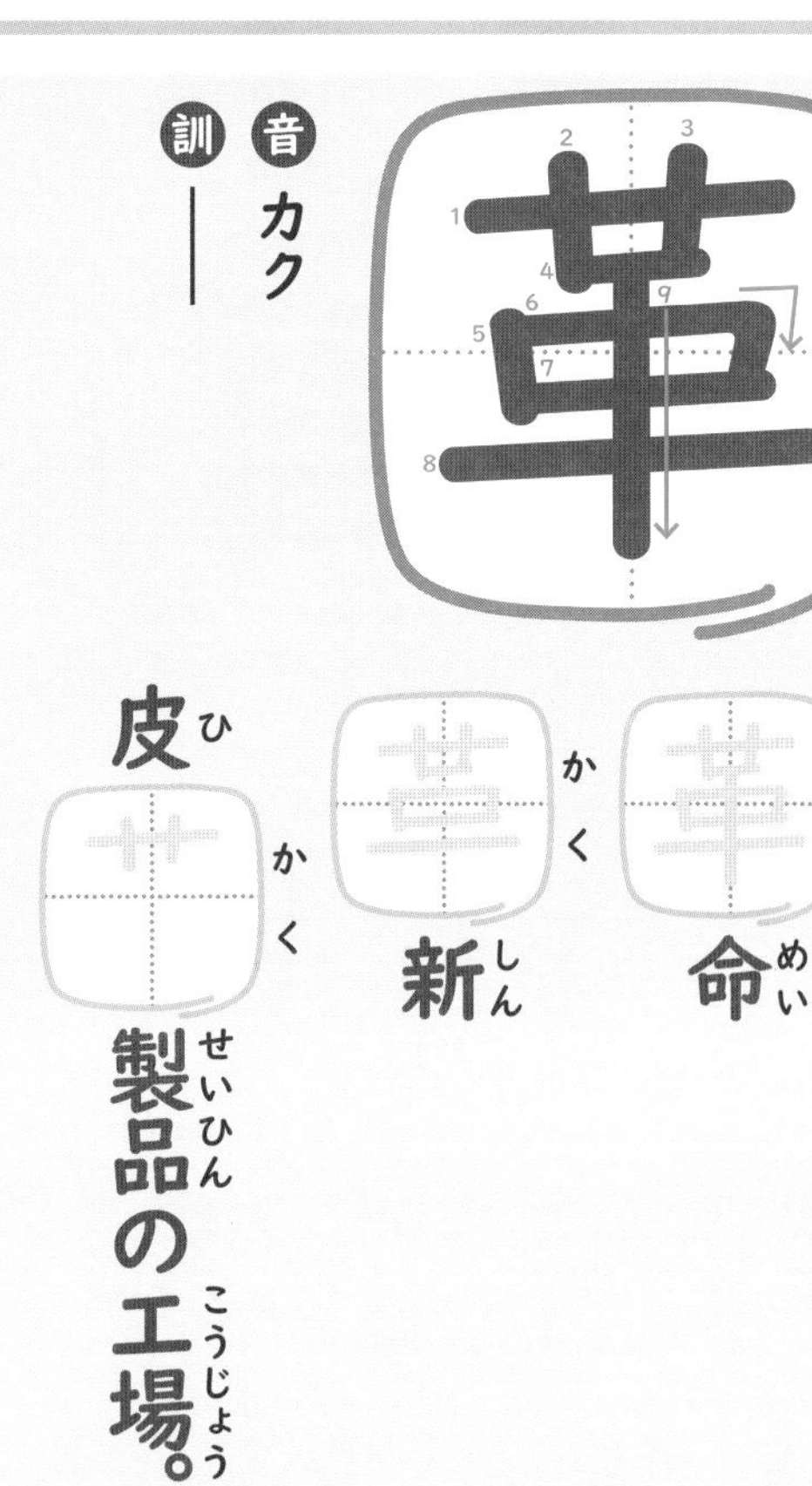

音 カク
訓 ―

□（かく）命（めい）
□（かく）新（しん）
皮（ひ）□（かく）製品（せいひん）の工場（こうじょう）。

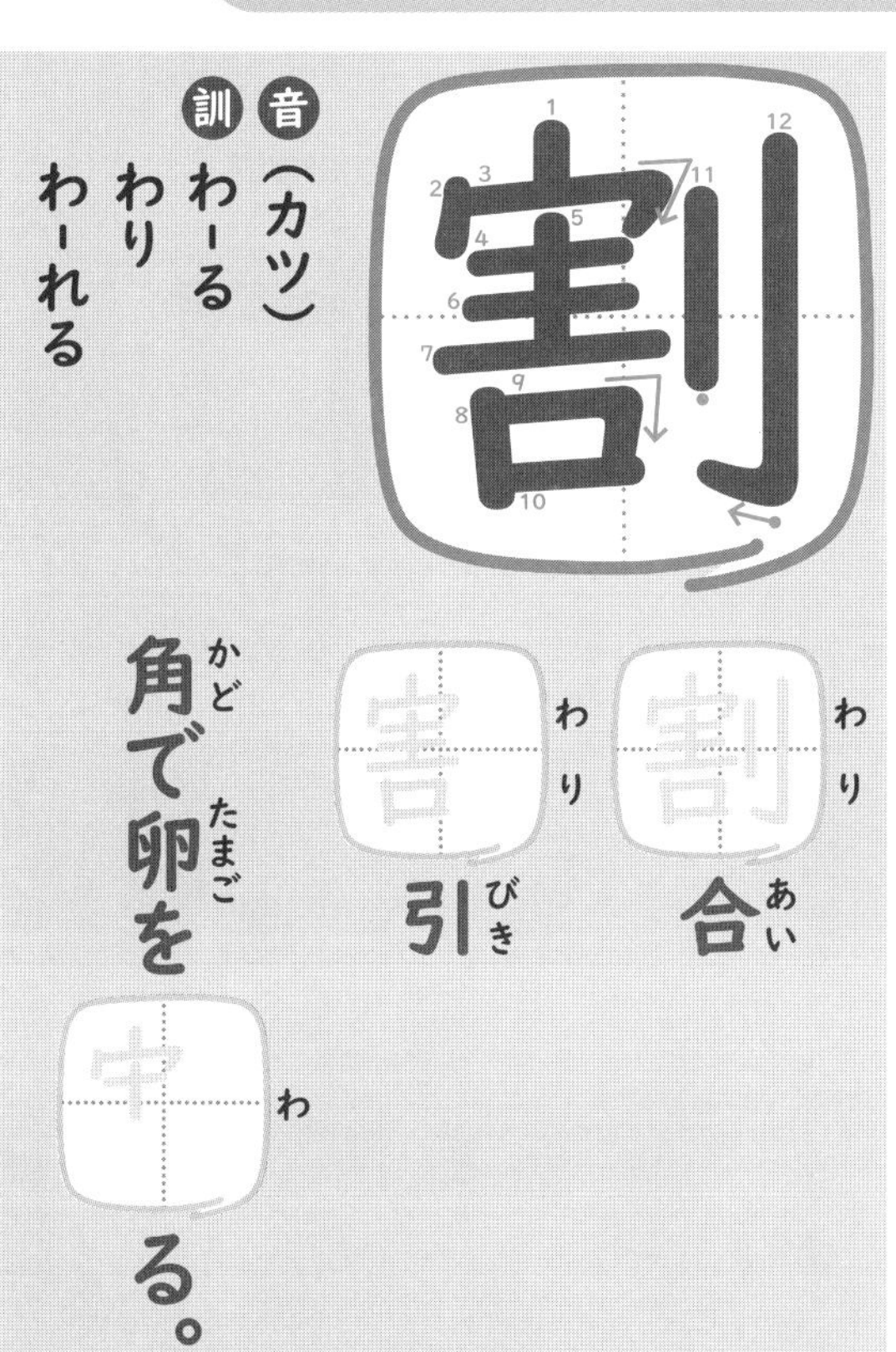

音 （カツ）
訓 わ-る　わり　わ-れる

□（わり）合（あい）
□（わり）引（びき）
角（かど）で卵（たまご）を□（わ）る。

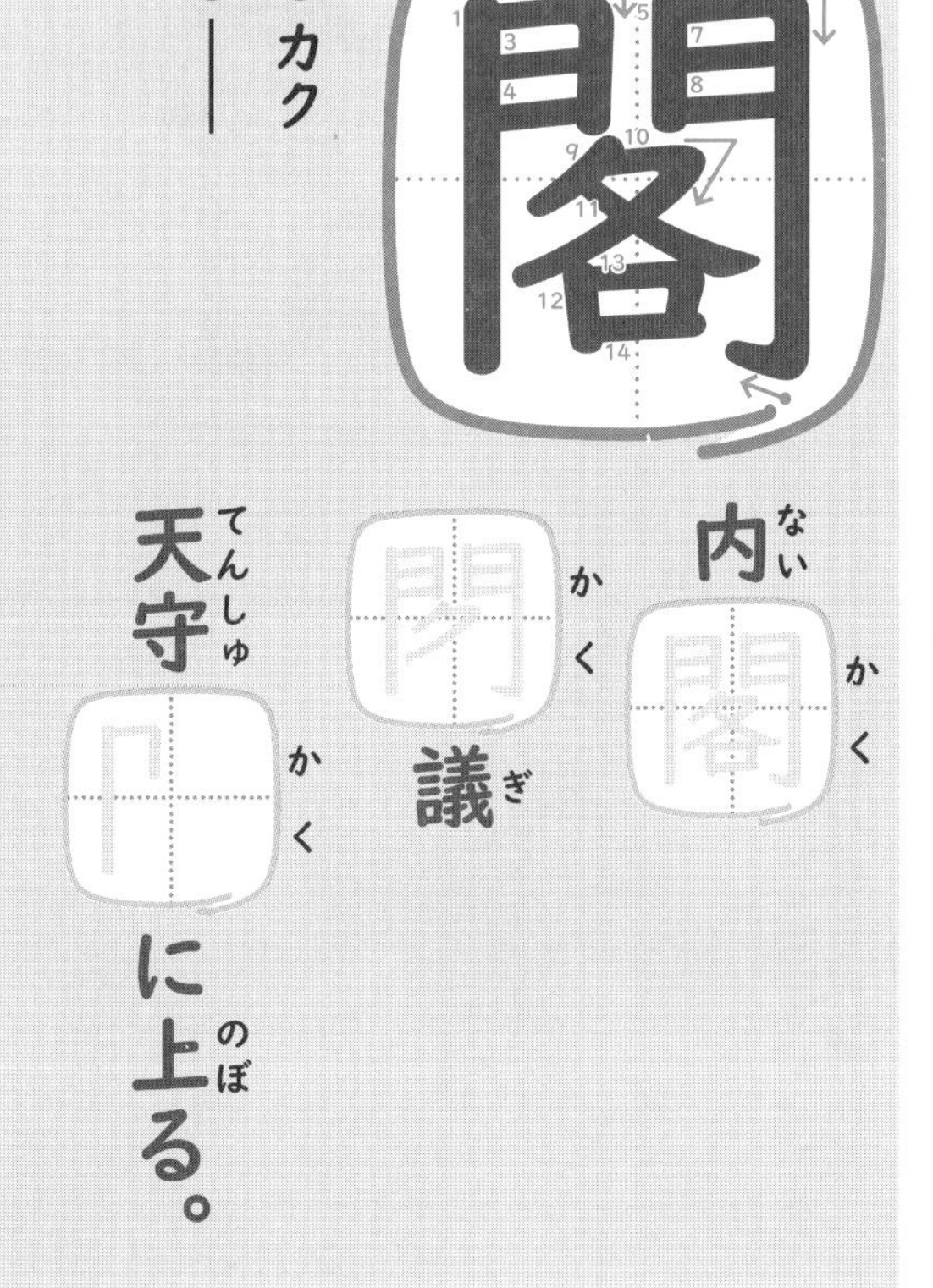

音 カク
訓 ―

内（ない）□（かく）
□（かく）議（ぎ）
天守（てんしゅ）□（かく）に上（のぼ）る。

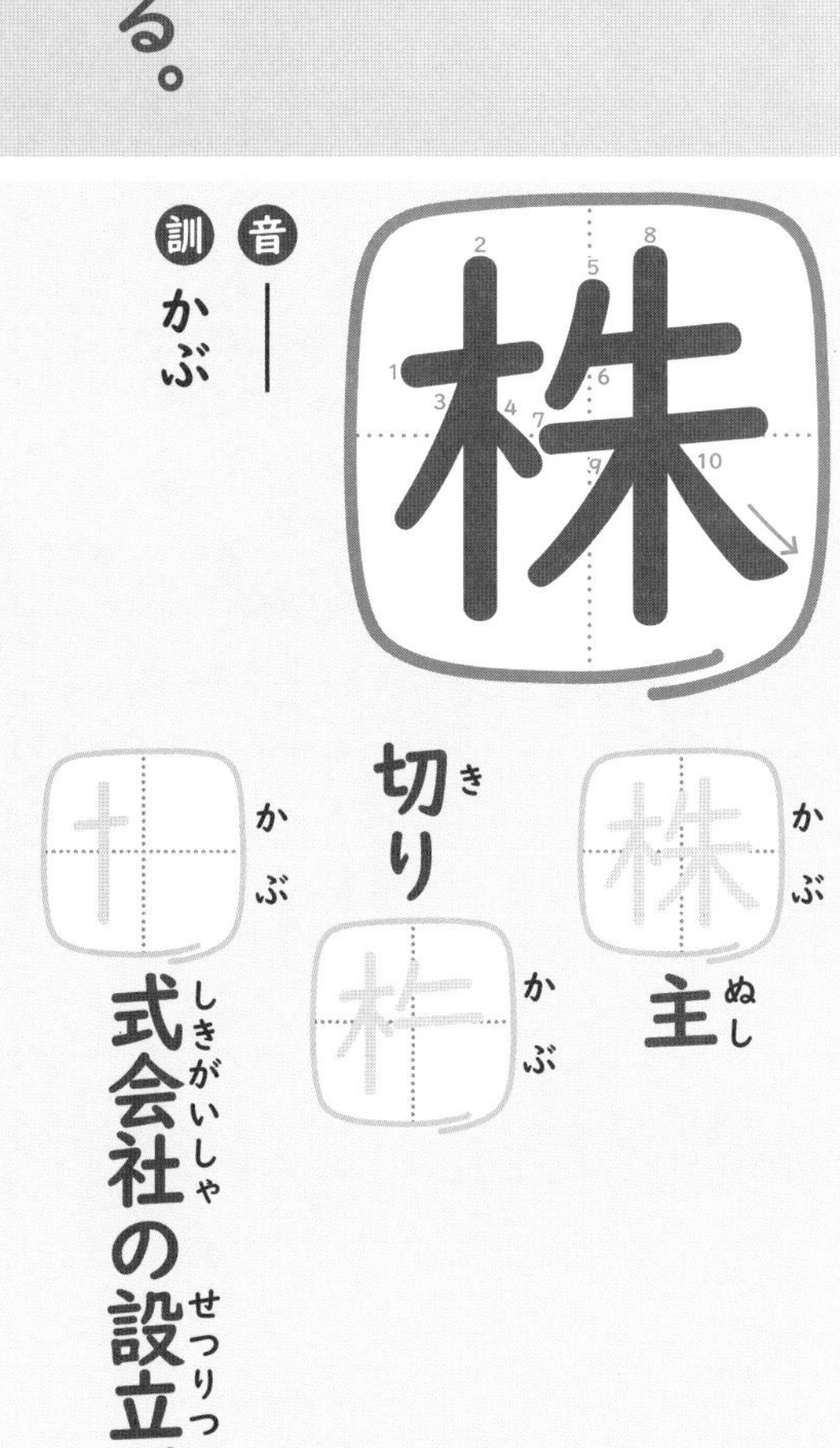

音 ―
訓 かぶ

□（かぶ）主（ぬし）
切（き）り□（かぶ）
□（かぶ）式会社（しきがいしゃ）の設立（せつりつ）。

漢字 1-⑤

干・巻・看・簡

手本の漢字を指でなぞります。
□には漢字を頭の中で思いうかべてから書きましょう。

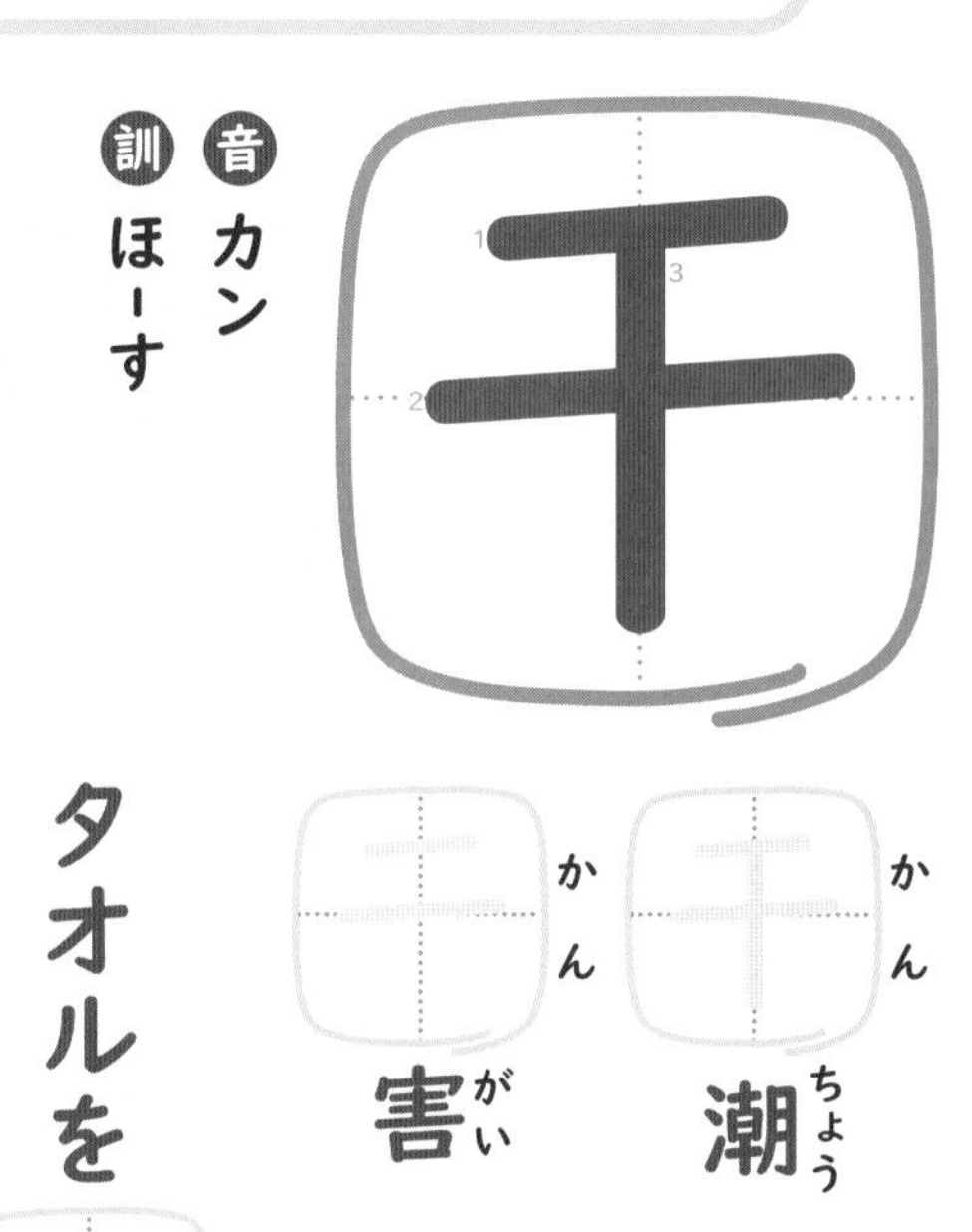

音 カン
訓 ほ-す

干（かん）潮（ちょう）
干（かん）害（がい）
タオルを干（ほ）す。

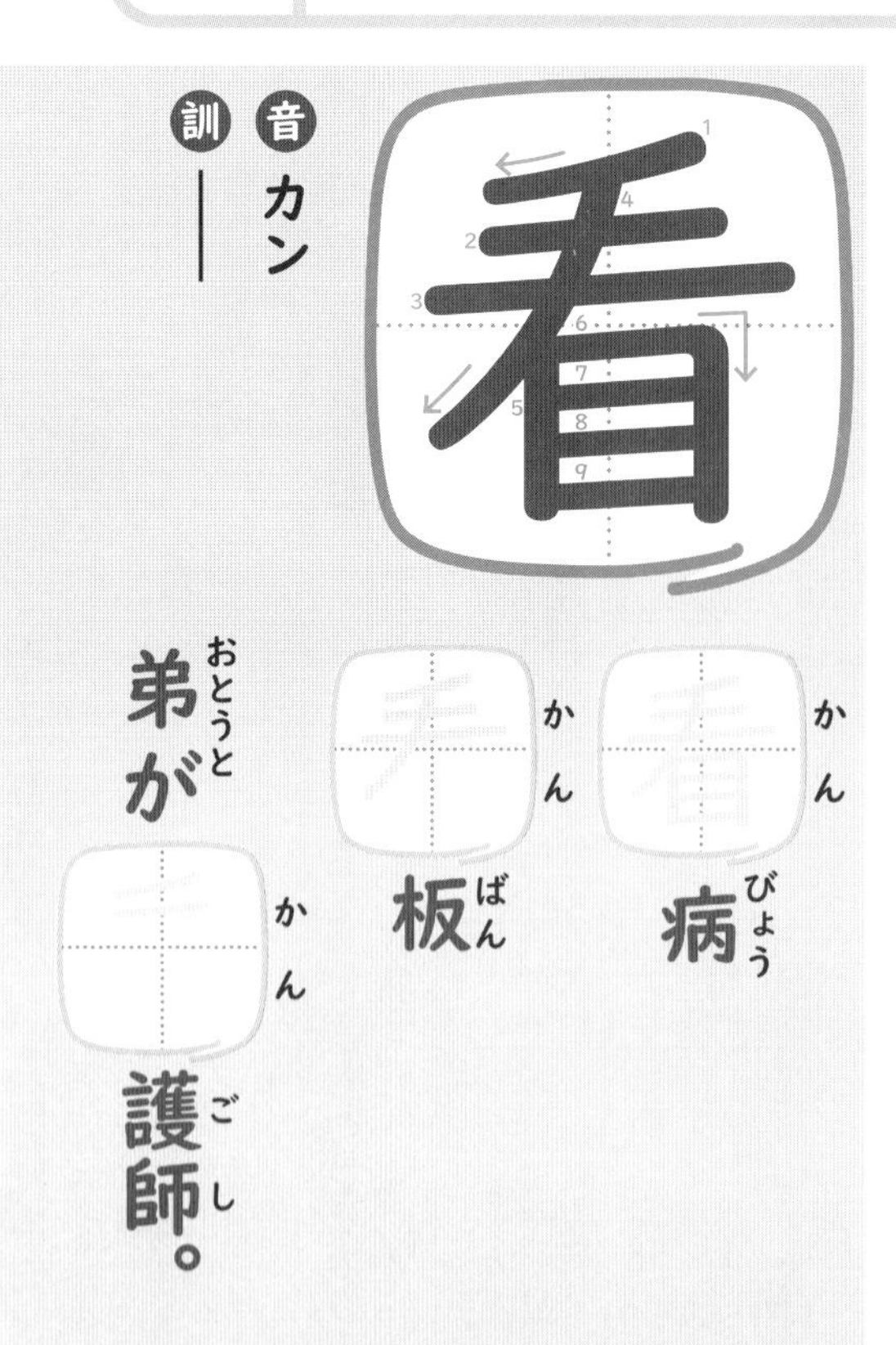

音 カン
訓 ―

看（かん）病（びょう）
看（かん）板（ばん）
弟（おとうと）が看（かん）護（ご）師（し）。

音 カン
訓 ま-く まき

巻（かん）末（まつ）
巻（まき）物（もの）
糸（いと）を巻（ま）く機（き）械（かい）。

音 カン
訓 ―

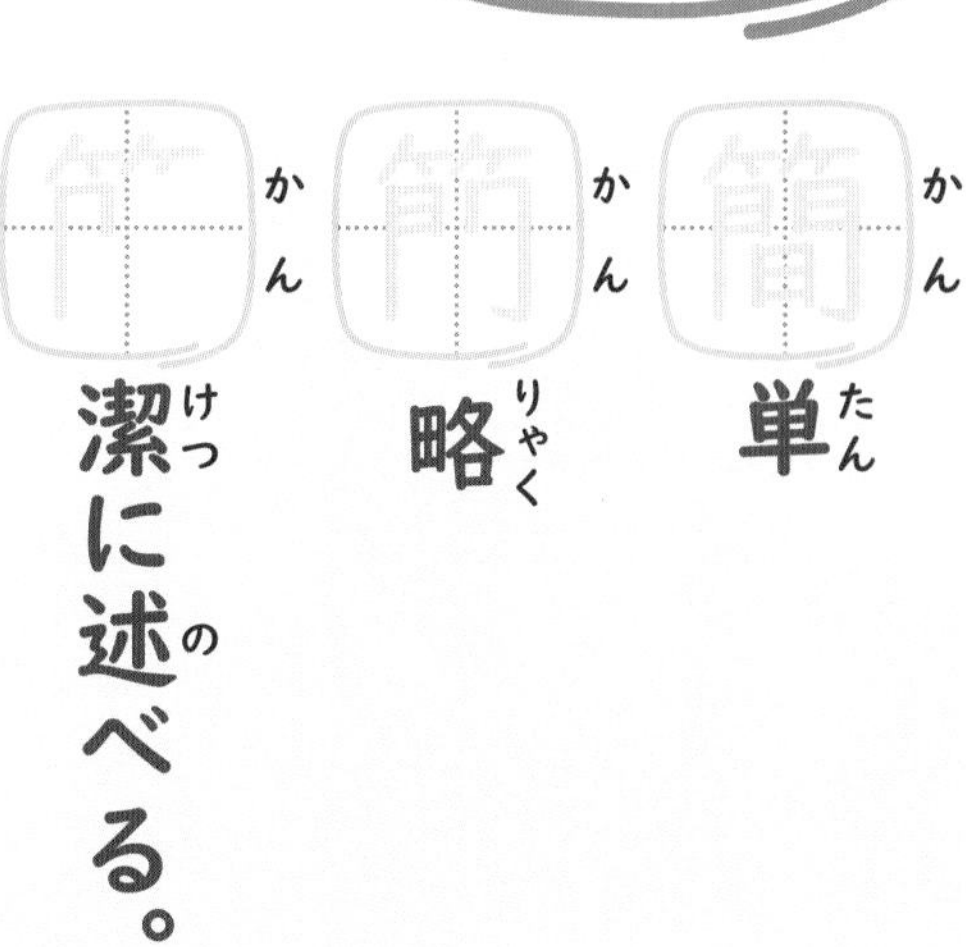

簡（かん）単（たん）
簡（かん）略（りゃく）
簡（かん）潔（けつ）に述（の）べる。

ゴール　スタート

漢字 1－⑥

読みのたしかめ

□ 次の文を読んで、――を引いた漢字の読みを（　）に書きましょう。

① 胃がキリキリ痛(いた)む。（　）

② 事実(じじつ)と異なる。（　）

③ 子(こ)どもに遺伝(でん)する。（　）

④ 地(ち)域を歩(ある)く。（　）

⑤ 宇宙旅行(ちゅうりょこう)の計画(けいかく)。（　）

⑥ テレビを映す。（　）

⑦ 遠足(えんそく)の日(ひ)が延びる。（　）

⑧ 川(かわ)に沿う道(みち)。（　）

⑨ 命(いのち)の恩人(じん)。（　）

⑩ 我は海(うみ)の子(こ)。（　）

⑪ 灰色(いろ)の空(そら)。（　）

⑫ 図(ず)を拡大(だい)する。（　）

⑬ 社会(しゃかい)を改(かい)革する。（　）

⑭ 城(しろ)の天守(てんしゅ)閣。（　）

⑮ 棒(ぼう)ですいかを割る。（　）

⑯ 株を上(あ)げる。（　）

⑰ 魚(さかな)を天日(てんぴ)で干す。（　）

⑱ 包帯(ほうたい)を巻く。（　）

⑲ 親(おや)を看護(ご)する。（　）

⑳ 簡潔(けつ)な文章(ぶんしょう)。（　）

漢字 1-⑦

書きのたしかめ ①

□ 次の文を読んで、□にあてはまる漢字を頭の中で思いうかべてからなぞりましょう。

① 胃がキリキリ痛む。

② 事実と異なる。

③ 子どもに遺伝する。

④ 地域を歩く。

⑤ 宇宙旅行の計画。

⑥ テレビを映す。

⑦ 遠足の日が延びる。

⑧ 川に沿う道。

⑨ 命の恩人。

⑩ 我は海の子。

⑪ 灰色の空。

⑫ 図を拡大する。

⑬ 社会を改革する。

⑭ 城の天守閣。

⑮ 棒ですいかを割る。

⑯ 株を上げる。

⑰ 魚を天日で干す。

⑱ 包帯を巻く。

⑲ 親を看護する。

⑳ 簡潔な文章。

漢字 1-⑧

書きのたしかめ②

次の文を読んで、□にあてはまる漢字を頭の中で思いうかべてから書きましょう。

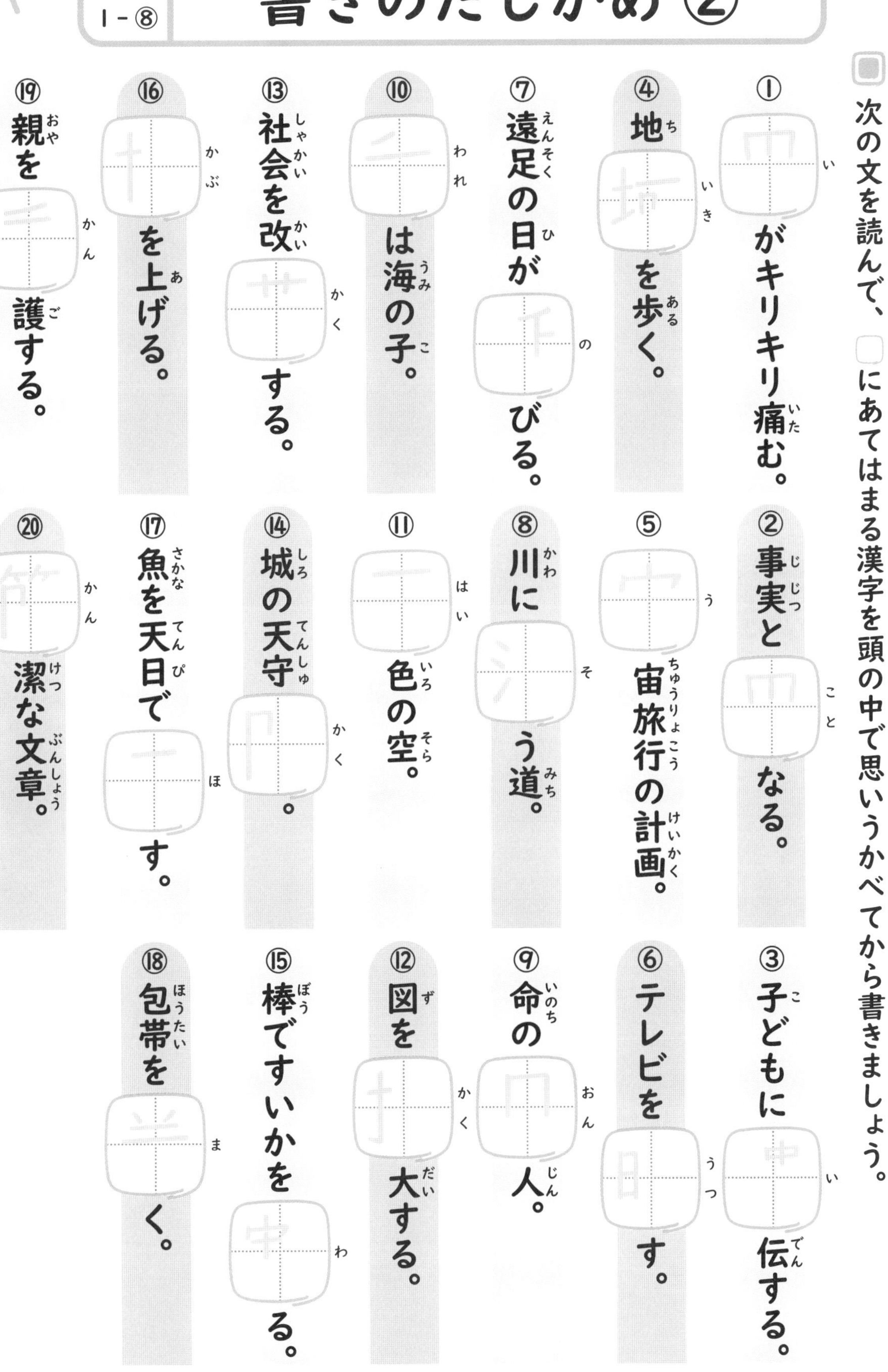

① □(い)がキリキリ痛(いた)む。

② 事実(じじつ)と□(こと)なる。

③ 子(こ)どもに□(い)伝(でん)する。

④ 地(ち)□(いき)を歩(ある)く。

⑤ □(う)宙旅行(ちゅうりょこう)の計画(けいかく)。

⑥ テレビを□(うつ)す。

⑦ 遠足(えんそく)の日(ひ)が□(の)びる。

⑧ 川(かわ)に□(そ)う道(みち)。

⑨ 命(いのち)の□(おん)人(じん)。

⑩ □(われ)は海(うみ)の子(こ)。

⑪ □(はい)色(いろ)の空(そら)。

⑫ 図(ず)を□(かく)大(だい)する。

⑬ 社会(しゃかい)を改(かい)□(かく)する。

⑭ 城(しろ)の天守(てんしゅ)□(かく)。

⑮ 棒(ぼう)ですいかを□(わ)る。

⑯ □(かぶ)を上(あ)げる。

⑰ 魚(さかな)を天日(てんぴ)で□(ほ)す。

⑱ 包帯(ほうたい)を□(ま)く。

⑲ 親(おや)を□(かん)護(ご)する。

⑳ □(かん)潔(けつ)な文章(ぶんしょう)。

漢字 1-⑨

書きのたしかめ ③

次の文を読んで、□にあてはまる漢字を頭の中で思いうかべてから書きましょう。

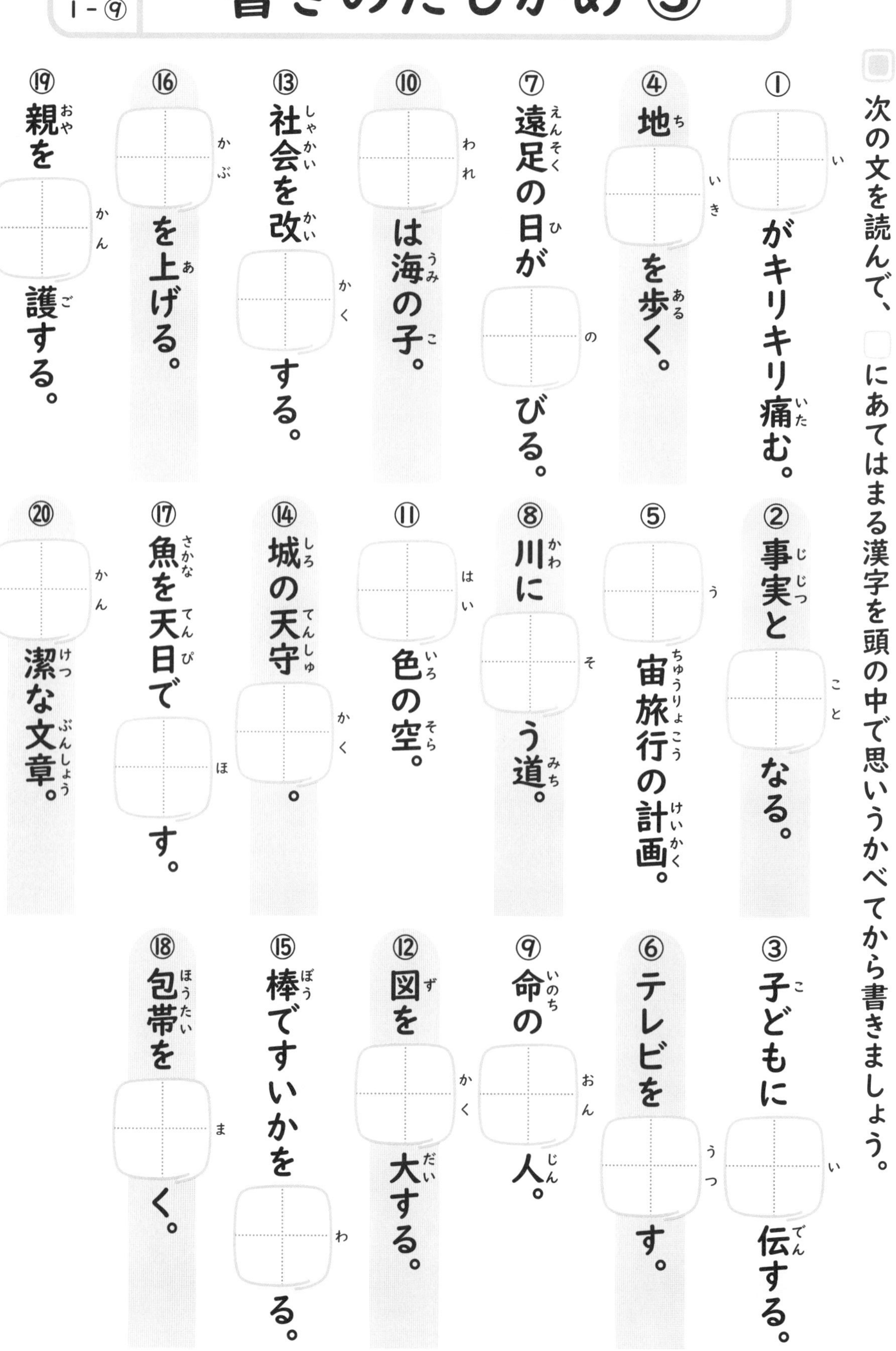

① □（い）がキリキリ痛む。

② 事実と□（こと）なる。

③ 子どもに□（い）伝する。

④ 地□（いき）を歩く。

⑤ □（う）宙旅行の計画。

⑥ テレビを□（うつ）す。

⑦ 遠足の日が□（の）びる。

⑧ 川に□（そ）う道。

⑨ 命の□（おん）人。

⑩ □（われ）は海の子。

⑪ □（はい）色の空。

⑫ 図を□（かく）大する。

⑬ 社会を改□（かく）する。

⑭ 城の天守□（かく）。

⑮ 棒ですいかを□（わ）る。

⑯ □（かぶ）を上げる。

⑰ 魚を天日で□（ほ）す。

⑱ 包帯を□（ま）く。

⑲ 親を□（かん）護する。

⑳ □（かん）潔な文章。

漢字 1-⑩

漢字みつけ！①

次の図の中から、今回学習した漢字を二十字見つけましょう。
見つけた漢字はなぞりましょう。

漢字 2-①

危・机・揮・貴

□手本の漢字を指でなぞります。
□には漢字を頭の中で思いうかべてから書きましょう。

危
音 キ
訓 あぶ-ない

□(き)険(けん)
□(き)害(がい)
命(いのち)が□(あぶ)ない。

机
音 (キ)
訓 つくえ

□(つくえ)
勉強(べんきょう)□(づくえ)
学習(がくしゅう)□(づくえ)を買(か)う。

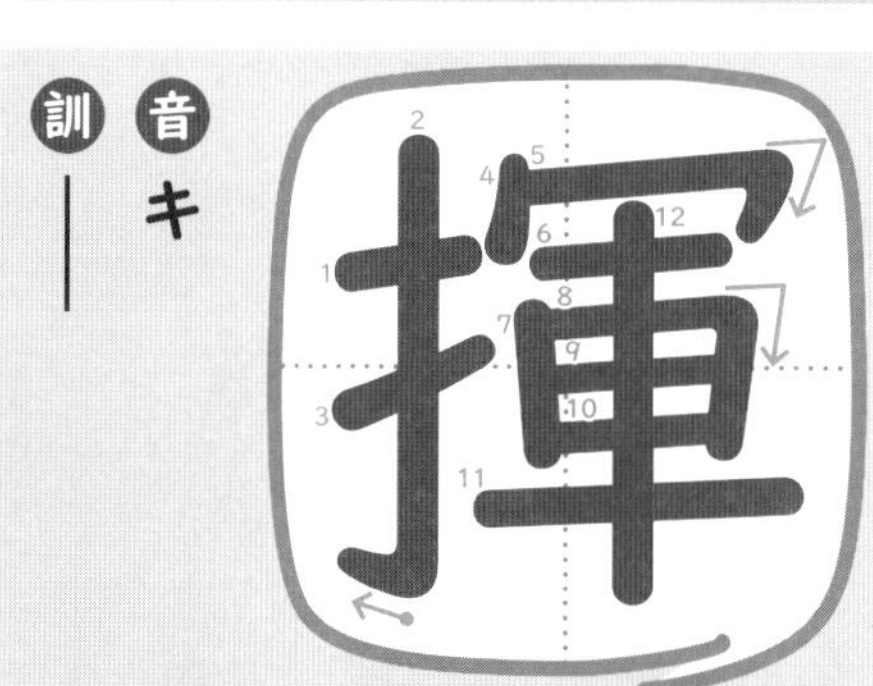

揮
音 キ
訓 ―

指(し)□(き)者(しゃ)
□(き)発(はっ)
力(ちから)を発(はっ)□(き)する。

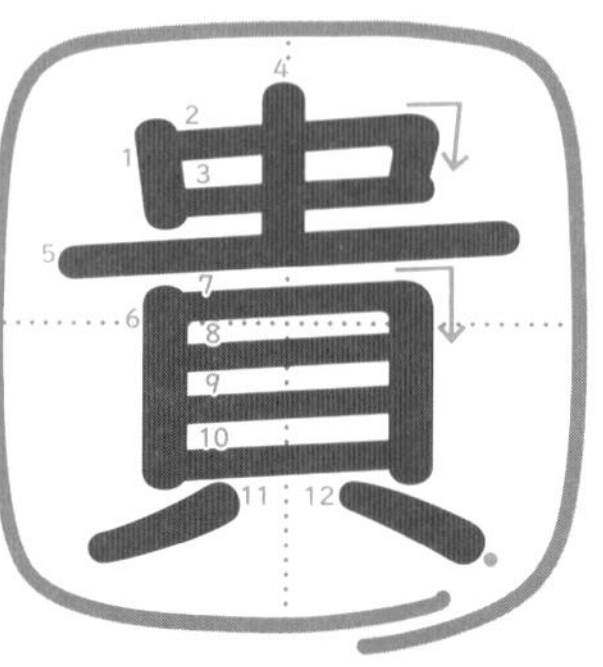

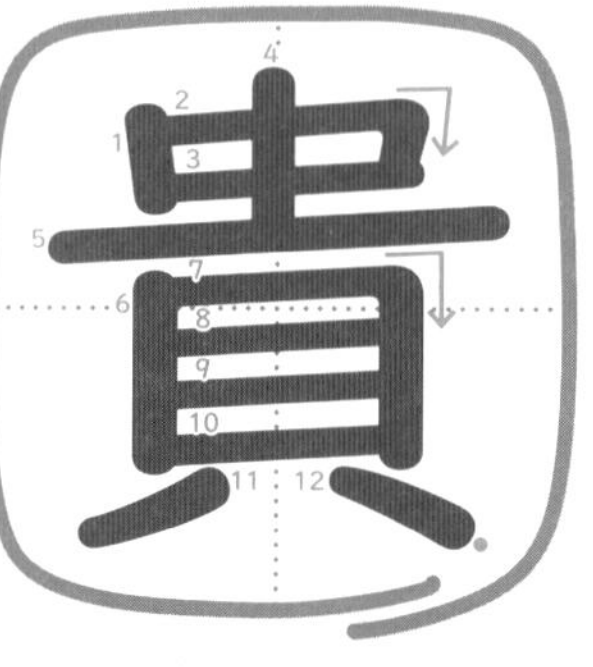

貴
音 キ
訓 ―

□(き)重品(ちょうひん)
高(こう)□(き)
□(き)族(ぞく)の政治(せいじ)。

漢字 2-② 疑・吸・供・胸

手本の漢字を指でなぞります。□には漢字を頭の中で思いうかべてから書きましょう。

音 ギ
訓 うたがーう

疑問（ぎもん）

質疑（しつぎ）

人（ひと）を疑（うたが）う。

音 キョウ
訓 そなーえる とも

提供（ていきょう）

お供（とも）

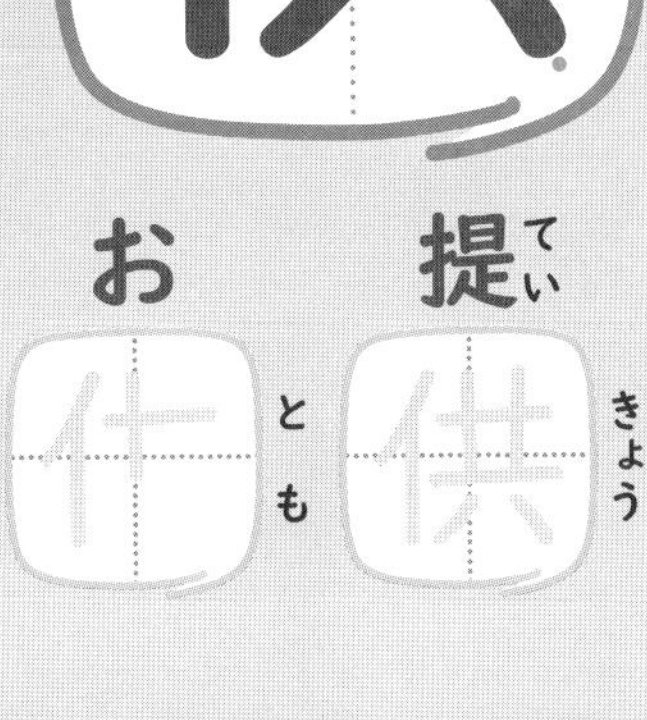

墓（はか）に花（はな）を供（そな）える。

音 キュウ
訓 すーう

呼吸（こきゅう）

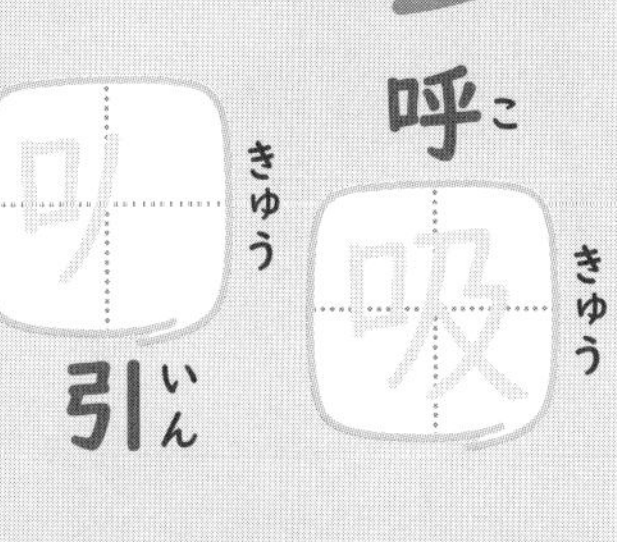

吸引（きゅういん）

深（ふか）く息（いき）を吸（す）う。

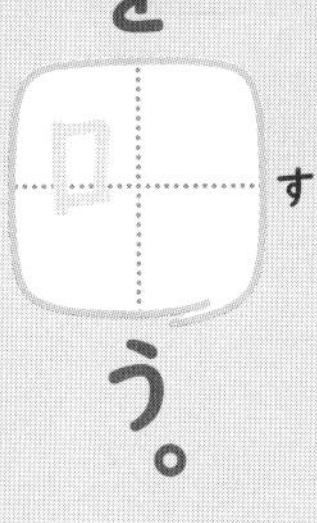

音 キョウ
訓 むね

胸囲（きょうい）

度胸（どきょう）

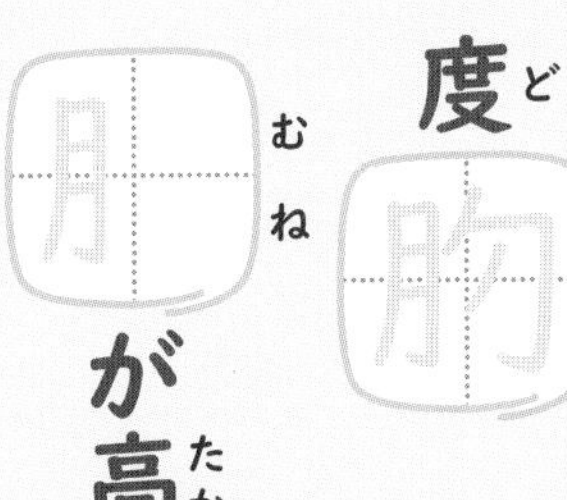

胸（むね）が高鳴（たかな）る。

漢字 2-③

郷・勤・筋・系

□ 手本の漢字を指でなぞります。□には漢字を頭の中で思いうかべてから書きましょう。

音 キョウ
訓 ―

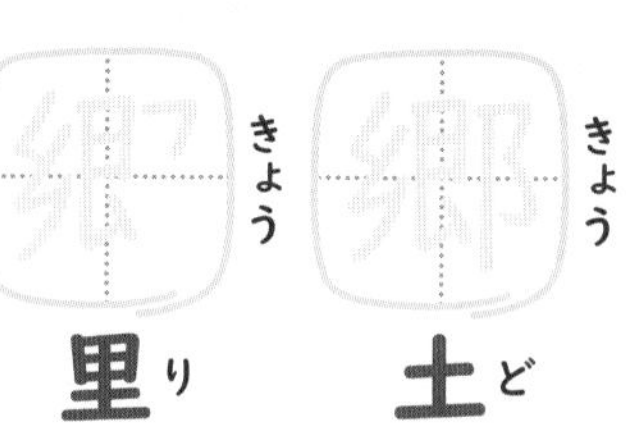

郷(きょう)土(ど)
郷(きょう)里(り)
故(こ)郷(きょう)に帰(かえ)る。

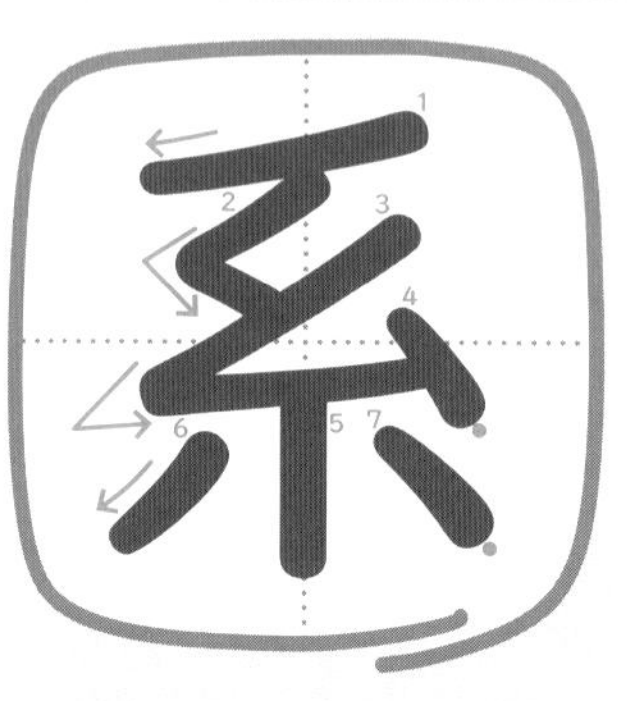

音 キン
訓 すじ

筋(きん)肉(にく)
鉄(てっ)筋(きん)
足(あし)の筋(すじ)が痛(いた)む。

音 キン
訓 つと-める　つと-まる

勤(きん)勉(べん)
勤(きん)務(む)
会社(かいしゃ)に勤(つと)める。

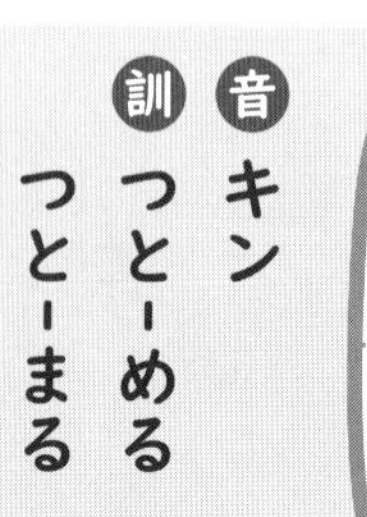

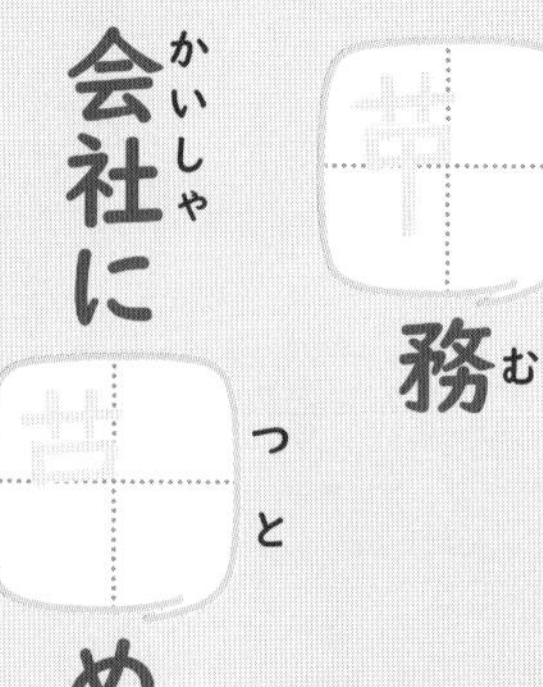

音 ケイ
訓 ―

系(けい)統(とう)
家(か)系(けい)
太陽(たいよう)系(けい)の星(ほし)。

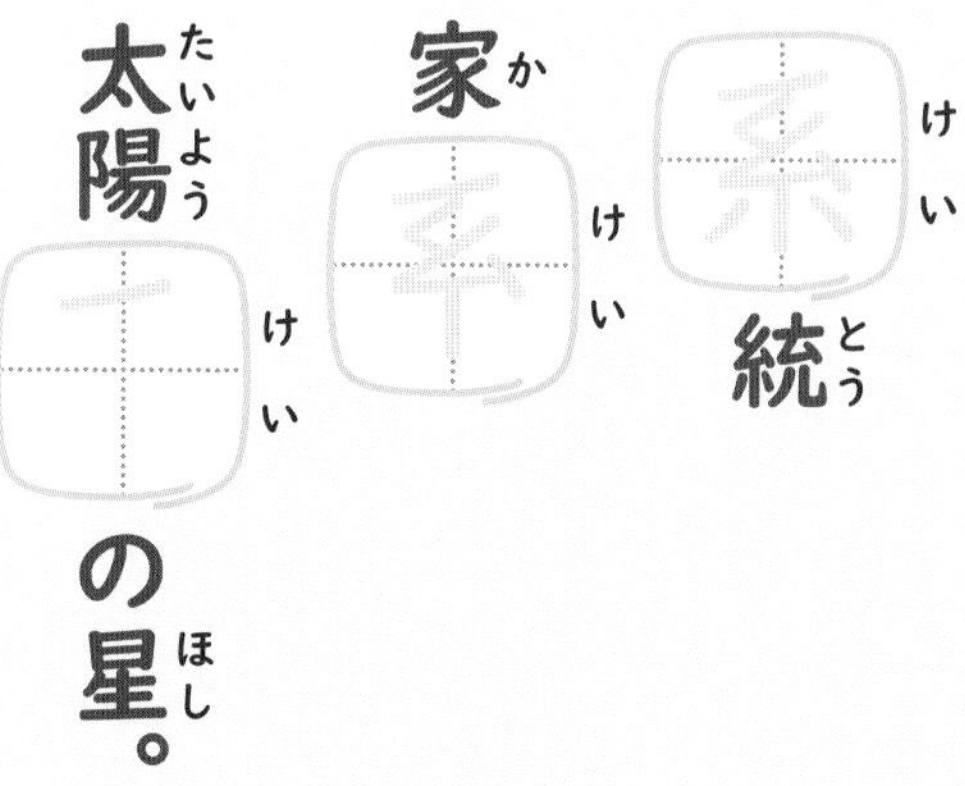

漢字 2-④

敬・警・劇・激

手本の漢字を指でなぞります。□には漢字を頭の中で思いうかべてから書きましょう。

敬
音 ケイ
訓 うやま-う

敬(けい)老(ろう)　敬(けい)語(ご)

老人(ろうじん)を敬(うやま)う。

劇
音 ゲキ
訓 ―

劇(げき)場(じょう)　劇(げき)薬(やく)

時代(じだい)劇(げき)を見(み)る。

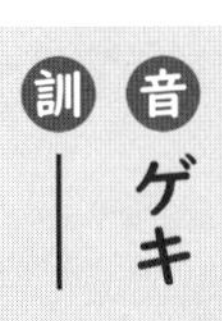

警
音 ケイ
訓 ―

警(けい)察(さつ)　警(けい)備(び)

大雨(おおあめ)警(けい)報(ほう)が出(で)る。

激
音 ゲキ
訓 はげ-しい

感(かん)激(げき)　激(げき)動(どう)

今日(きょう)は風(かぜ)が激(はげ)しい。

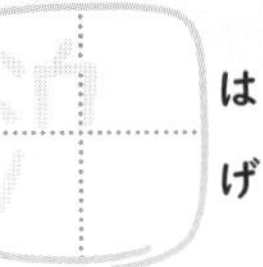

漢字 2-⑤

穴・券・絹

手本の漢字を指でなぞります。□には漢字を頭の中で思いうかべてから書きましょう。

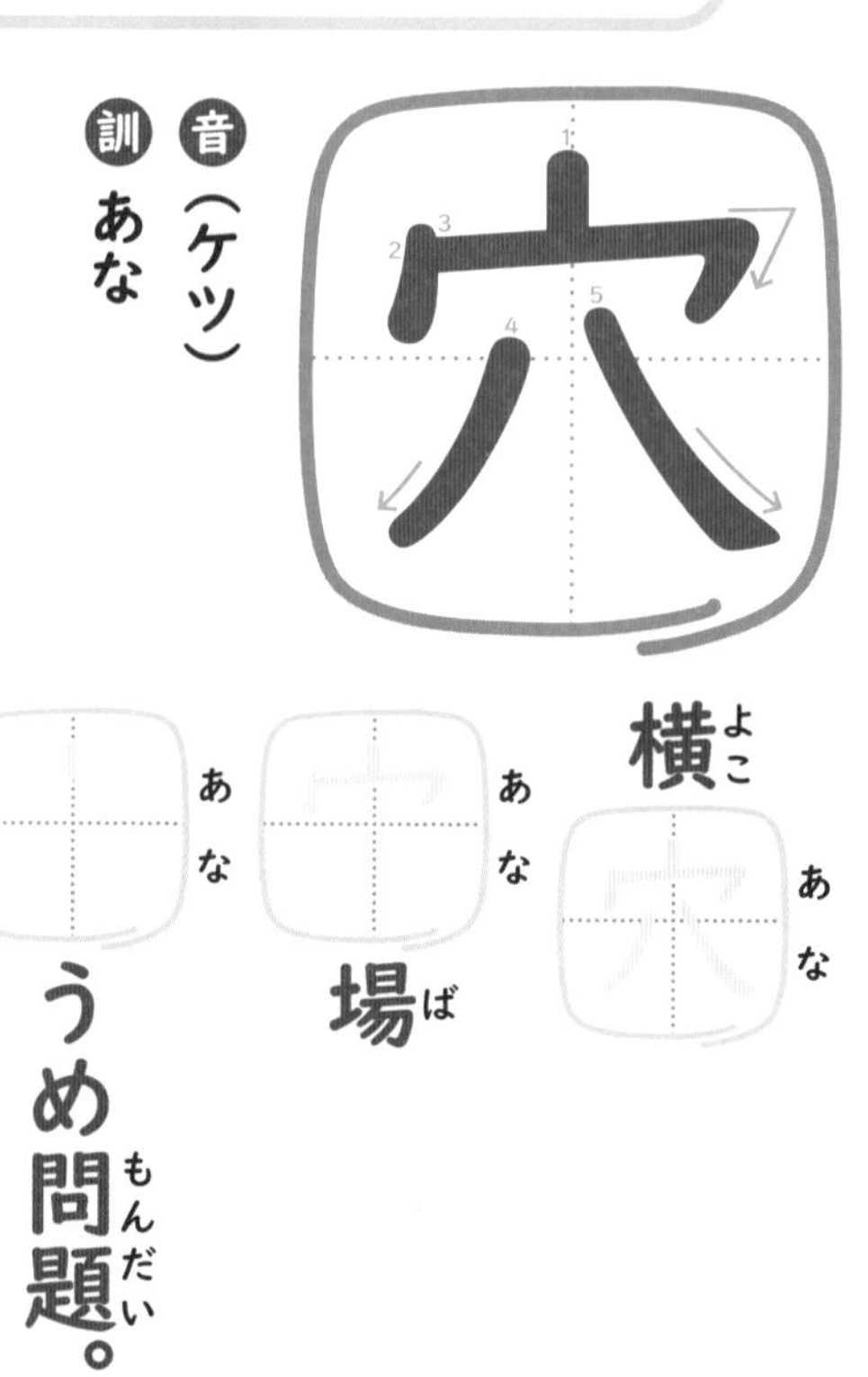

横(よこ)穴(あな)

穴(あな)場(ば)

穴(あな)うめ問題(もんだい)。

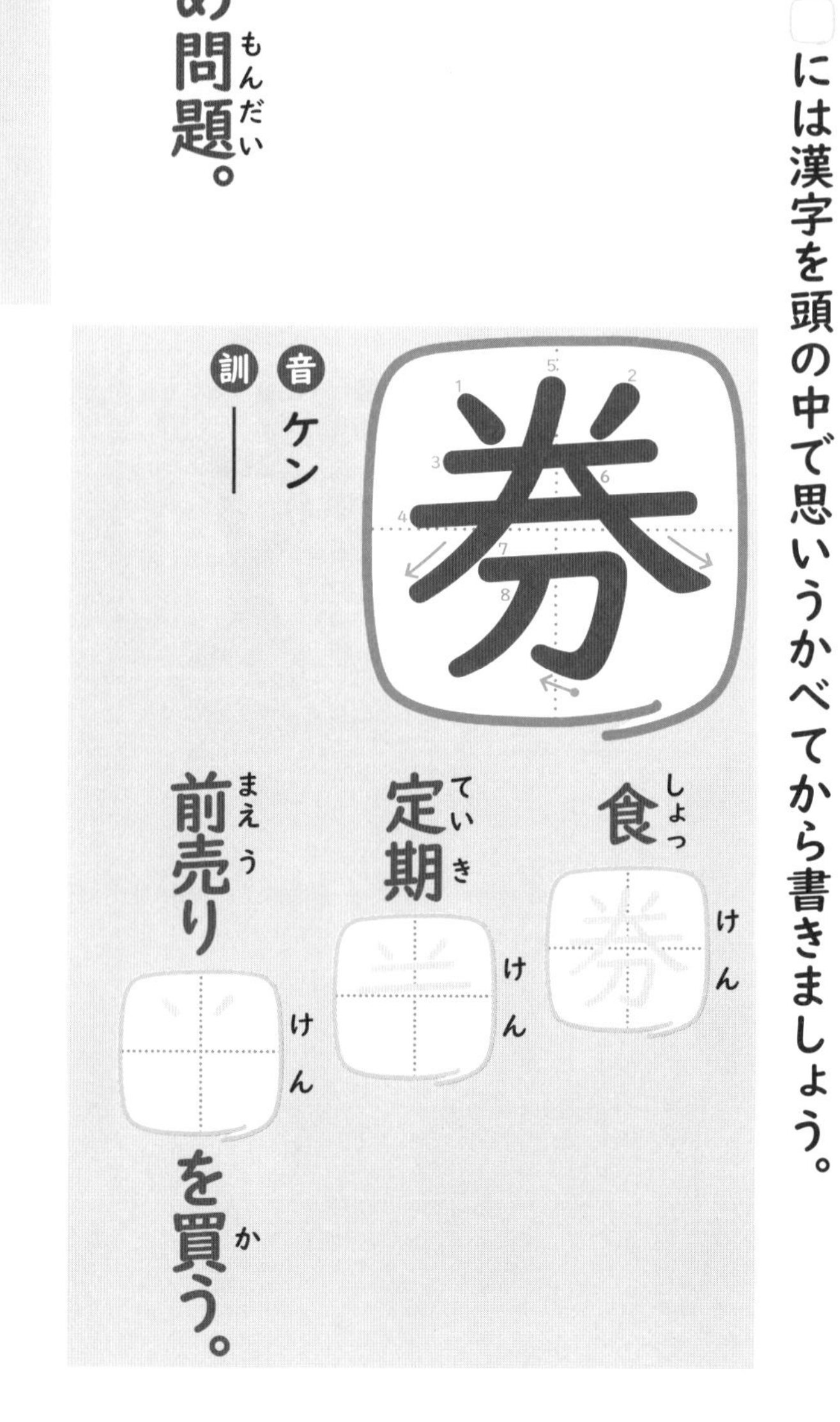

食(しょっ)券(けん)

定期(ていき)券(けん)

前売(まえう)り券(けん)を買(か)う。

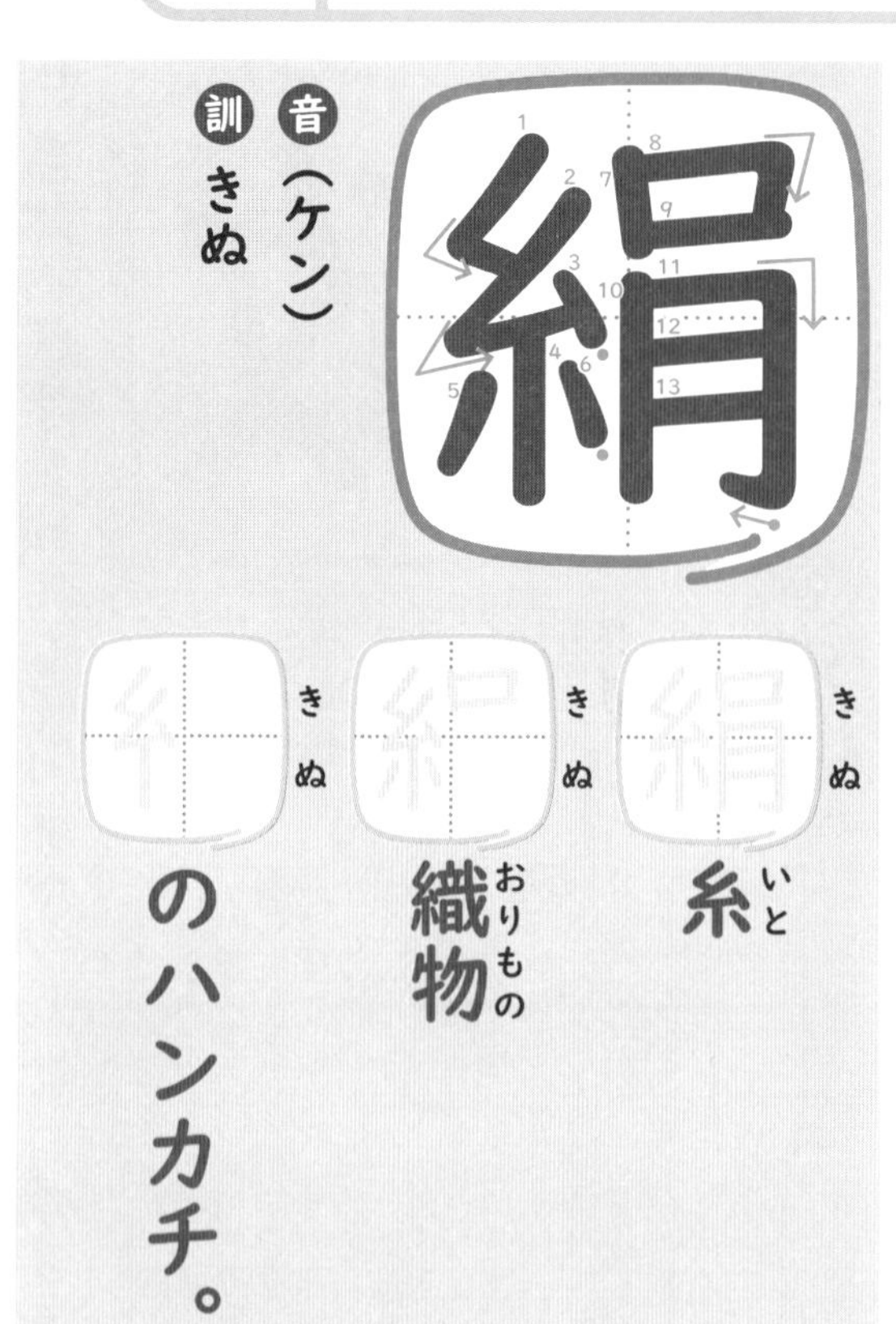

絹(きぬ)糸(いと)

絹(きぬ)織物(おりもの)

絹(きぬ)のハンカチ。

ゴール　スタート

漢字 2-⑥

読みのたしかめ

次の文を読んで、―を引いた漢字の読みを（　）に書きましょう。

① 危ない目にあう。（　）（　）

② 机に向かう。（　）

③ 本番で本領を発揮。（　）（　）

④ 貴重品を預ける。（　）

⑤ 自分の目を疑う。（　）

⑥ 血を吸う虫。（　）

⑦ 団子を供える。（　）

⑧ 胸を張る。（　）

⑨ 休みに帰郷する。（　）

⑩ 勤める病院が近い。（　）

⑪ 筋の通った話。（　）

⑫ 銀河系を調べる。（　）

⑬ 先祖を敬う。（　）

⑭ 警報が鳴る。（　）

⑮ 劇場に行く。（　）

⑯ 感情が激しい人。（　）

⑰ 紙に穴をあける。（　）

⑱ 定期券を買う。（　）

⑲ 絹の織物が好き。（　）

漢字 2-⑦

書きのたしかめ ①

□ 次の文を読んで、□にあてはまる漢字を頭の中で思いうかべてからなぞりましょう。

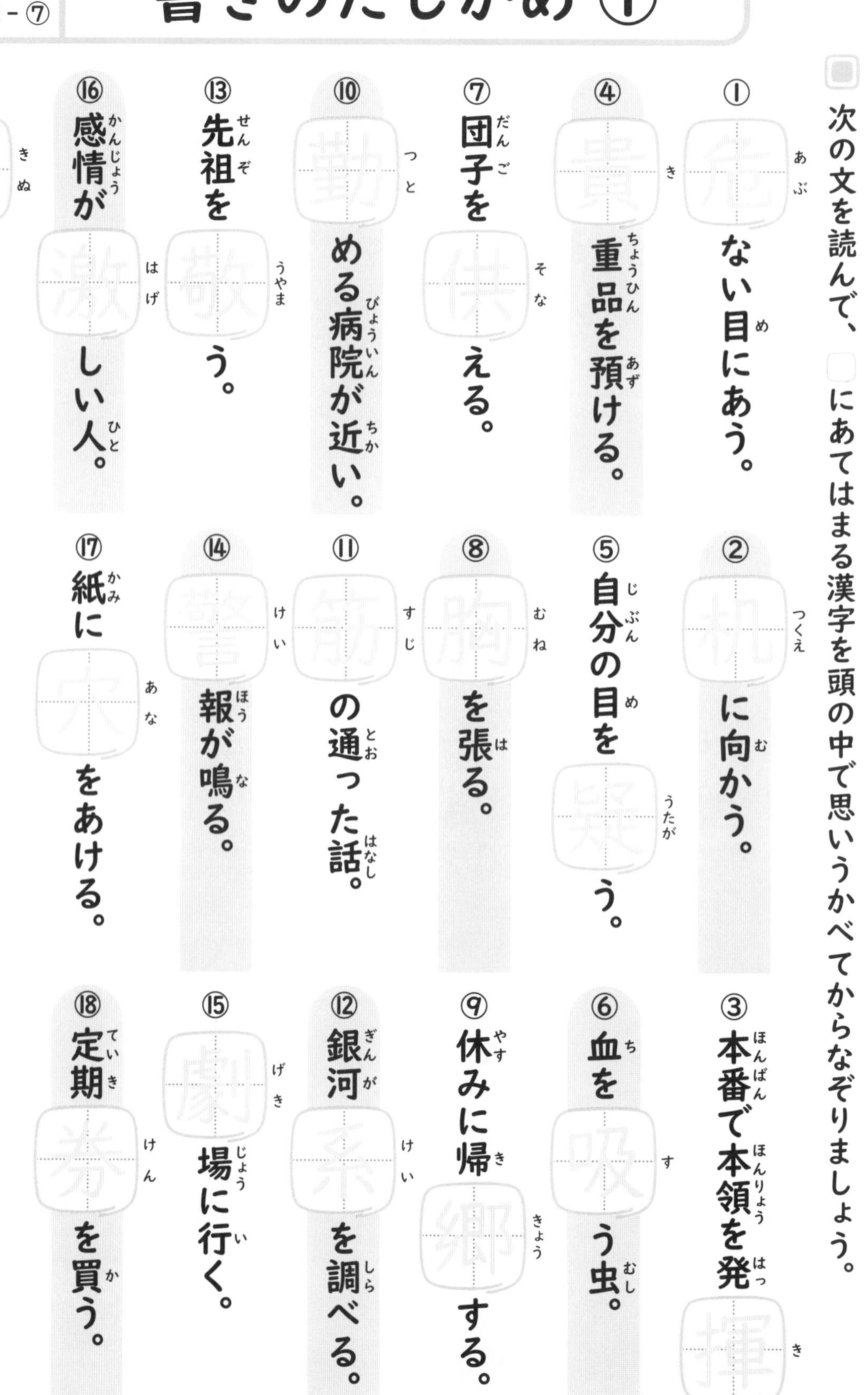

① 危(あぶ)ない目(め)にあう。

② 机(つくえ)に向(む)かう。

③ 本番(ほんばん)で本領(ほんりょう)を発(はっ)揮(き)。

④ 貴(き)重品(ちょうひん)を預(あず)ける。

⑤ 自分(じぶん)の目(め)を疑(うたが)う。

⑥ 血(ち)を吸(す)う虫(むし)。

⑦ 団子(だんご)を供(そな)える。

⑧ 胸(むね)を張(は)る。

⑨ 休(やす)みに帰(き)郷(きょう)する。

⑩ 勤(つと)める病院(びょういん)が近(ちか)い。

⑪ 筋(すじ)の通(とお)った話(はなし)。

⑫ 銀河(ぎんが)系(けい)を調(しら)べる。

⑬ 先祖(せんぞ)を敬(うやま)う。

⑭ 警(けい)報(ほう)が鳴(な)る。

⑮ 劇(げき)場(じょう)に行(い)く。

⑯ 感情(かんじょう)が激(はげ)しい人(ひと)。

⑰ 紙(かみ)に穴(あな)をあける。

⑱ 定期(ていき)券(けん)を買(か)う。

⑲ 絹(きぬ)の織物(おりもの)が好(す)き。

漢字 2-⑧

書きのたしかめ②

次の文を読んで、□にあてはまる漢字を頭の中で思いうかべてから書きましょう。

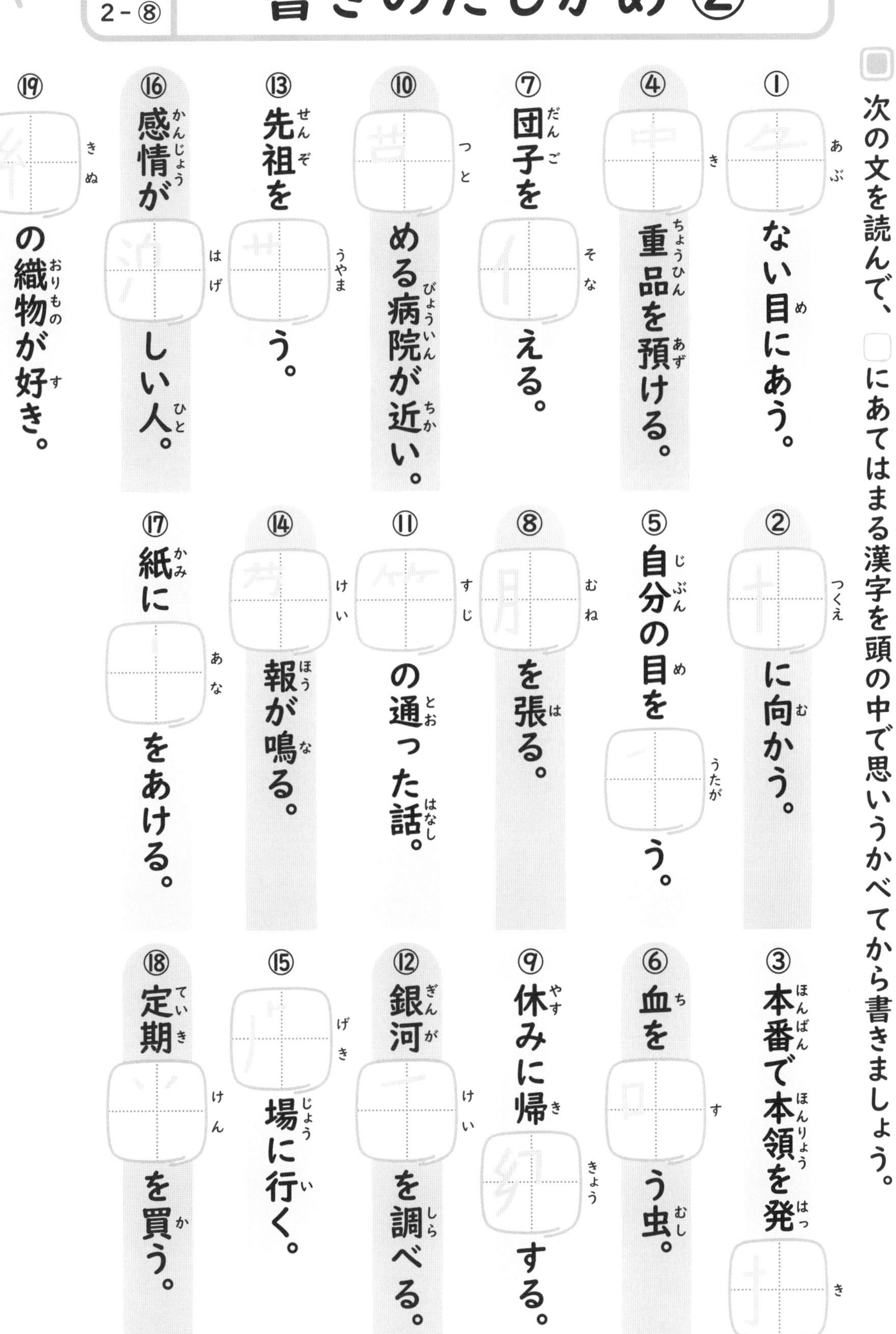

① □（あぶ）ない目にあう。

② □（つくえ）に向かう。

③ 本番で本領を発□（き）。

④ □（き）重品を預ける。

⑤ 自分の目を□（うたが）う。

⑥ 血を□（す）う虫。

⑦ 団子を□（そな）える。

⑧ □（むね）を張る。

⑨ 休みに帰□（きょう）する。

⑩ □（つと）める病院が近い。

⑪ □（すじ）の通った話。

⑫ 銀河□（けい）を調べる。

⑬ 先祖を□（うやま）う。

⑭ □（けい）報が鳴る。

⑮ □（げき）場に行く。

⑯ 感情が□（はげ）しい人。

⑰ 紙に□（あな）をあける。

⑱ 定期□（けん）を買う。

⑲ □（きぬ）の織物が好き。

漢字 2-⑨

書きのたしかめ ③

次の文を読んで、□にあてはまる漢字を頭の中で思いうかべてから書きましょう。

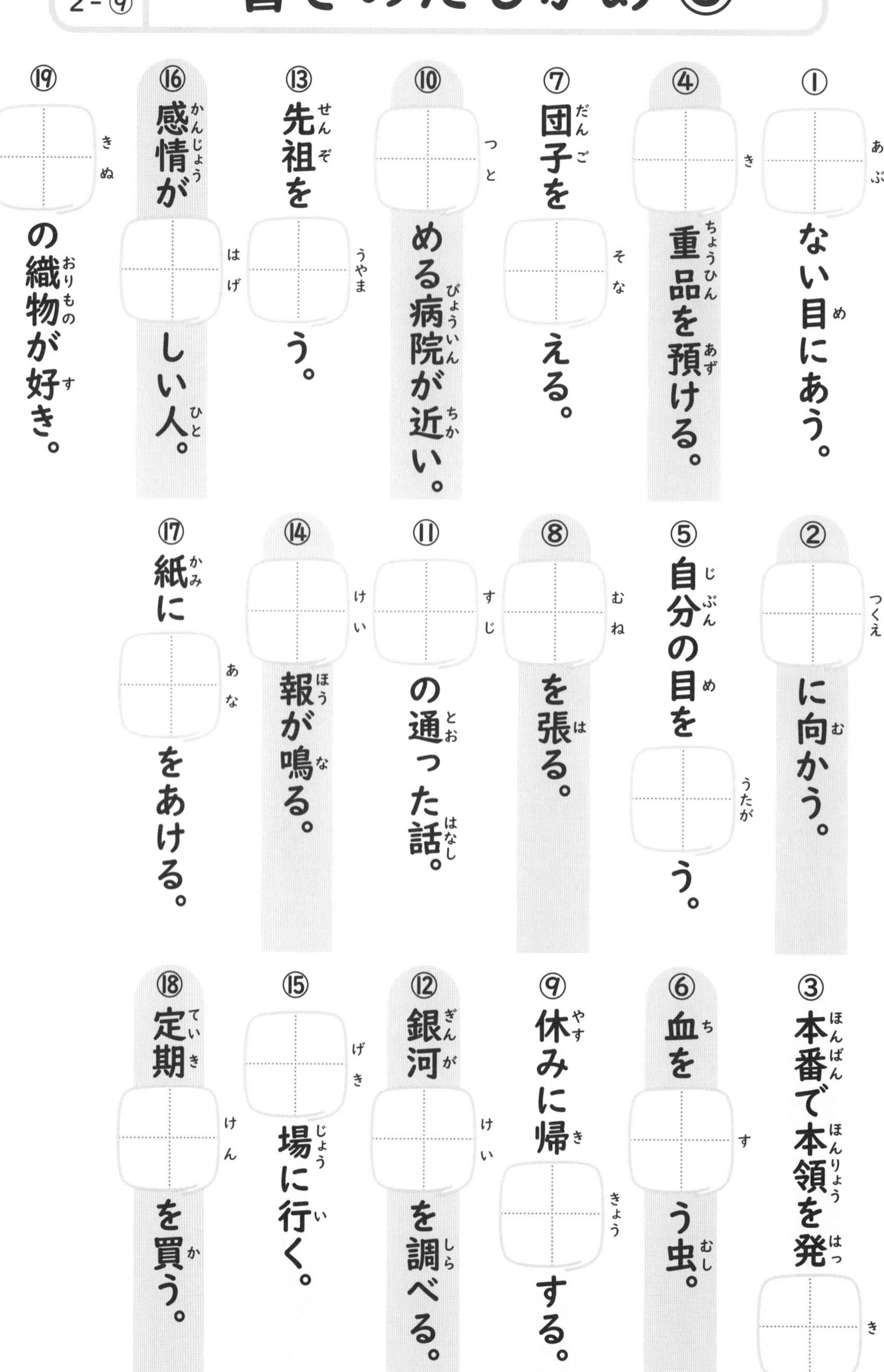

① □(あぶ)ない目(め)にあう。

② □(つくえ)に向(む)かう。

③ 本番(ほんばん)で本領(ほんりょう)を発(はっ)□(き)。

④ □(き)重品(ちょうひん)を預(あず)ける。

⑤ 自分(じぶん)の目(め)を□(うたが)う。

⑥ 血(ち)を□(す)う虫(むし)。

⑦ 団子(だんご)を□(そな)える。

⑧ □(むね)を張(は)る。

⑨ 休(やす)みに帰(き)□(きょう)する。

⑩ □(つと)める病院(びょういん)が近(ちか)い。

⑪ □(すじ)の通(とお)った話(はなし)。

⑫ 銀河(ぎんが)□(けい)を調(しら)べる。

⑬ 先祖(せんぞ)を□(うやま)う。

⑭ □(けい)報(ほう)が鳴(な)る。

⑮ □(げき)場(じょう)に行(い)く。

⑯ 感情(かんじょう)が□(はげ)しい人(ひと)。

⑰ 紙(かみ)に□(あな)をあける。

⑱ 定期(ていき)□(けん)を買(か)う。

⑲ □(きぬ)の織物(おりもの)が好(す)き。

漢字 2-⑩

漢字めいろ ①

□ 正しい漢字の道を通って、スタートからゴールまで進みます。正しい漢字のみをなぞりましょう。（さらに、まちがい漢字を正しく書けたら花丸です）

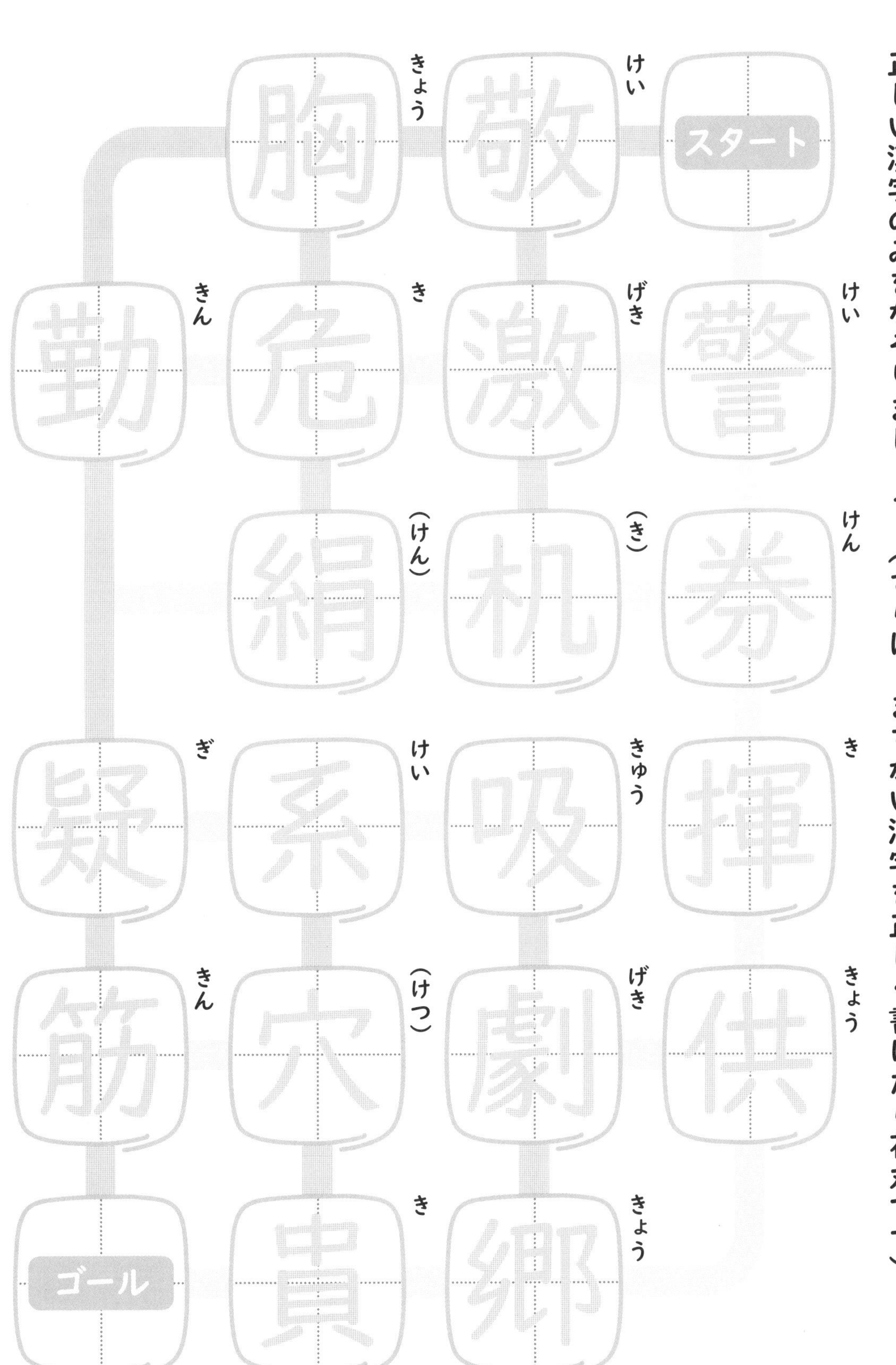

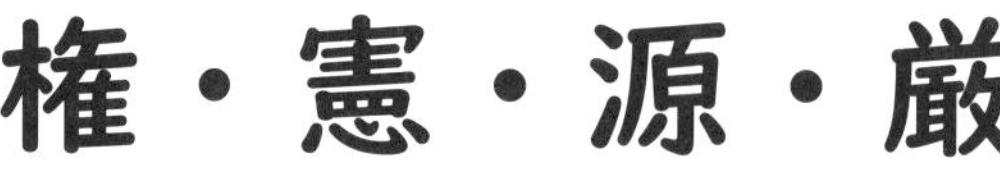

漢字 3-①

権・憲・源・厳

手本の漢字を指でなぞります。□には漢字を頭の中で思いうかべてから書きましょう。

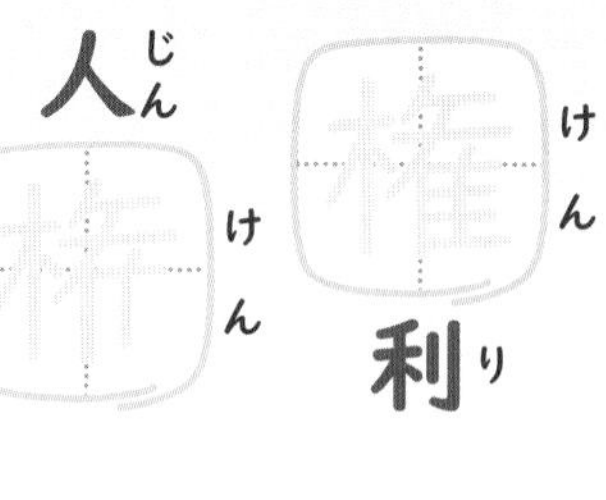

音 ケン
訓 ―

権(けん)利(り)

人(じん)権(けん)

選挙(せんきょ)権(けん)がある。

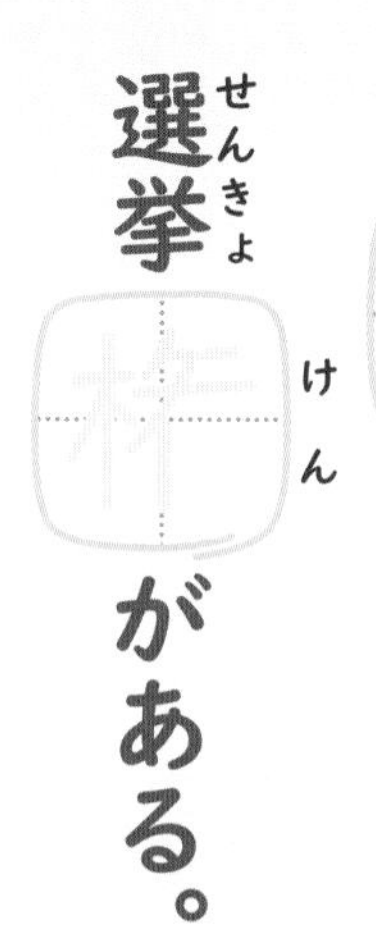

音 ゲン
訓 みなもと

資(し)源(げん)

源(げん)流(りゅう)

これが元気(げんき)の源(みなもと)。

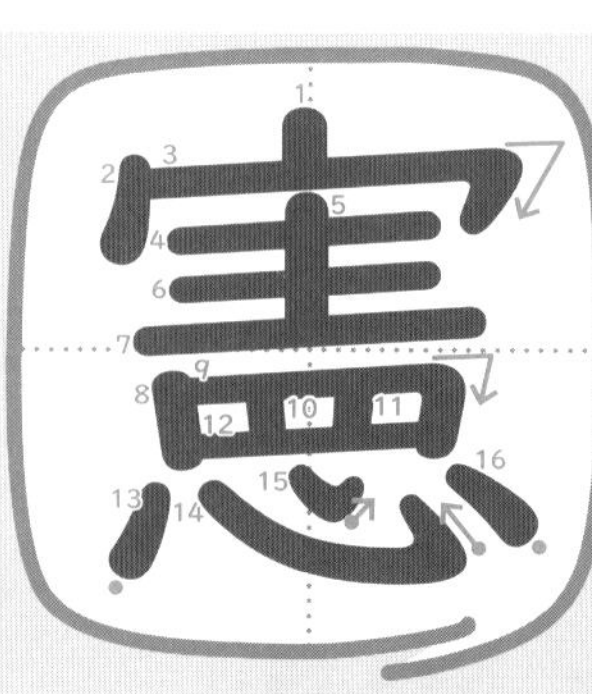

音 ケン
訓 ―

護(ご)憲(けん)

憲(けん)章(しょう)

日本国(にほんこく)憲(けん)法制定(ぽうせいてい)。

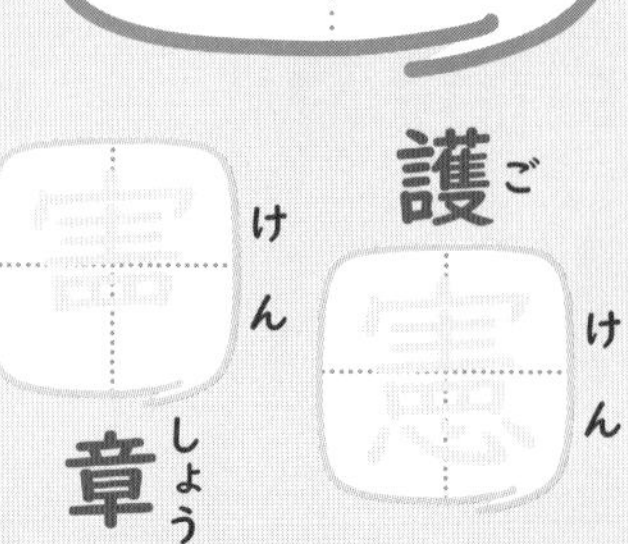

音 ゲン
訓 きびーしい

厳(げん)格(かく)

厳(げん)重(じゅう)

練習(れんしゅう)が厳(きび)しい。

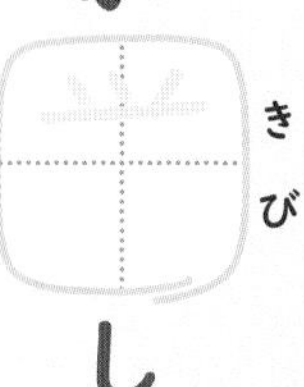

ゴール　スタート

漢字 3-②

己・呼・誤・后

手本の漢字を指でなぞります。□には漢字を頭の中で思いうかべてから書きましょう。

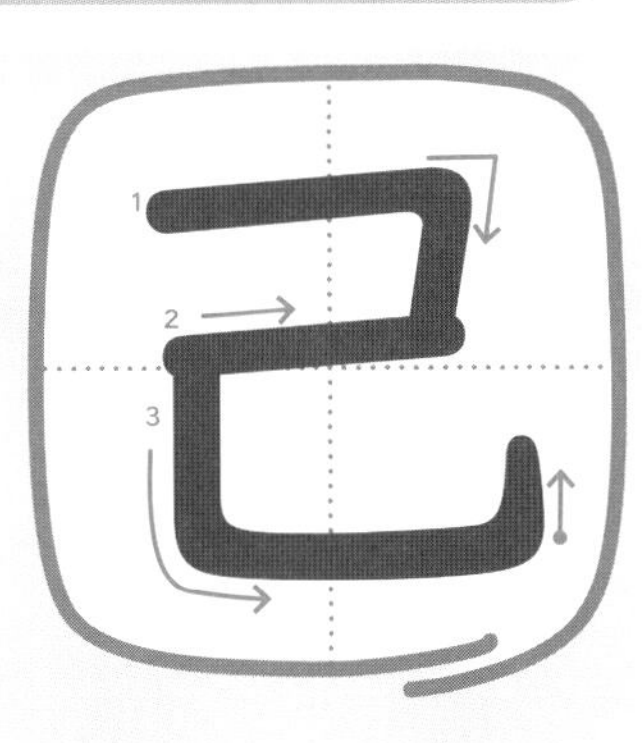

己　音 コ　訓 ―

自（じ）己（こ）

利（り）□（こ）

自（じ）□（こ）新記録達成（しんきろくたっせい）。

呼　音 コ　訓 よ-ぶ

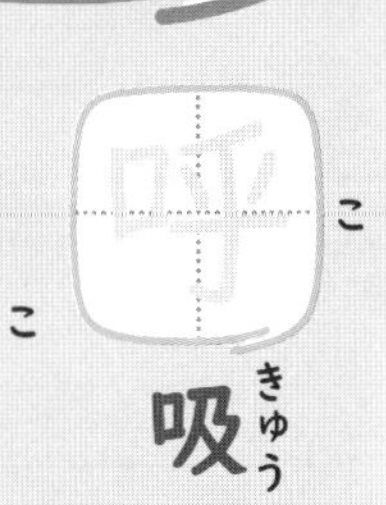

呼（こ）吸（きゅう）

点（てん）□（こ）

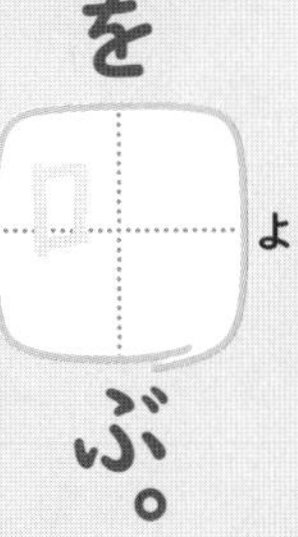

名前（なまえ）を□（よ）ぶ。

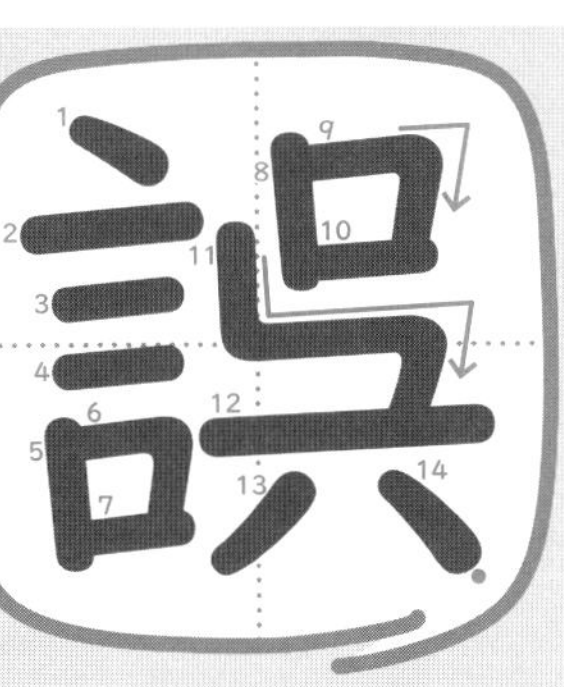

誤　音 ゴ　訓 あやま-る

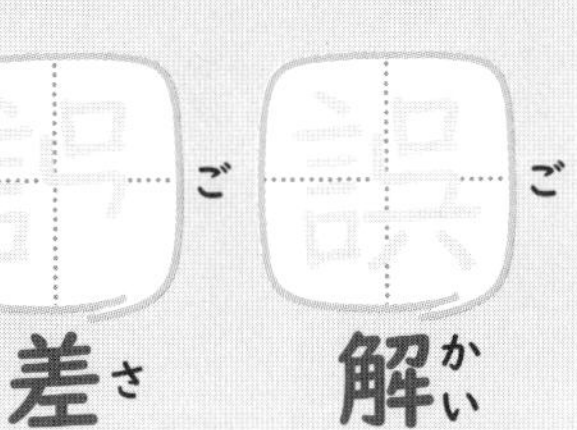

誤（ご）解（かい）

□（ご）差（さ）

運転（うんてん）を□（あやま）る寸前（すんぜん）。

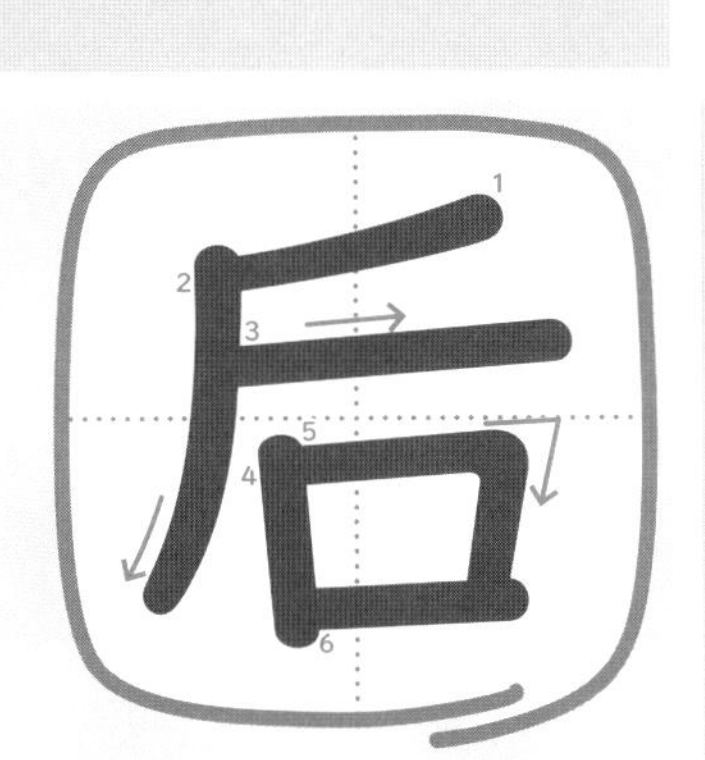

后　音 コウ　訓 ―

皇（こう）后（ごう）

皇太（こうたい）□（ごう）

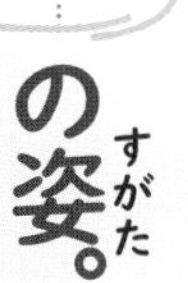

天皇（てんのう）と皇（こう）□（ごう）の姿（すがた）。

漢字 3-③

孝・皇・紅・降

手本の漢字を指でなぞります。□には漢字を頭の中で思いうかべてから書きましょう。

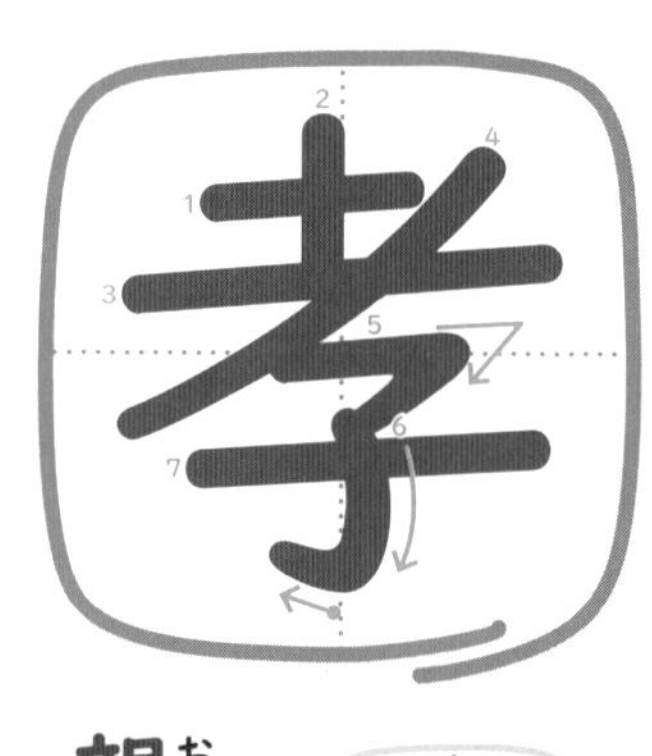

音 コウ
訓 ―

孝(こう)行(こう)

親(おや)不(ふ)孝(こう)

親(おや)孝(こう)行(こう)をする。

音 コウ
訓 べに

紅(こう)白(はく)

紅(こう)茶(ちゃ)

口(くち)紅(べに)をつける。

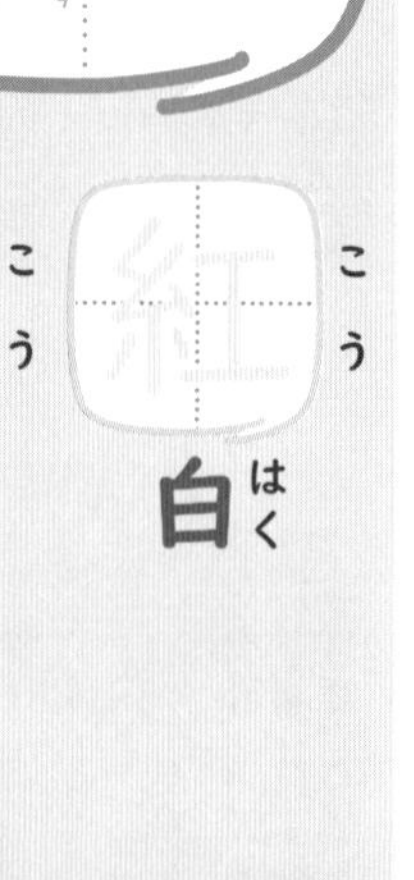

音 コウ オウ
訓 ―

天(てん)皇(のう)

皇(おう)子(じ)

皇(こう)居(きょ)を走(はし)る人々(ひとびと)。

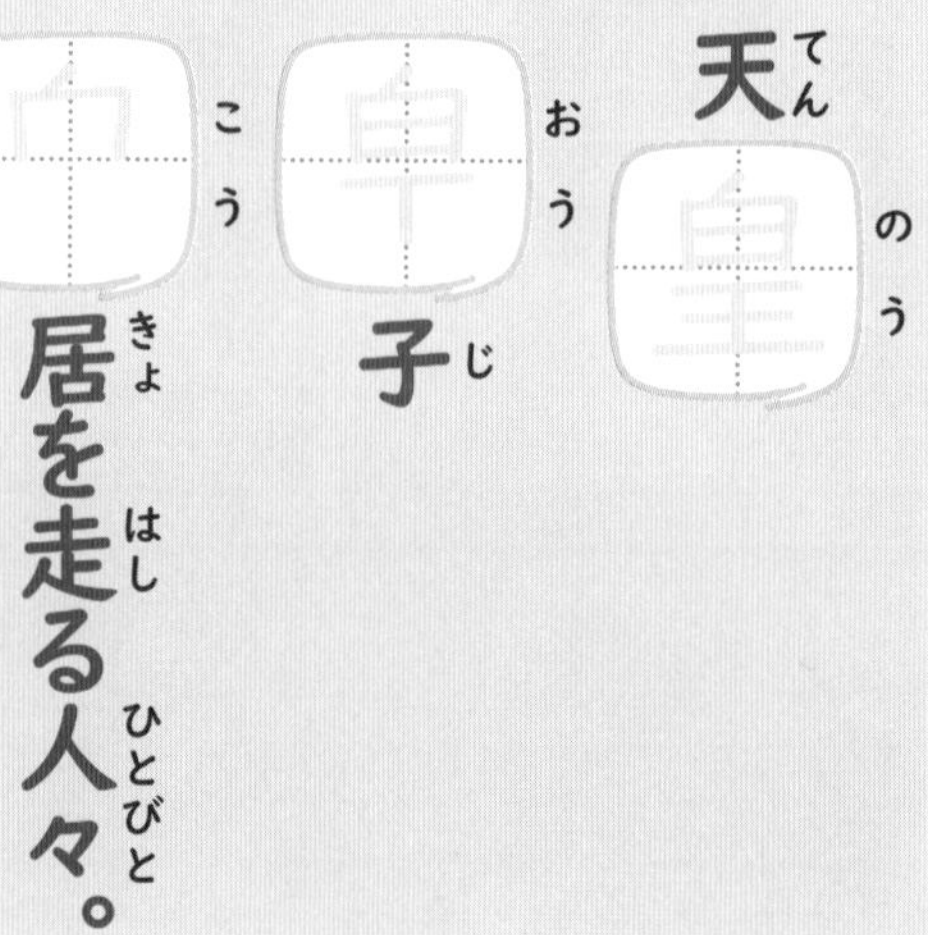

音 コウ
訓 お-りる お-ろす ふ-る

降(こう)車(しゃ)

降(ふ)る

乗客(じょうきゃく)が降(お)りる。

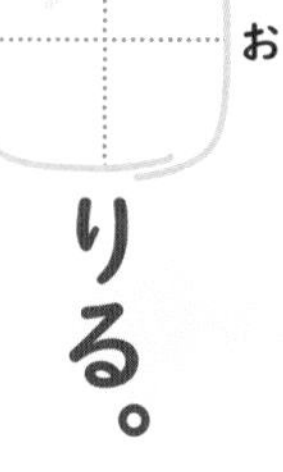

漢字 3-④

鋼・刻・穀・骨

手本の漢字を指でなぞります。□には漢字を頭の中で思いうかべてから書きましょう。

音 コウ
訓 ―

鉄鋼（てっこう）
鋼板（こうはん）
製鋼所（せいこうしょ）で働（はたら）く。

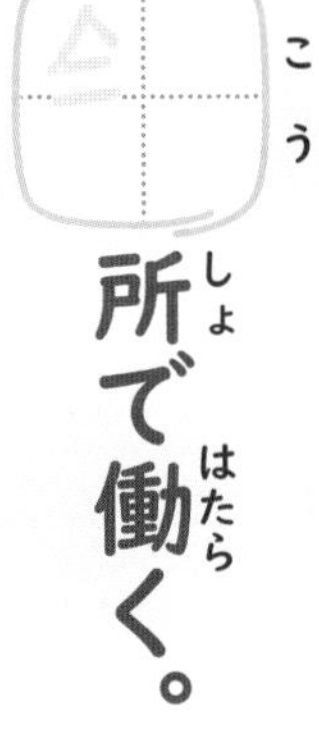

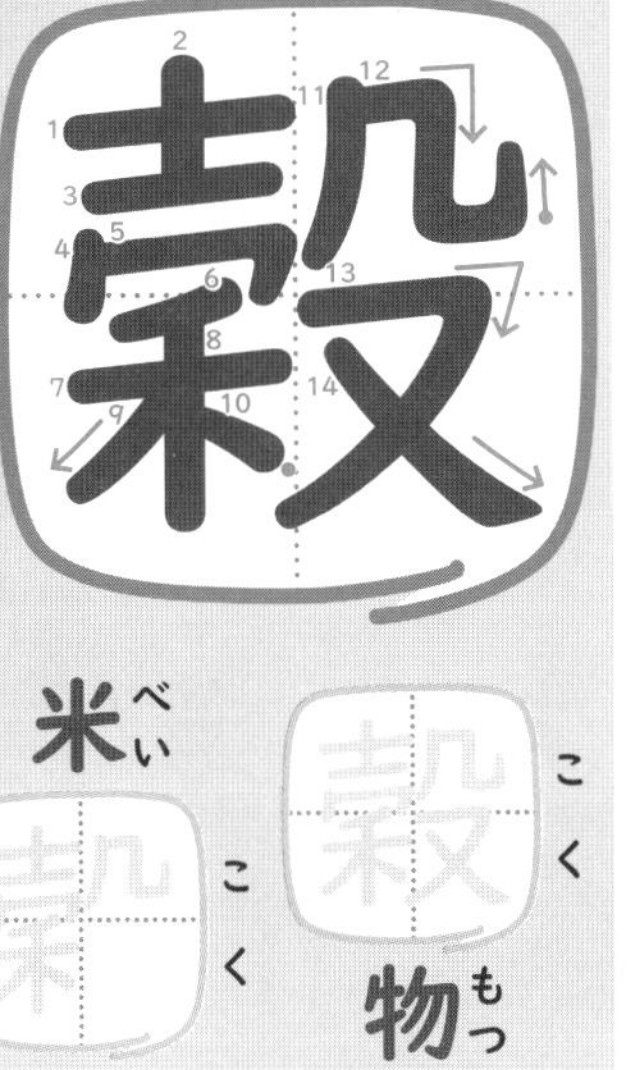

音 コク
訓 ―

穀物（こくもつ）
米穀（べいこく）
日本（にほん）の穀倉地帯（こくそうちたい）。

音 コク
訓 きざ-む

時刻（じこく）
深刻（しんこく）
野菜（やさい）を刻（きざ）む。

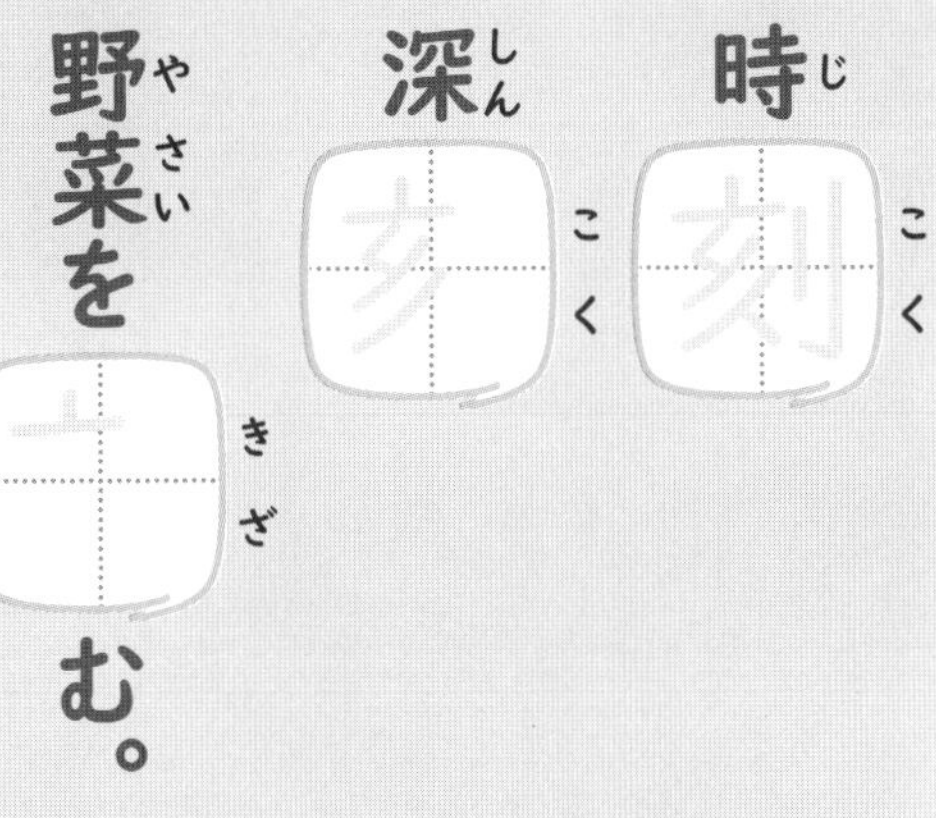

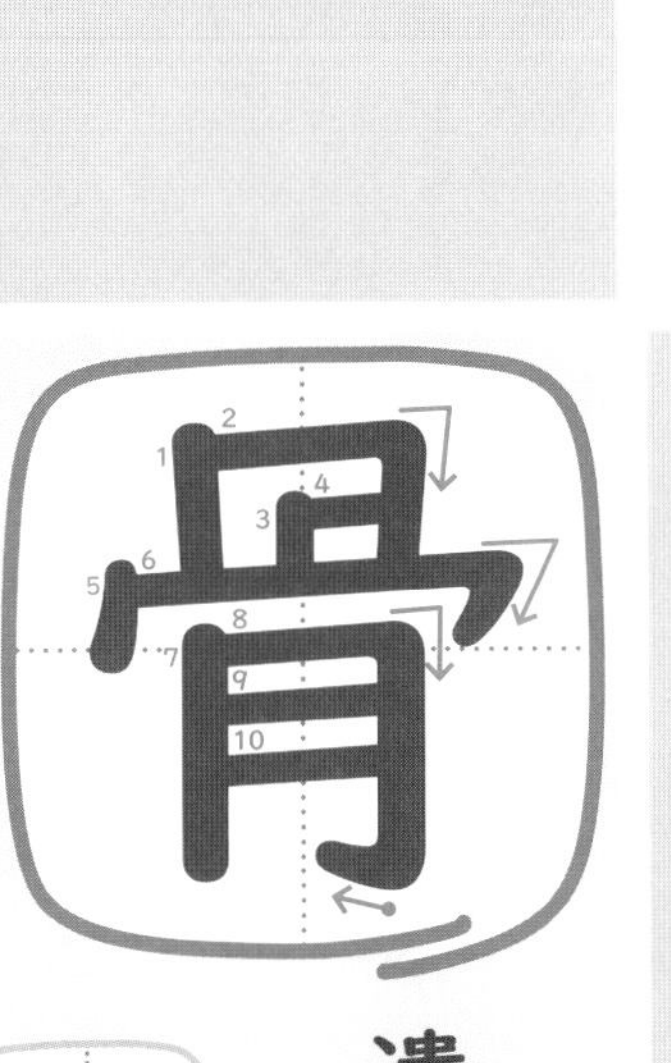

音 コツ
訓 ほね

遺骨（いこつ）
骨折（こっせつ）
足（あし）の骨（ほね）を折（お）る。

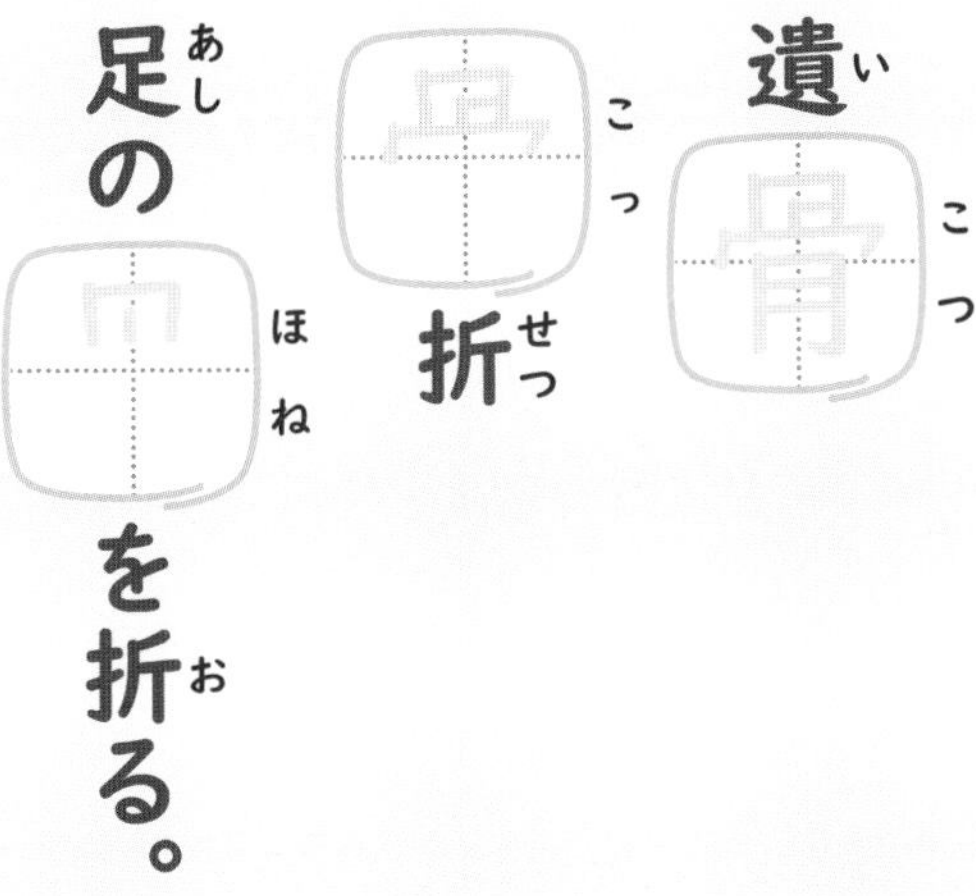

漢字 3-⑤

困・砂・座

□ 手本の漢字を指でなぞります。□には漢字を頭の中で思いうかべてから書きましょう。

音 コン
訓 こま-る

困(こん)難(なん)
貧(ひん)困(こん)
お金(かね)に困(こま)る。

音 サ
訓 すな

砂(さ)糖(とう)
黄(こう)砂(さ)
砂(すな)場(ば)で転(ころ)ぶ。

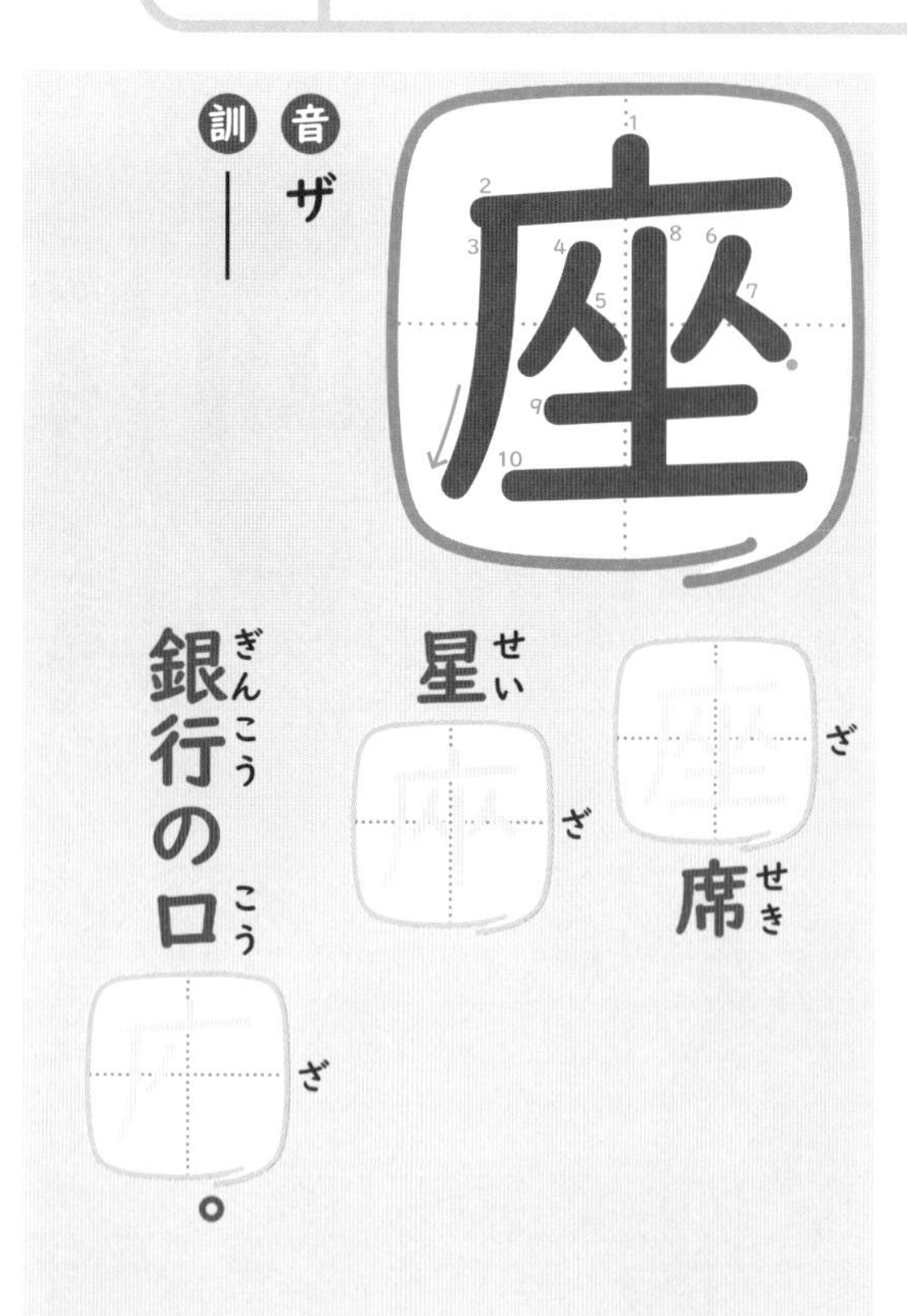

音 ザ
訓 ―

座(ざ)席(せき)
星(せい)座(ざ)
銀(ぎん)行(こう)の口(こう)座(ざ)。

ゴール　スタート

漢字 3-⑥

読みのたしかめ

次の文を読んで、—を引いた漢字の読みを（　）に書きましょう。

① 本(ほん)や映像(えいぞう)の著作(ちょさく)権。（　）

② 憲法(ぽう)を作(つく)る作業(さぎょう)。（　）

③ 川(かわ)の源をさぐる。（　）

④ 生活(せいかつ)が厳しい。（　）

⑤ 利(り)己的(てき)な態度(たいど)。（　）

⑥ 助(たす)けを呼ぶ声(こえ)。（　）

⑦ 判断(はんだん)を誤る。（　）

⑧ 皇(こう)后陛下(へいか)の絵画(かいが)。（　）

⑨ 親(おや)孝(こう)行な息子(むすこ)。（　）

⑩ 皇居(きょ)を参観(さんかん)する。（　）

⑪ 口(くち)紅を買(か)う。（　）

⑫ 電車(でんしゃ)を降りる。（　）

⑬ 大(おお)きな製(せい)鋼所(しょ)。（　）

⑭ 時(とき)を刻む。（　）

⑮ 雑穀(ざっ)米(まい)を食(た)べる。（　）

⑯ 魚(さかな)の骨をとる。（　）

⑰ 返事(へんじ)に困る。（　）

⑱ 砂はまを歩(ある)く。（　）

⑲ 和室(わしつ)で正(せい)座をする。（　）

漢字 3-⑦

書きのたしかめ ①

□ 次の文を読んで、□にあてはまる漢字を頭の中で思いうかべてからなぞりましょう。

① 本(ほん)や映像(えいぞう)の著作(ちょさく)権(けん)。

② 憲(けん)法(ぽう)を作(つく)る作業(さぎょう)。

③ 川(かわ)の源(みなもと)をさぐる。

④ 生活(せいかつ)が厳(きび)しい。

⑤ 利(り)己(こ)的(てき)な態度(たいど)。

⑥ 助(たす)けを呼(よ)ぶ声(こえ)。

⑦ 判断(はんだん)を誤(あやま)る。

⑧ 皇(こう)后(ごう)陛下(へいか)の絵画(かいが)。

⑨ 親(おや)孝(こう)行(こう)な息子(むすこ)。

⑩ 皇(こう)居(きょ)を参観(さんかん)する。

⑪ 口(くち)紅(べに)を買(か)う。

⑫ 電車(でんしゃ)を降(お)りる。

⑬ 大(おお)きな製(せい)鋼(こう)所(しょ)。

⑭ 時(とき)を刻(きざ)む。

⑮ 雑(ざっ)穀(こく)米(まい)を食(た)べる。

⑯ 魚(さかな)の骨(ほね)をとる。

⑰ 返事(へんじ)に困(こま)る。

⑱ 砂(すな)はまを歩(ある)く。

⑲ 和室(わしつ)で正(せい)座(ざ)をする。

漢字 3－⑧

書きのたしかめ ②

□ 次の文を読んで、□にあてはまる漢字を頭の中で思いうかべてから書きましょう。

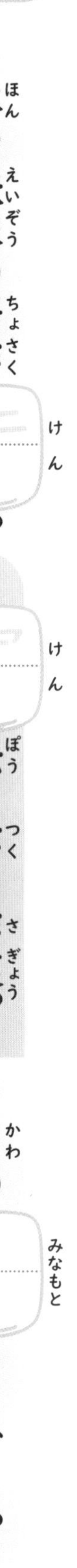

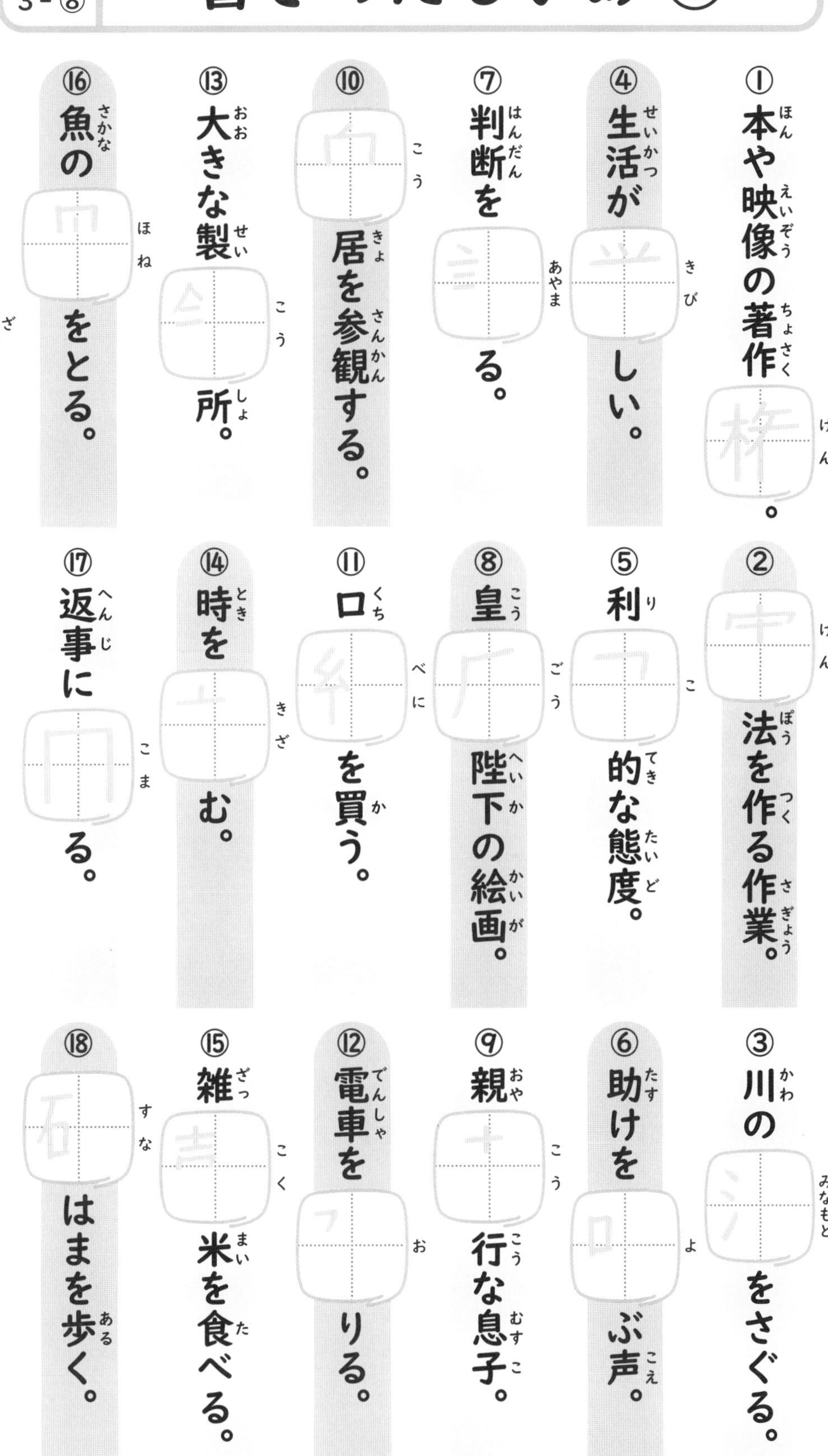

① 本や映像の著作□（けん）。

② □（けん）法を作る作業。

③ 川の□（みなもと）をさぐる。

④ 生活が□（きび）しい。

⑤ 利□（こ）的な態度。

⑥ 助けを□（よ）ぶ声。

⑦ 判断を□（あやま）る。

⑧ 皇□（ごう）陛下の絵画。

⑨ 親□（こう）行な息子。

⑩ □（こう）居を参観する。

⑪ 口□（べに）を買う。

⑫ 電車を□（お）りる。

⑬ 大きな製□（こう）所。

⑭ 時を□（きざ）む。

⑮ 雑□（こく）米を食べる。

⑯ 魚の□（ほね）をとる。

⑰ 返事に□（こま）る。

⑱ □（すな）はまを歩く。

⑲ 和室で正□（ざ）をする。

漢字 3-⑨

書きのたしかめ ③

□ 次の文を読んで、□にあてはまる漢字を頭の中で思いうかべてから書きましょう。

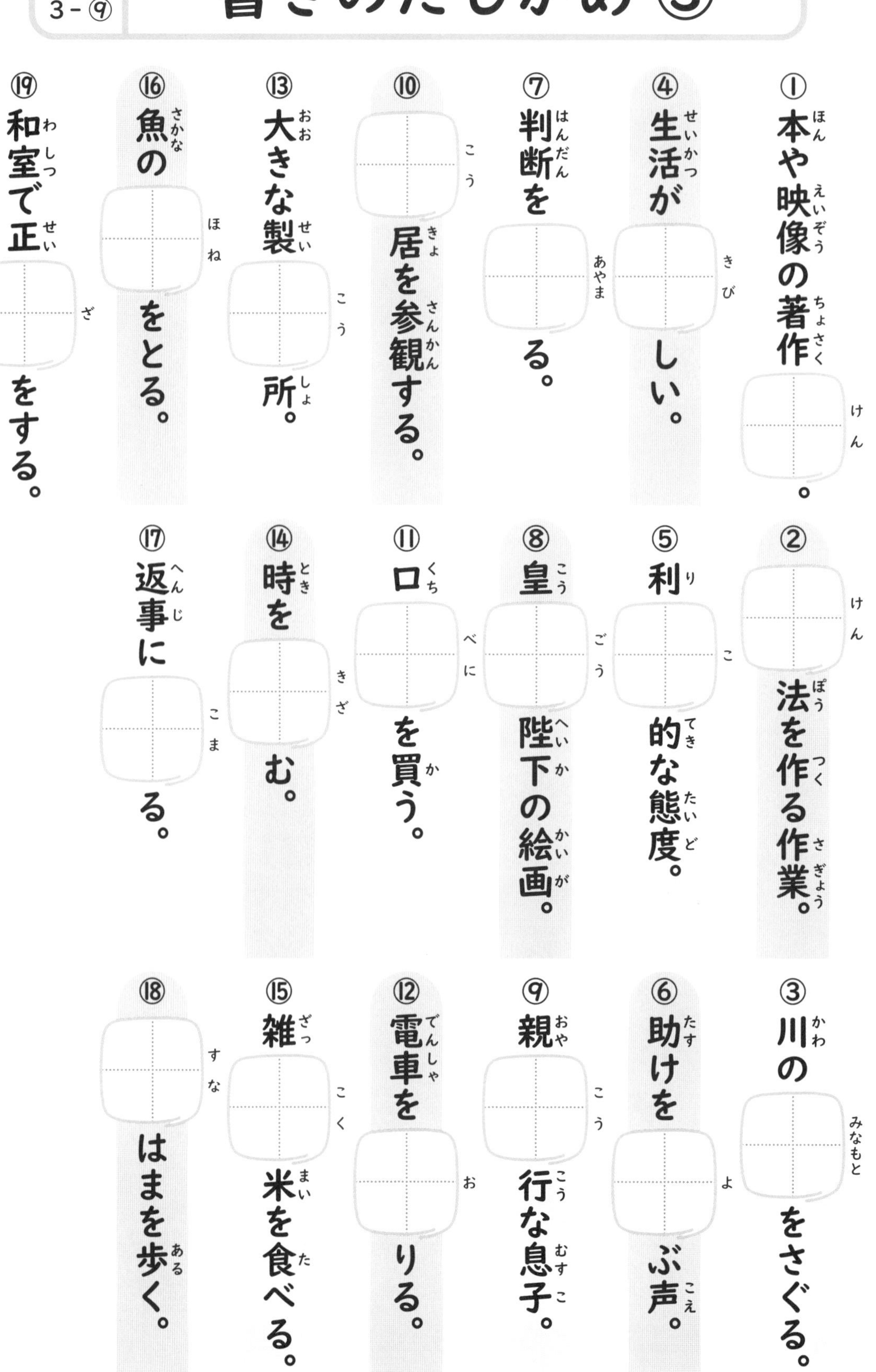

① 本（ほん）や映像（えいぞう）の著作（ちょさく）□（けん）。

② □（けん）法（ぽう）を作（つく）る作業（さぎょう）。

③ 川（かわ）の□（みなもと）をさぐる。

④ 生活（せいかつ）が□（きび）しい。

⑤ 利（り）□（こ）的（てき）な態度（たいど）。

⑥ 助（たす）けを□（よ）ぶ声（こえ）。

⑦ 判断（はんだん）を□（あやま）る。

⑧ 皇（こう）□（ごう）陛下（へいか）の絵画（かいが）。

⑨ 親（おや）□（こう）行（こう）な息子（むすこ）。

⑩ □（こう）居（きょ）を参観（さんかん）する。

⑪ 口（くち）□（べに）を買（か）う。

⑫ 電車（でんしゃ）を□（お）りる。

⑬ 大（おお）きな製（せい）□（こう）所（しょ）。

⑭ 時（とき）を□（きざ）む。

⑮ 雑（ざっ）□（こく）米（まい）を食（た）べる。

⑯ 魚（さかな）の□（ほね）をとる。

⑰ 返事（へんじ）に□（こま）る。

⑱ □（すな）はまを歩（ある）く。

⑲ 和室（わしつ）で正（せい）□（ざ）をする。

漢字 3-⑩

正しい漢字みつけ！①

次の漢字は何画か書きたされた、まちがい漢字です。正しい部分のみをなぞって、漢字を見つけましょう。

漢字 4-①

済・裁・策・冊

□ 手本の漢字を指でなぞります。□には漢字を頭の中で思いうかべてから書きましょう。

済
音 サイ
訓 す-む

返済（へんさい）
経済（けいざい）
仕事（しごと）が早（はや）く済（す）む。

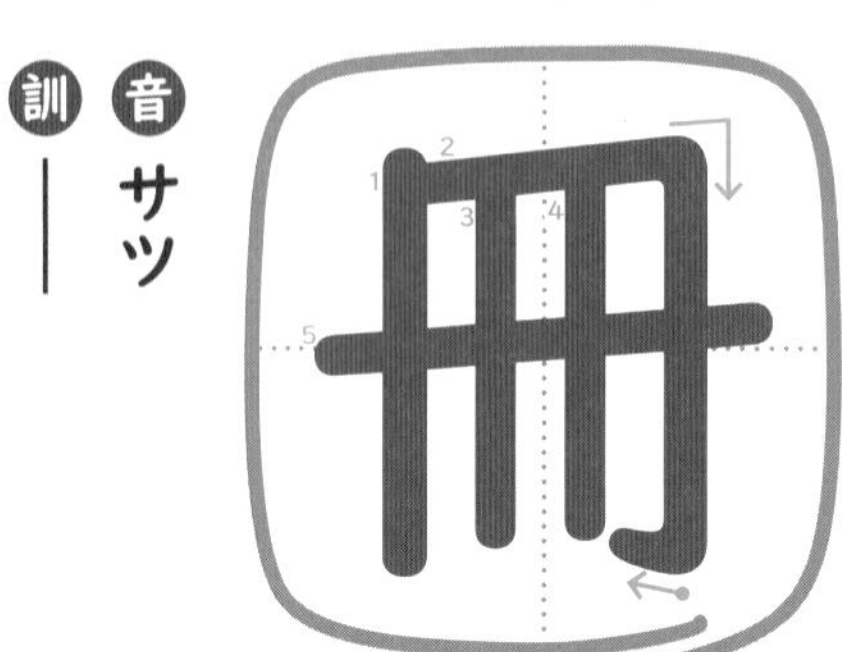

策
音 サク
訓 ―

対策（たいさく）
政策（せいさく）
解決（かいけつ）策（さく）を考（かんが）える。

裁
音 サイ
訓 さば-く

裁判（さいばん）
裁（さい）ほう
罪（つみ）を裁（さば）く。

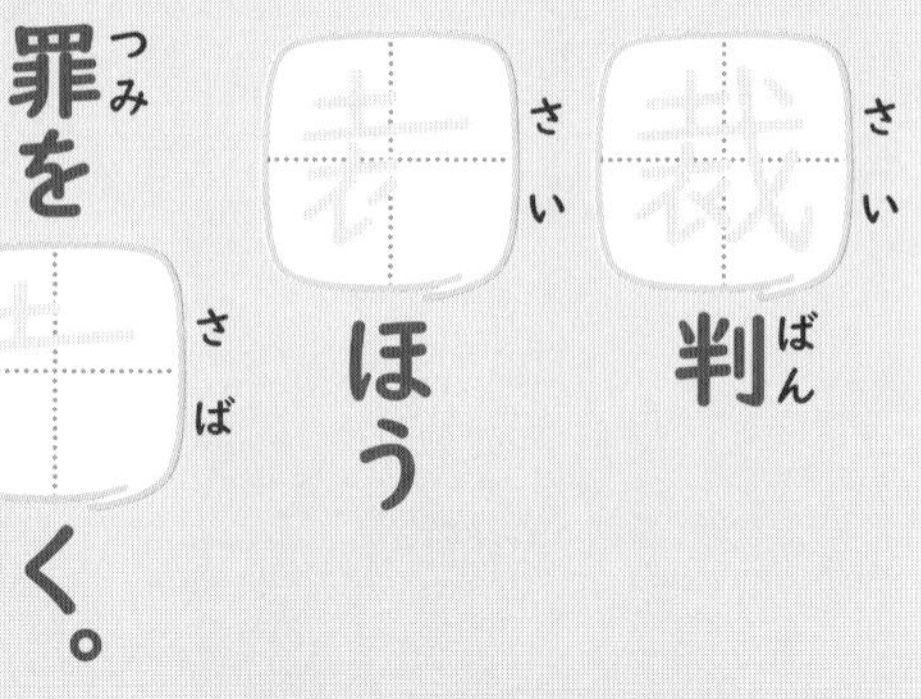

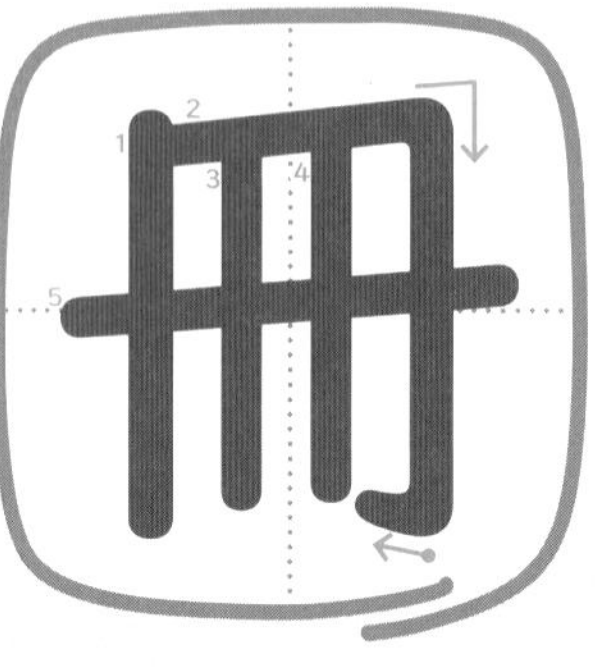

冊
音 サツ
訓 ―

一冊（いっさつ）
冊数（さっすう）
別冊（べっさつ）付録（ふろく）が好（す）き。

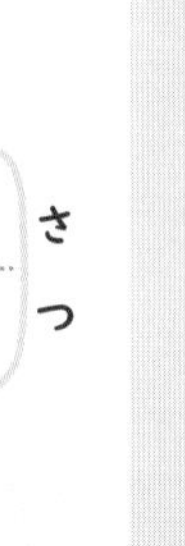

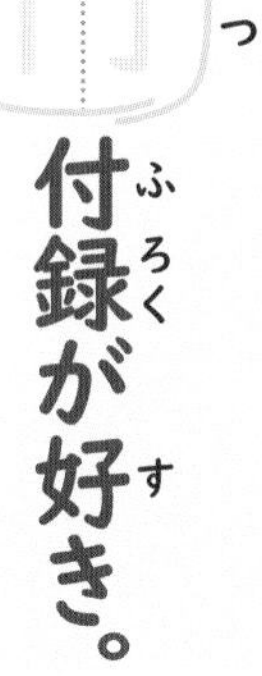

漢字 4-② 蚕・至・私・姿

□手本の漢字を指でなぞります。□には漢字を頭の中で思いうかべてから書きましょう。

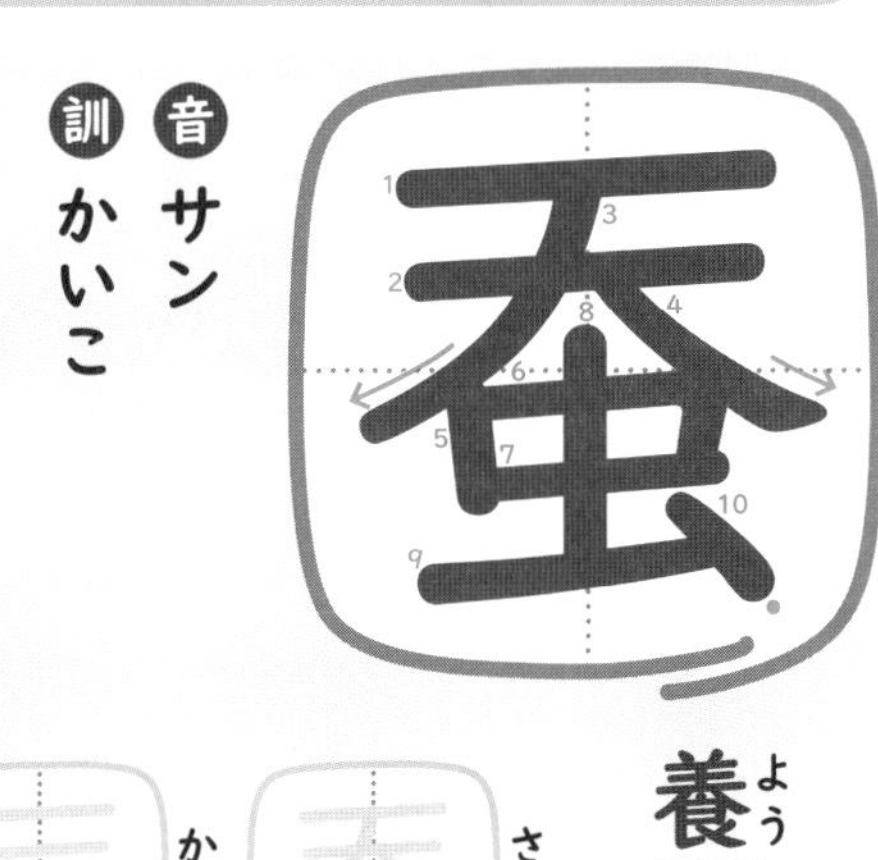

音 サン
訓 かいこ

養(よう)□(さん)

□(さん)糸(し)

□(かいこ)を飼(か)う仕事(しごと)。

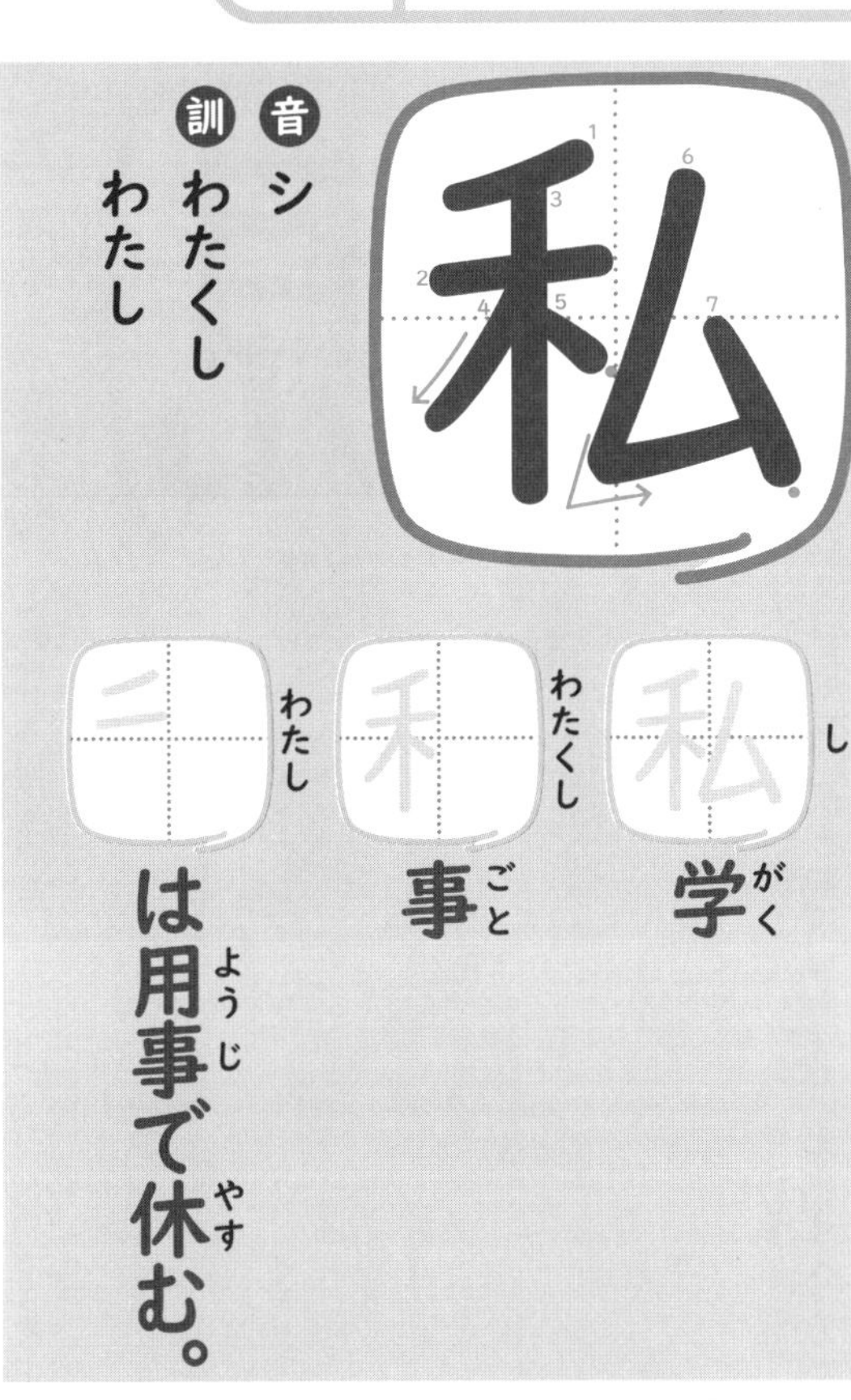

音 シ
訓 わたくし
わたし

□(し)学(がく)

□(わたくし)事(ごと)

□(わたし)は用事(ようじ)で休(やす)む。

音 シ
訓 いた-る

□(し)急(きゅう)

夏(げ)□(し)

夢見(ゆめみ)た町(まち)に□(いた)る。

音 シ
訓 すがた

□(し)勢(せい)

容(よう)□(し)

後(うし)ろ□(すがた)を見(み)る。

漢字 4-③ 視・詞・誌・磁

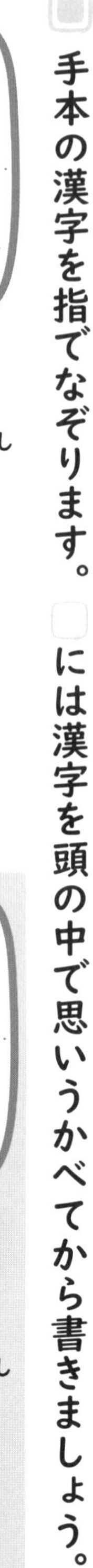

視

音 シ
訓 —

- 視(し)力(りょく)
- 無(む)視(し)
- 視(し)野(や)が広(ひろ)い動物(どうぶつ)。

誌

音 シ
訓 —

- 雑(ざっ)誌(し)
- 週刊(しゅうかん)誌(し)
- 月刊(げっかん)誌(し)を読(よ)む。

詞

音 シ
訓 —

- 歌(か)詞(し)
- 名(めい)詞(し)
- 作(さく)詞(し)作曲(さっきょく)をする。

磁

音 ジ
訓 —

- 磁(じ)石(しゃく)
- 磁(じ)力(りょく)
- 磁(じ)器(き)の皿(さら)を買(か)う。

漢字 4-④

射・捨・尺・若

手本の漢字を指でなぞります。□には漢字を頭の中で思いうかべてから書きましょう。

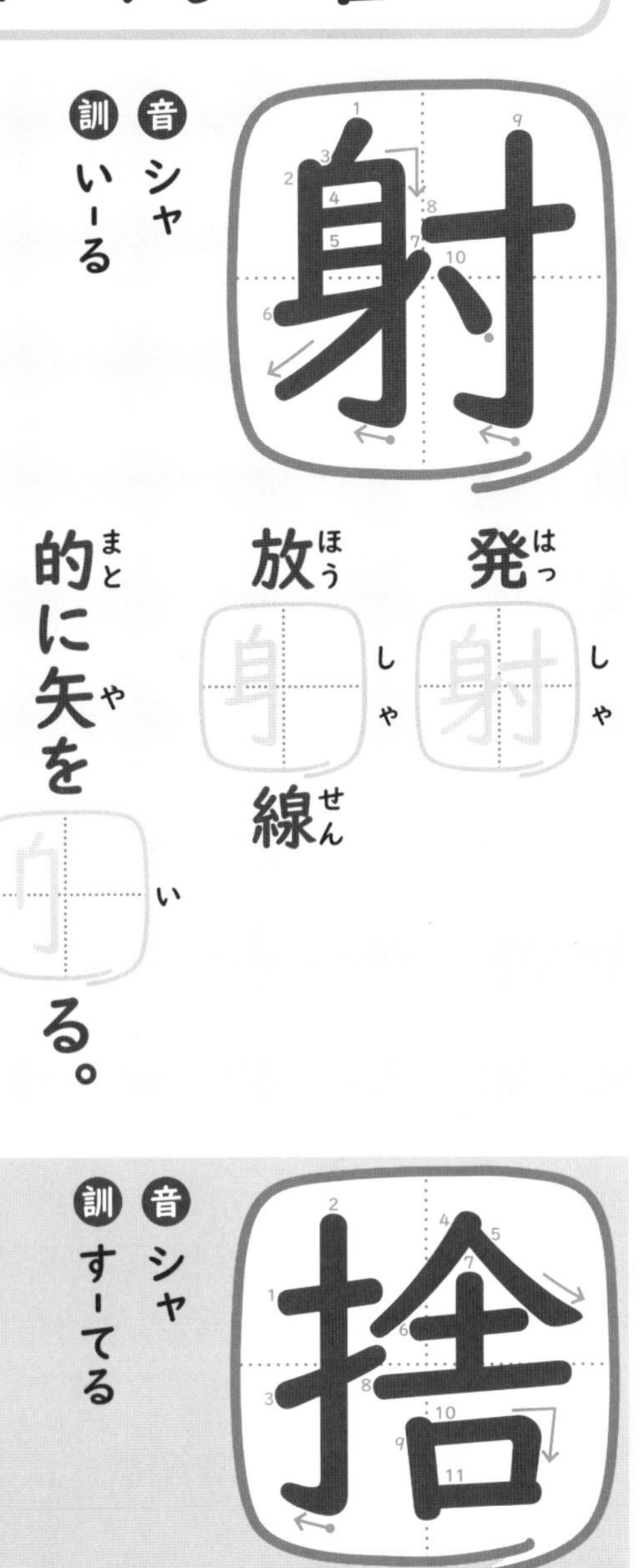

射
音 シャ
訓 い-る

発射(はっしゃ)
放射線(ほうしゃせん)
的(まと)に矢(や)を射(い)る。

尺
音 シャク
訓 ―

尺度(しゃくど)
縮尺(しゅくしゃく)
尺八(しゃくはち)をふく音(おと)。

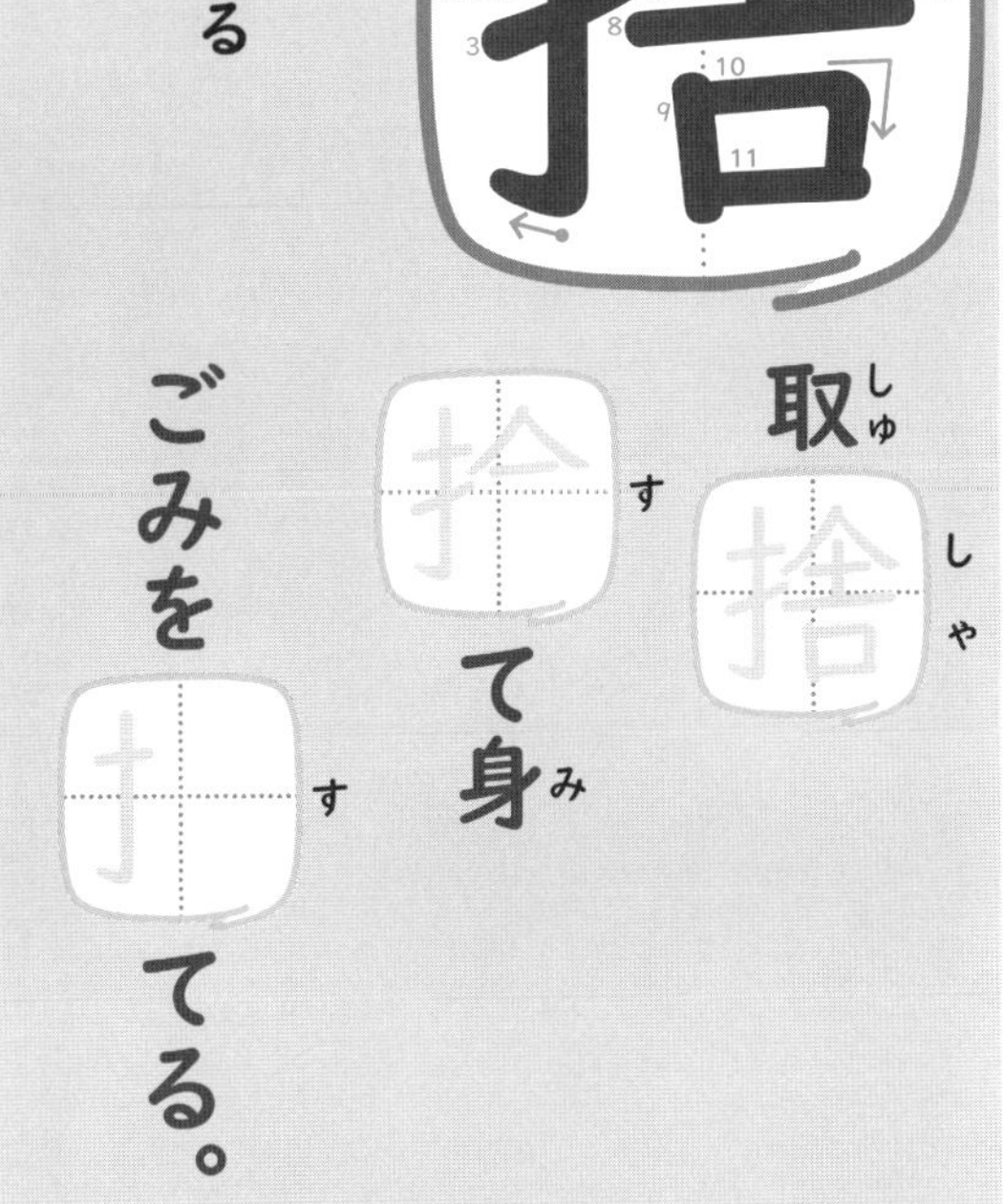

捨
音 シャ
訓 す-てる

取捨(しゅしゃ)
捨(す)て身(み)
ごみを捨(す)てる。

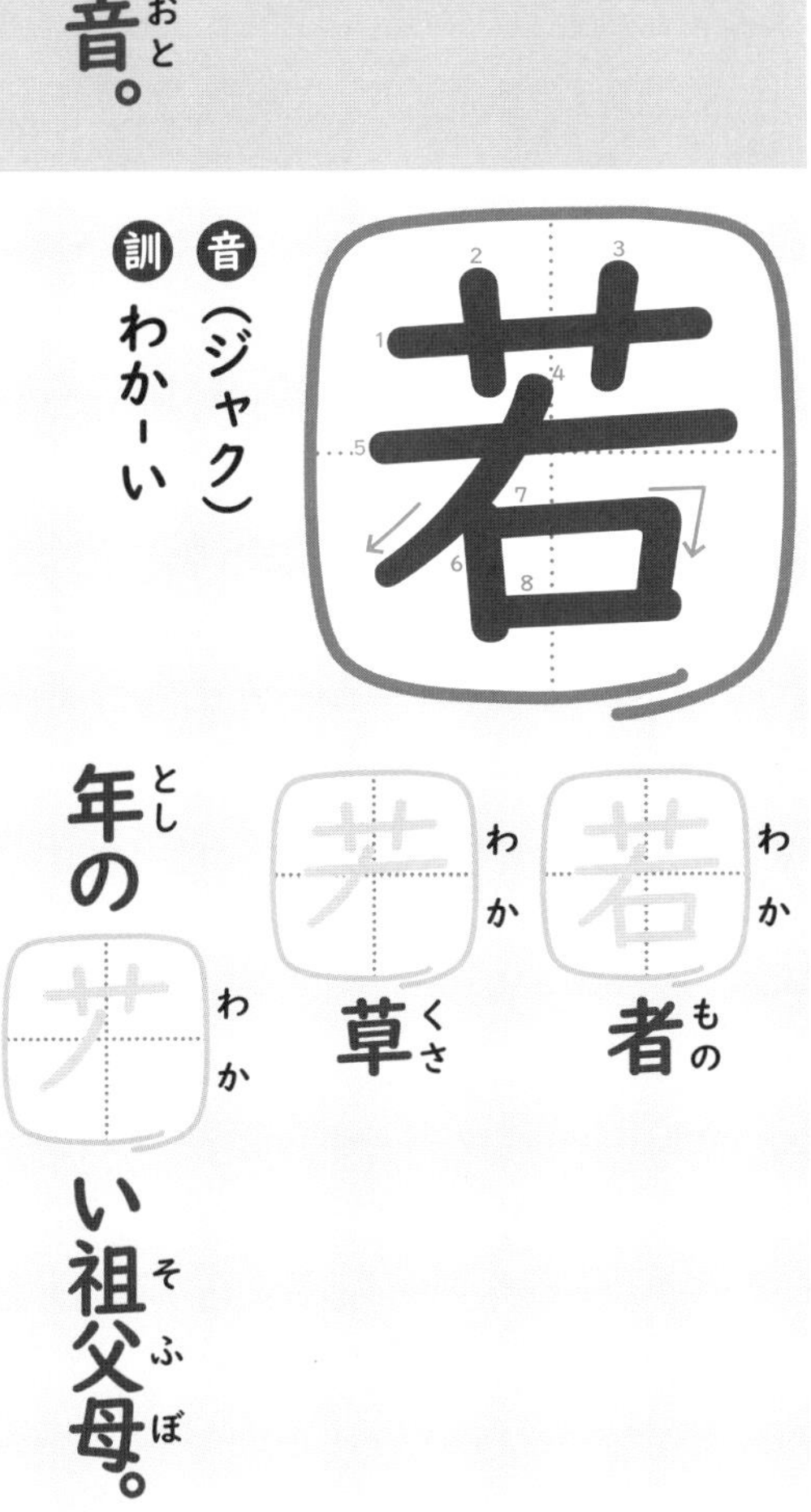

若
音 (ジャク)
訓 わか-い

若者(わかもの)
若草(わかくさ)
年(とし)の若(わか)い祖父母(そふぼ)。

漢字 4-⑤

樹・収・宗

□手本の漢字を指でなぞります。□には漢字を頭の中で思いうかべてから書きましょう。

音 ジュ
訓 ―

樹木（じゅもく）

街路（がいろ）樹（じゅ）

果（か）樹（じゅ）園（えん）に行（い）く。

音 シュウ
訓 おさ-める

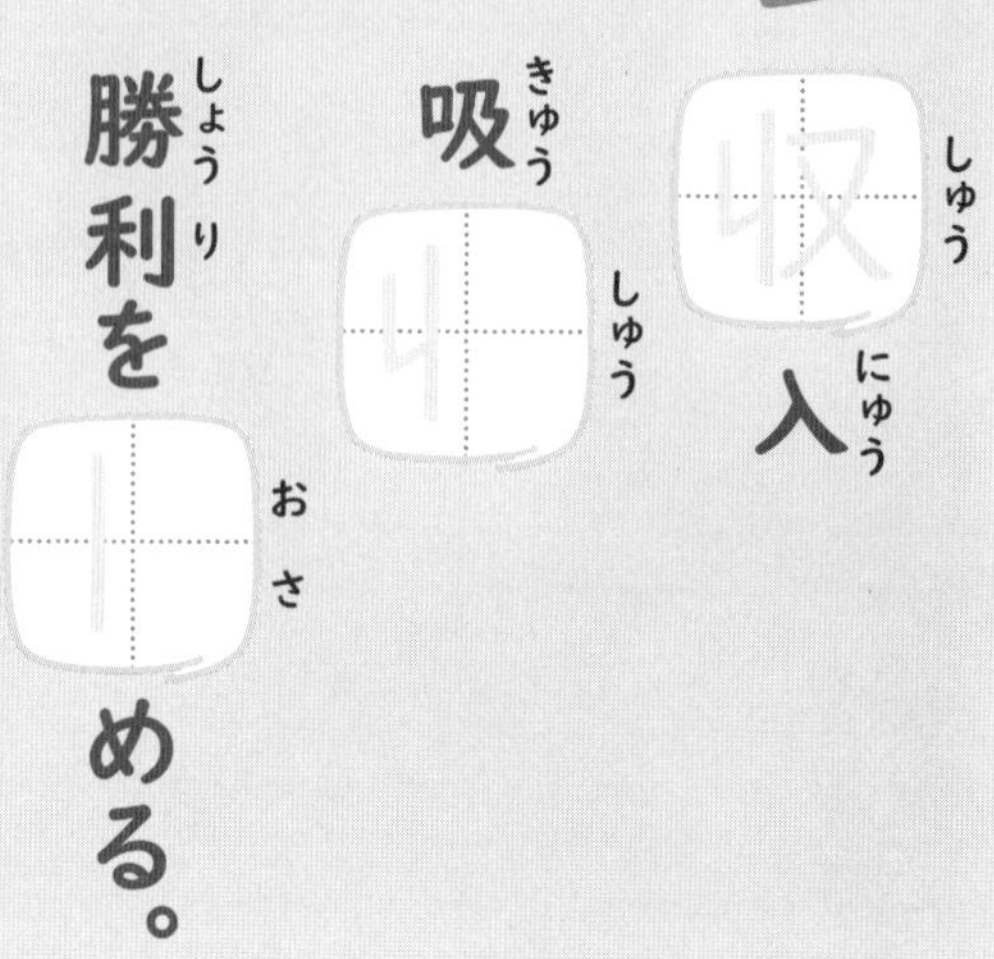

収入（しゅうにゅう）

吸（きゅう）収（しゅう）

勝利（しょうり）を収（おさ）める。

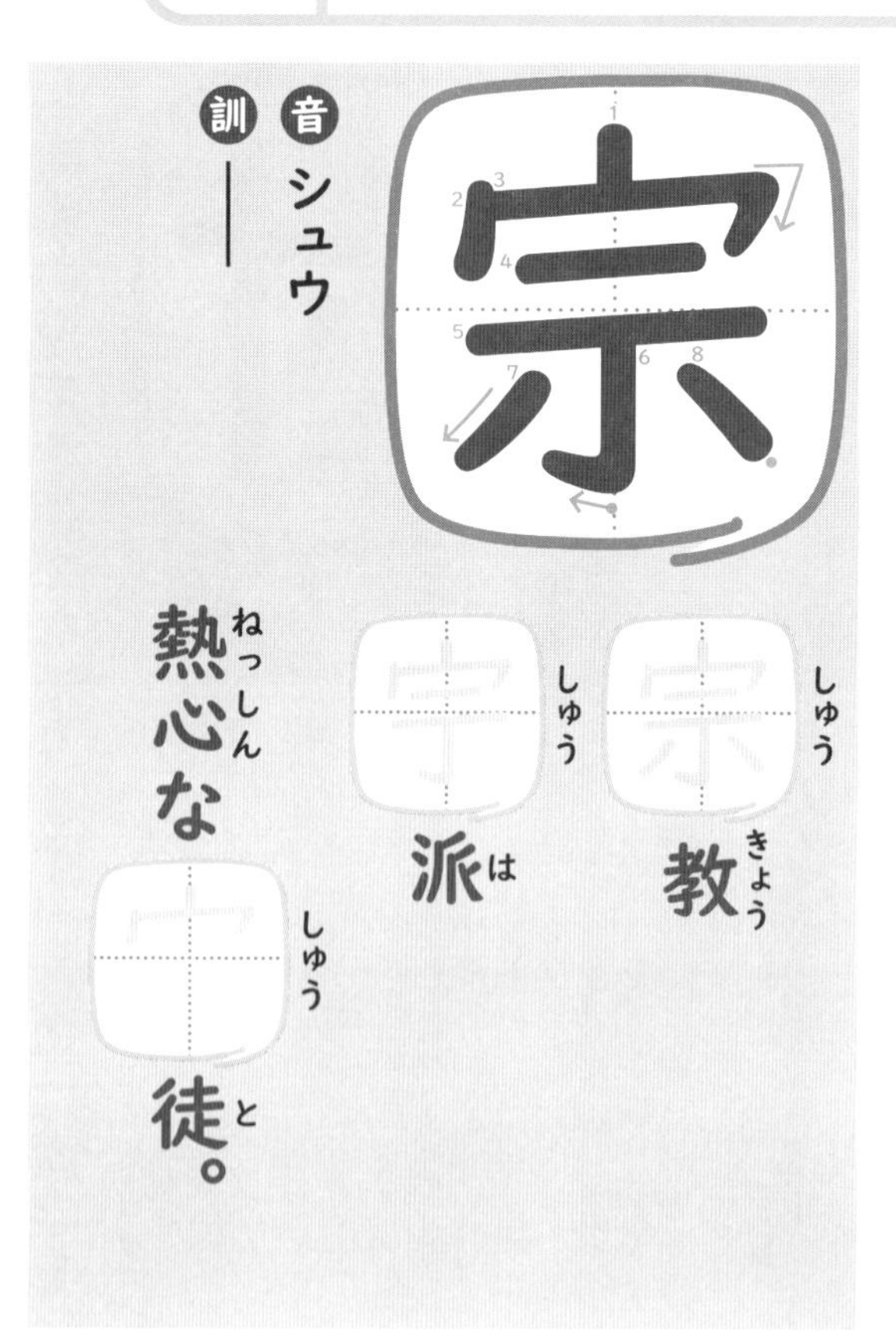

音 シュウ
訓 ―

宗教（しゅうきょう）

宗派（しゅうは）

熱心（ねっしん）な宗（しゅう）徒（と）。

漢字 4-⑥

読みのたしかめ

次の文を読んで、――を引いた漢字の読みを（　）に書きましょう。

① 昼食(ちゅうしょく)を済ませる。

② 公平(こうへい)に裁く。

③ 予防(よぼう)策を立(た)てる。

④ 一(いっ)冊の本(ほん)。

⑤ 蚕を育(そだ)てる。

⑥ 山頂(さんちょう)に至る道(みち)。

⑦ 私事(ごと)で早退(そうたい)する。

⑧ 姿勢(せい)を正(ただ)す。

⑨ 視力(りょく)がよい。

⑩ 歌(か)詞を覚(おぼ)える。

⑪ 雑(ざっ)誌を作(つく)る仕事(しごと)。

⑫ 磁石(しゃく)がつく板(いた)。

⑬ 的(まと)を射る。

⑭ 望(のぞ)みを捨てない。

⑮ 縮(しゅく)尺を測(はか)る。

⑯ 気(き)が若い人(ひと)。

⑰ 桜(さくら)を植(しょく)樹する。

⑱ 金庫(きんこ)に収める。

⑲ 宗教(きょう)を信(しん)じる。

漢字 4－⑦

書きのたしかめ ①

□ 次の文を読んで、□にあてはまる漢字を頭の中で思いうかべてからなぞりましょう。

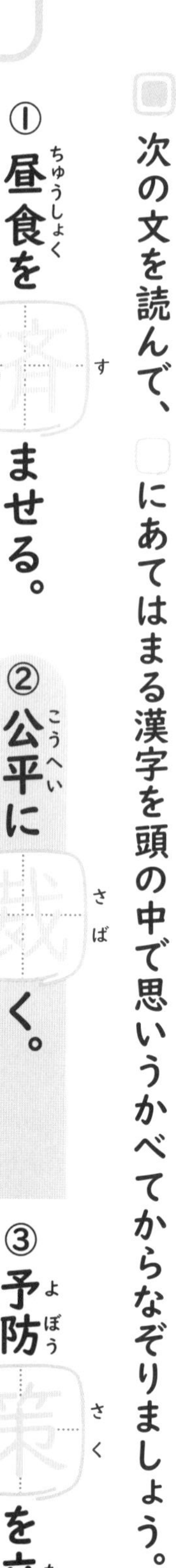

① 昼食（ちゅうしょく）を［済］（す）ませる。

② 公平（こうへい）に［裁］（さば）く。

③ 予防（よぼう）［策］（さく）を立（た）てる。

④ 一［冊］（いっさつ）の本（ほん）。

⑤ ［蚕］（かいこ）を育（そだ）てる。

⑥ 山頂（さんちょう）に［至］（いた）る道（みち）。

⑦ ［私］（わたくし）事（ごと）で早退（そうたい）する。

⑧ ［姿］（し）勢（せい）を正（ただ）す。

⑨ ［視］（し）力（りょく）がよい。

⑩ 歌（か）［詞］（し）を覚（おぼ）える。

⑪ 雑（ざっ）［誌］（し）を作（つく）る仕事（しごと）。

⑫ ［磁］（じ）石（しゃく）がつく板（いた）。

⑬ 的（まと）を［射］（い）る。

⑭ 望（のぞ）みを［捨］（す）てない。

⑮ 縮（しゅく）［尺］（しゃく）を測（はか）る。

⑯ 気（き）が［若］（わか）い人（ひと）。

⑰ 桜（さくら）を植（しょく）［樹］（じゅ）する。

⑱ 金庫（きんこ）に［収］（おさ）める。

⑲ ［宗］（しゅう）教（きょう）を信（しん）じる。

漢字 4－⑧

書きのたしかめ ②

□ 次の文を読んで、□にあてはまる漢字を頭の中で思いうかべてから書きましょう。

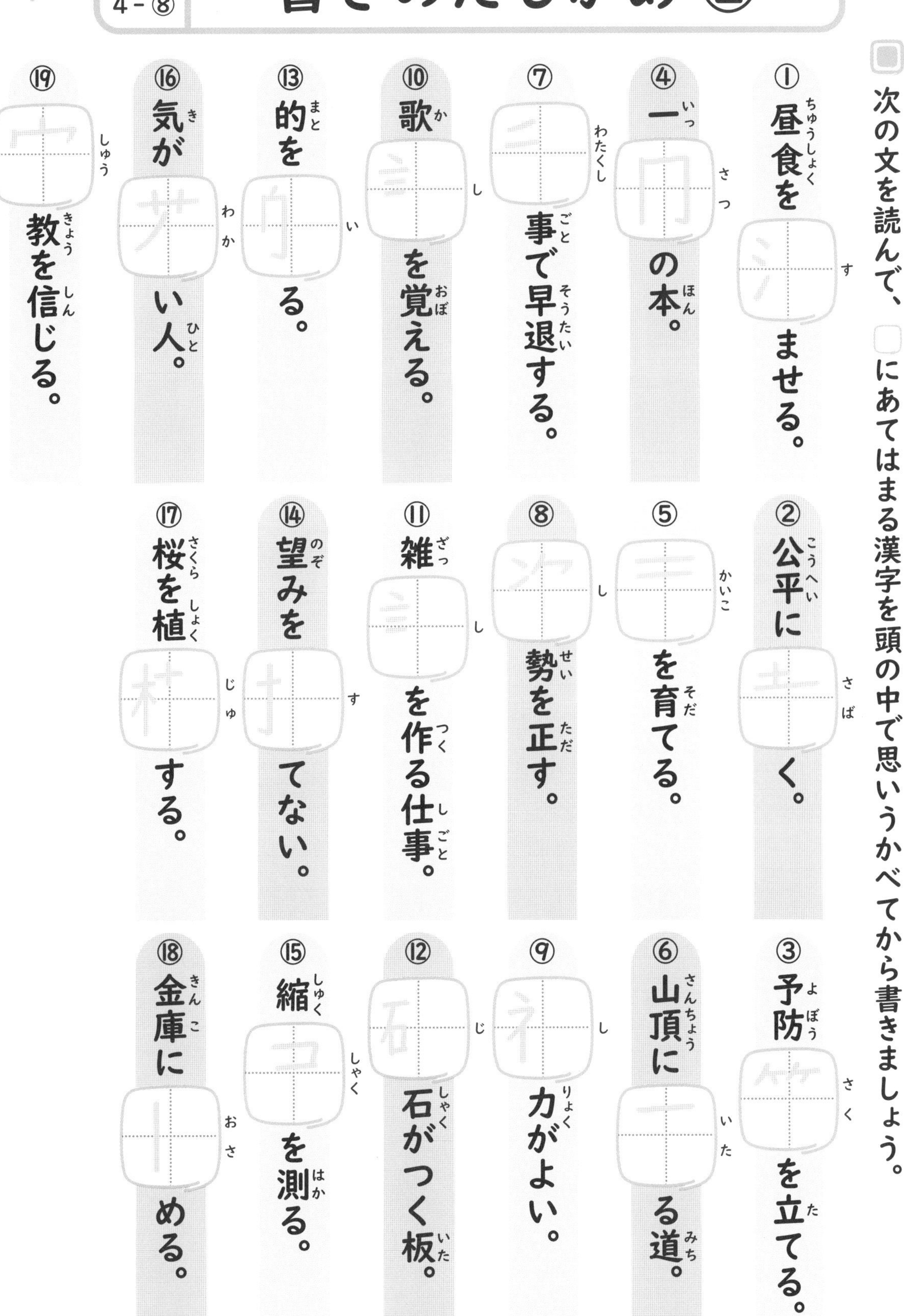

① 昼食（ちゅうしょく）を□（す）ませる。
② 公平（こうへい）に□（さば）く。
③ 予防（よぼう）□（さく）を立（た）てる。
④ 一（いっ）□（さつ）の本（ほん）。
⑤ □（かいこ）を育（そだ）てる。
⑥ 山頂（さんちょう）に□（いた）る道（みち）。
⑦ □（わたくし）事（ごと）で早退（そうたい）する。
⑧ □（し）勢（せい）を正（ただ）す。
⑨ □（し）力（りょく）がよい。
⑩ 歌（か）□（し）を覚（おぼ）える。
⑪ 雑（ざっ）□（し）を作（つく）る仕事（しごと）。
⑫ □（じ）石（しゃく）がつく板（いた）。
⑬ 的（まと）を□（い）る。
⑭ 望（のぞ）みを□（す）てない。
⑮ 縮（しゅく）□（しゃく）を測（はか）る。
⑯ 気（き）が□（わか）い人（ひと）。
⑰ 桜（さくら）を植（しょく）□（じゅ）する。
⑱ 金庫（きんこ）に□（おさ）める。
⑲ □（しゅう）教（きょう）を信（しん）じる。

漢字 4-⑨

書きのたしかめ ③

次の文を読んで、□にあてはまる漢字を頭の中で思いうかべてから書きましょう。

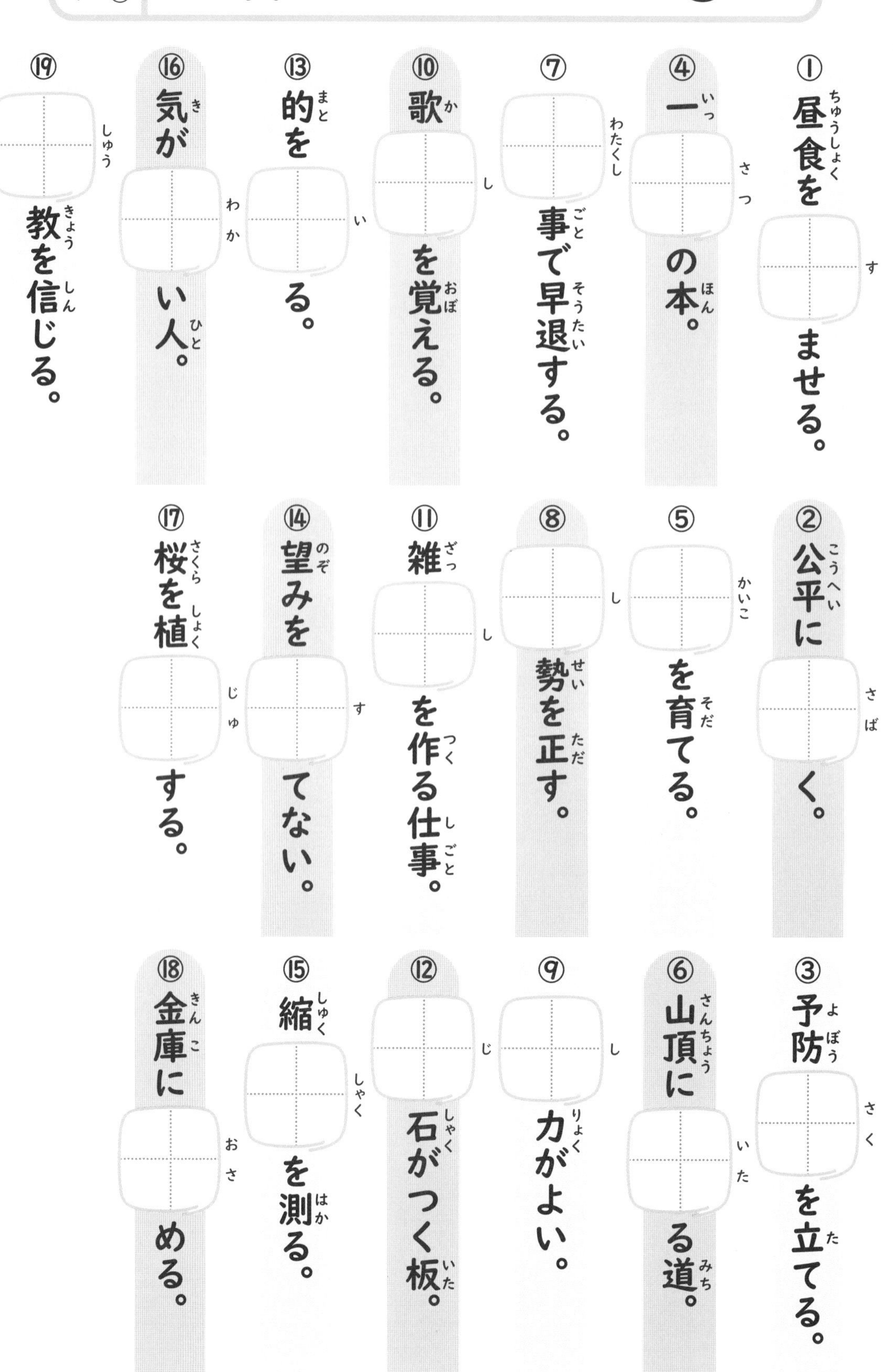

① 昼食(ちゅうしょく)を□(す)ませる。

② 公平(こうへい)に□(さば)く。

③ 予防(よぼう)□(さく)を立(た)てる。

④ 一(いっ)□(さつ)の本(ほん)。

⑤ □(かいこ)を育(そだ)てる。

⑥ 山頂(さんちょう)に□(いた)る道(みち)。

⑦ □(わたくし)事(ごと)で早退(そうたい)する。

⑧ □(し)勢(せい)を正(ただ)す。

⑨ □(し)力(りょく)がよい。

⑩ 歌(か)□(し)を覚(おぼ)える。

⑪ 雑(ざっ)□(し)を作(つく)る仕事(しごと)。

⑫ □(じ)石(しゃく)がつく板(いた)。

⑬ 的(まと)を□(い)る。

⑭ 望(のぞ)みを□(す)てない。

⑮ 縮(しゅく)□(しゃく)を測(はか)る。

⑯ 気(き)が□(わか)い人(ひと)。

⑰ 桜(さくら)を植(しょく)□(じゅ)する。

⑱ 金庫(きんこ)に□(おさ)める。

⑲ □(しゅう)教(きょう)を信(しん)じる。

漢字 4-⑩

漢字みつけ！②

□次の図の中から、今回学習した漢字を十九字見つけましょう。見つけた漢字はなぞりましょう。

漢字 5-①

就・衆・従・縦

□ 手本の漢字を指でなぞります。□には漢字を頭の中で思いうかべてから書きましょう。

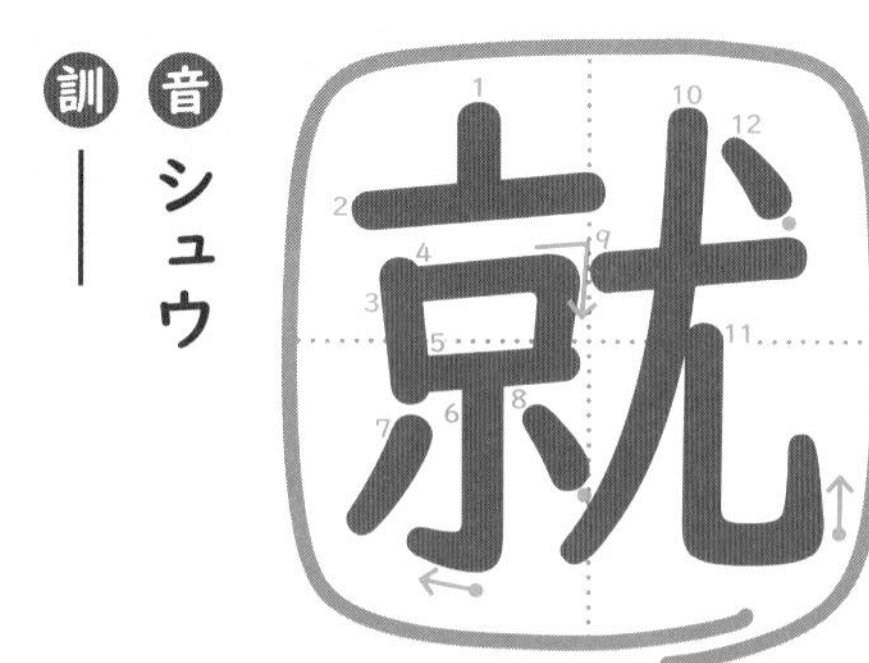

音 シュウ
訓 ―

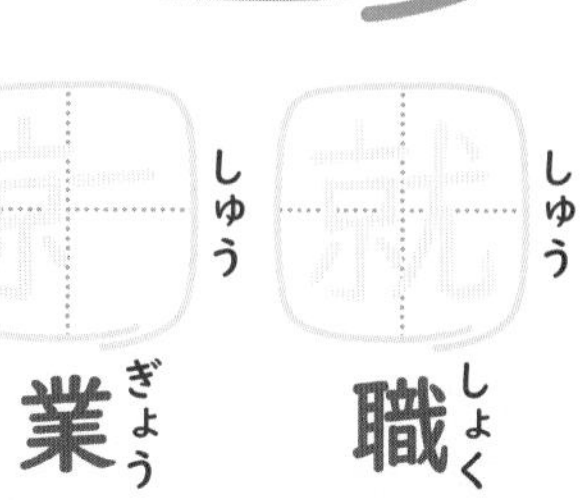

(しゅう)職(しょく)　(しゅう)業(ぎょう)

九時(くじ)に(しゅう)しん。

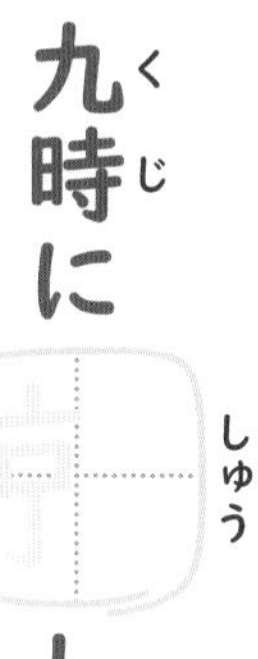

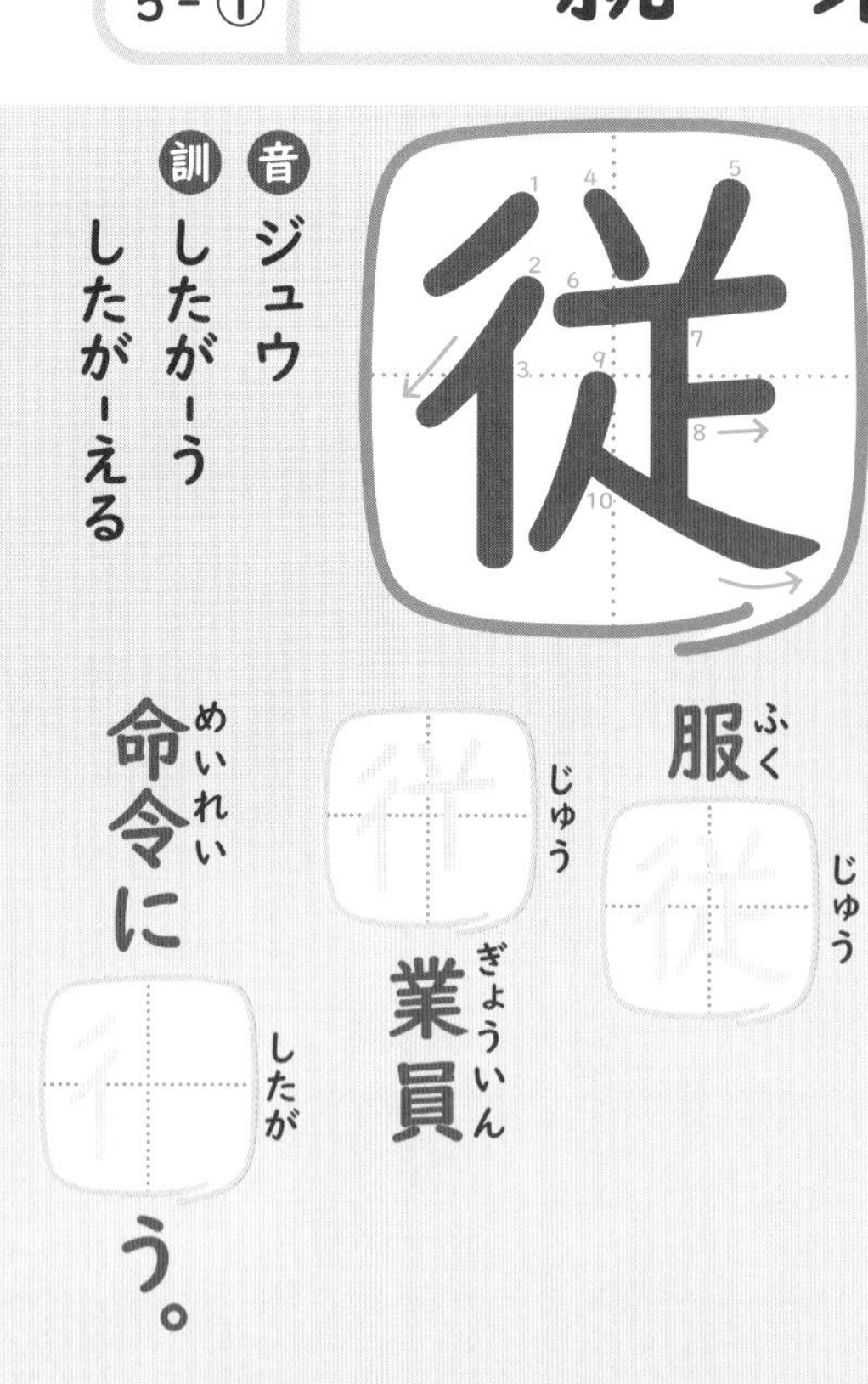

音 ジュウ
訓 したが-う　したが-える

服(ふく)(じゅう)　(じゅう)業員(ぎょういん)

命令(めいれい)に(したが)う。

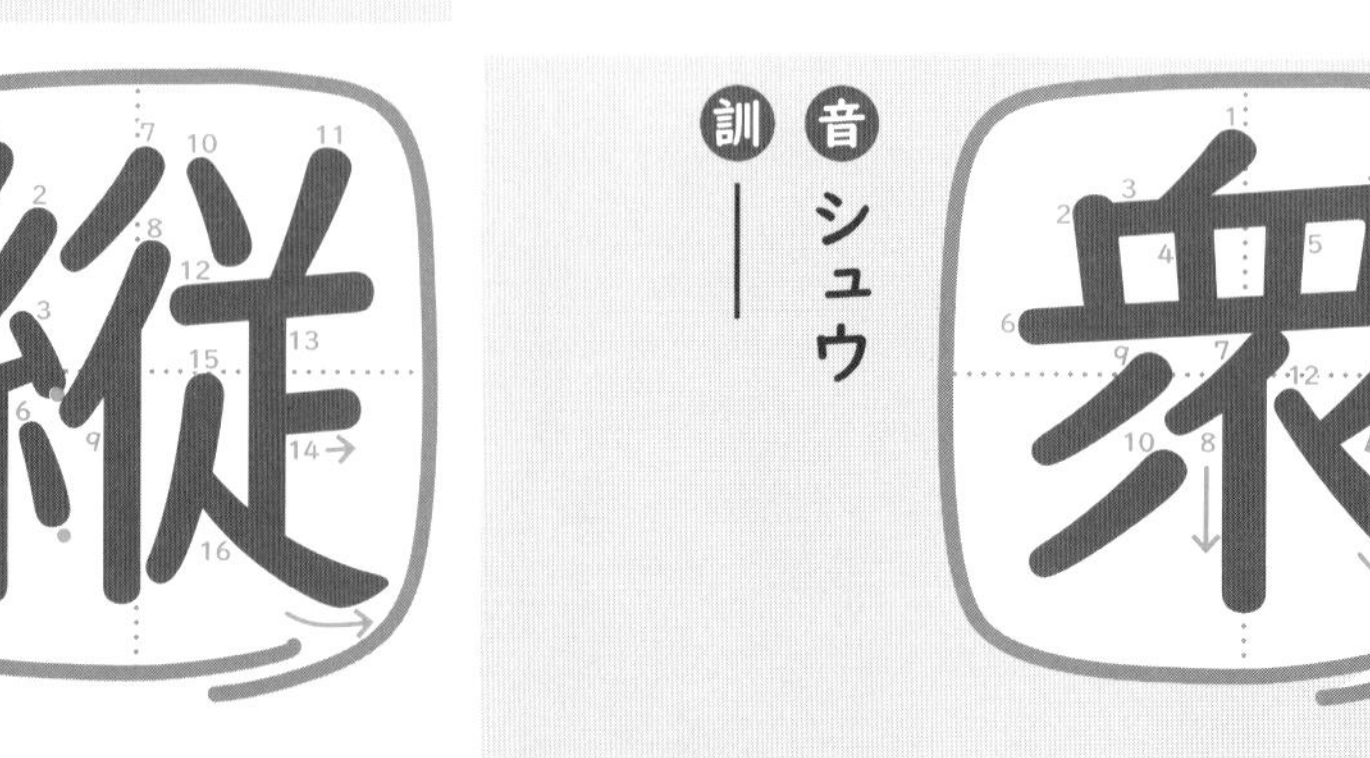

音 シュウ
訓 ―

大(たい)(しゅう)　(しゅう)議院(ぎいん)

アメリカ合(がっ)(しゅう)国(こく)。

音 ジュウ
訓 たて

(じゅう)列(れつ)　(じゅう)断(だん)　(たて)

一列(いちれつ)に並(なら)ぶ。

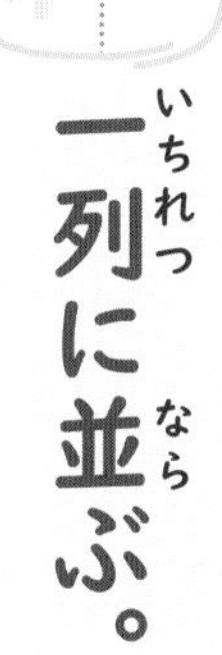

漢字 5-②

縮・熟・純・処

手本の漢字を指でなぞります。□には漢字を頭の中で思いうかべてから書きましょう。

縮
音 シュク
訓 ちぢ-む ちぢ-れる

小(しょう)□(しゅく)
短(たん)□(しゅく)
服(ふく)が□(ちぢ)む。

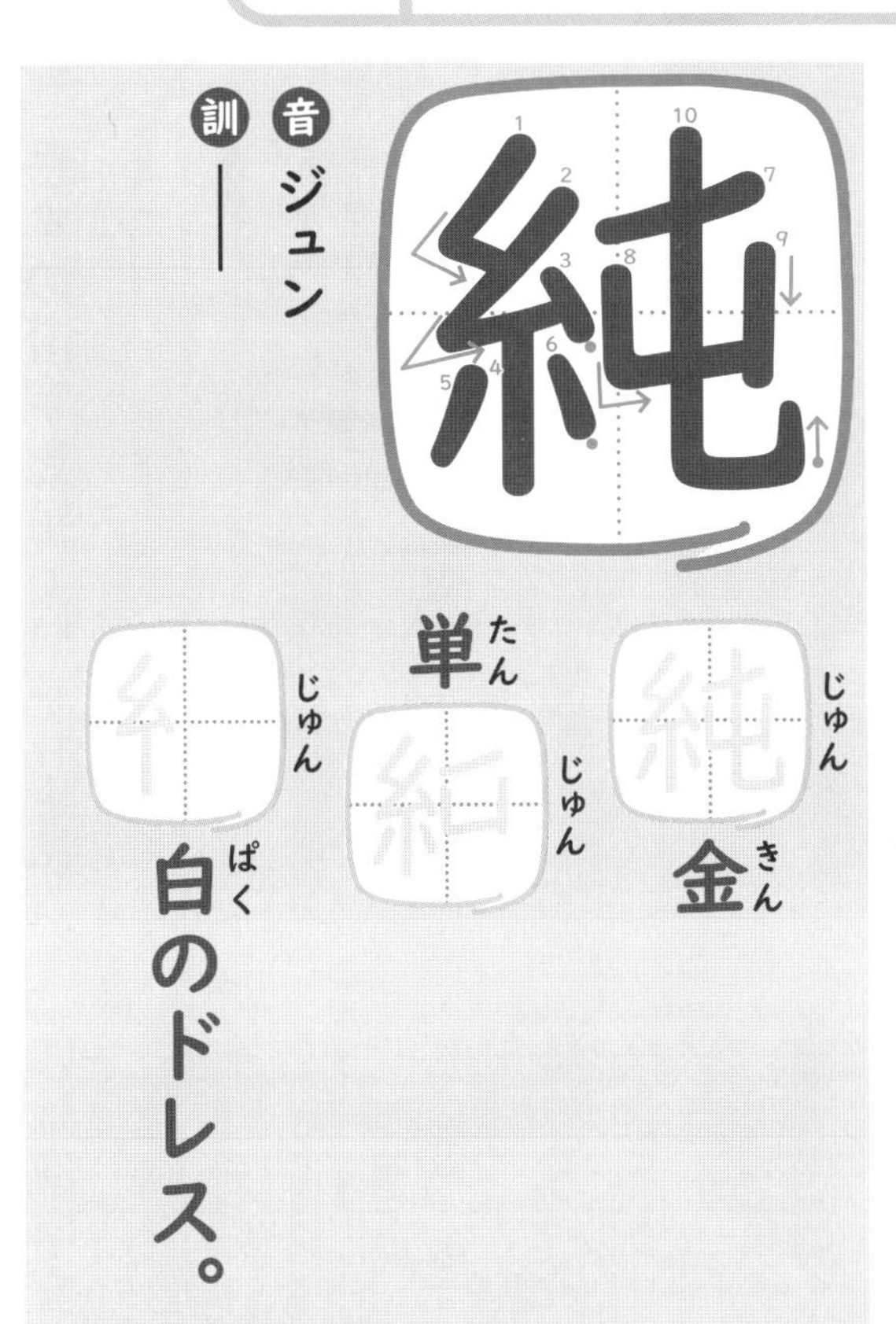

純
音 ジュン
訓 ―

金(きん)□(じゅん)
単(たん)□(じゅん)
□(じゅん)白(ぱく)のドレス。

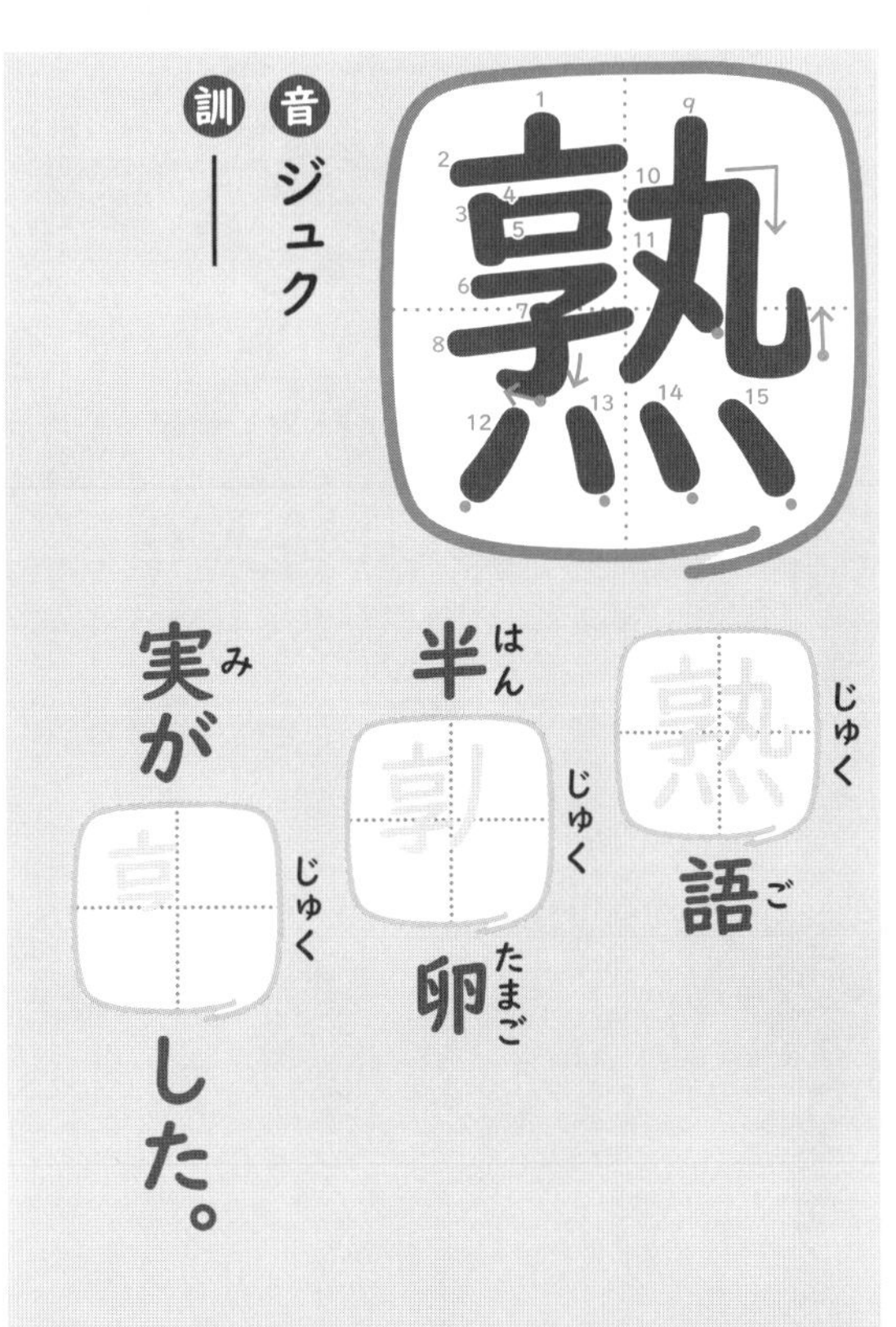

熟
音 ジュク
訓 ―

□(じゅく)語(ご)
半(はん)□(じゅく)卵(たまご)
実(み)が□(じゅく)した。

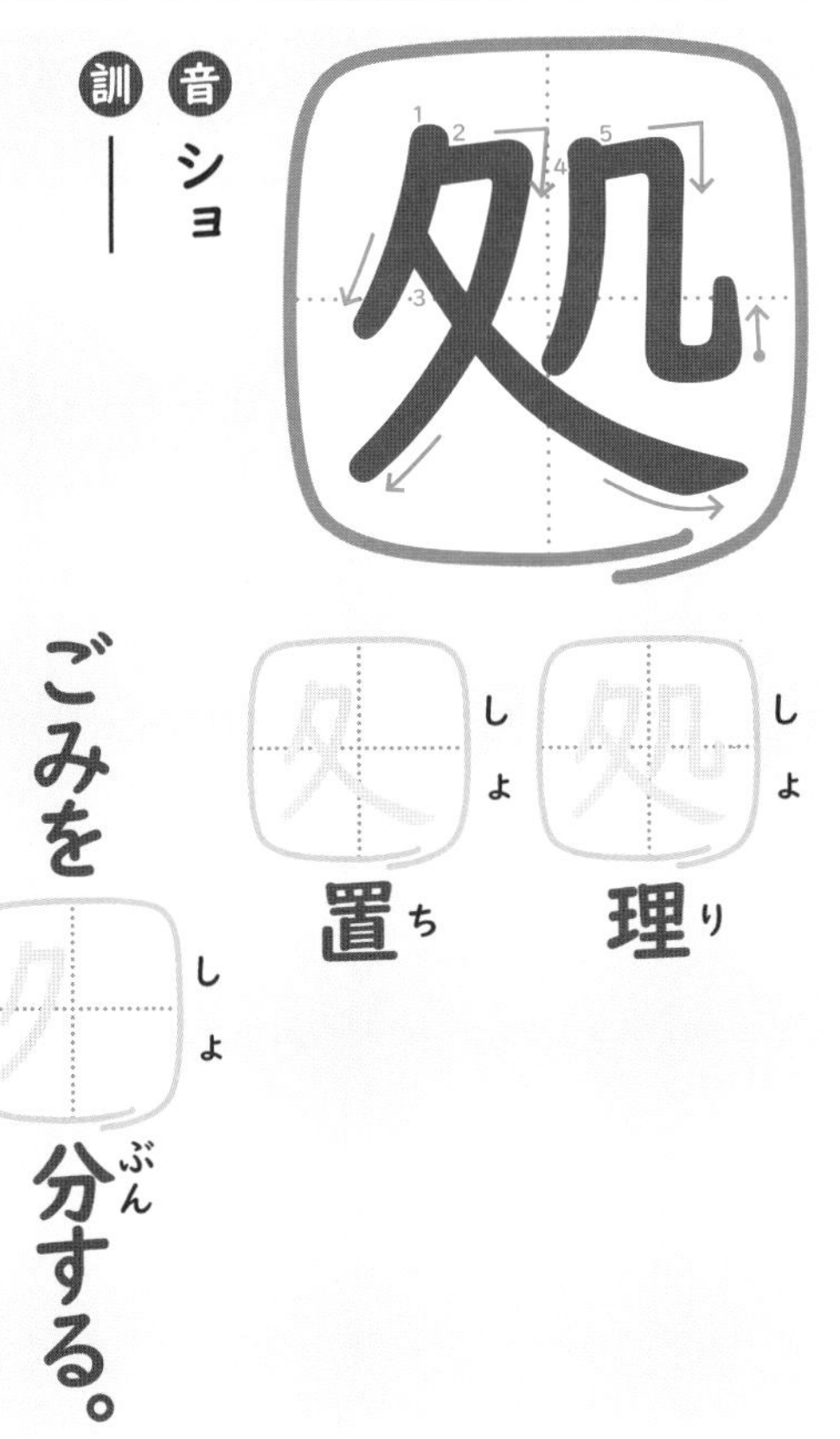

処
音 ショ
訓 ―

□(しょ)理(り)
□(しょ)置(ち)
ごみを□(しょ)分(ぶん)する。

漢字 5-③ 署・諸・除・承

手本の漢字を指でなぞります。□には漢字を頭の中で思いうかべてから書きましょう。

音 ショ
訓 ―

警察(けいさつ) 署(しょ)

署(しょ) 名(めい)

消防(しょうぼう) 署(しょ) の見学(けんがく)。

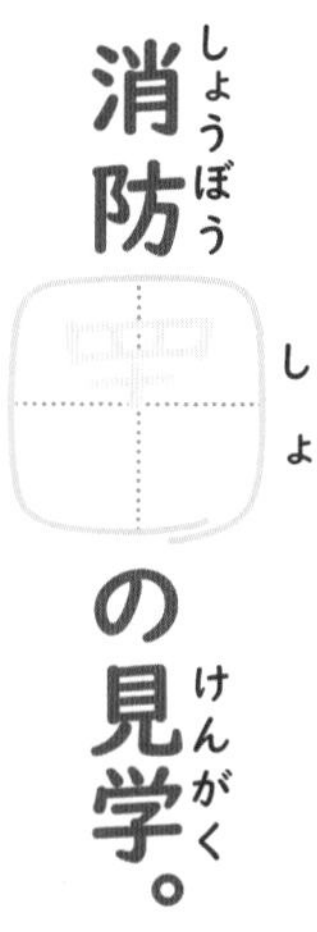

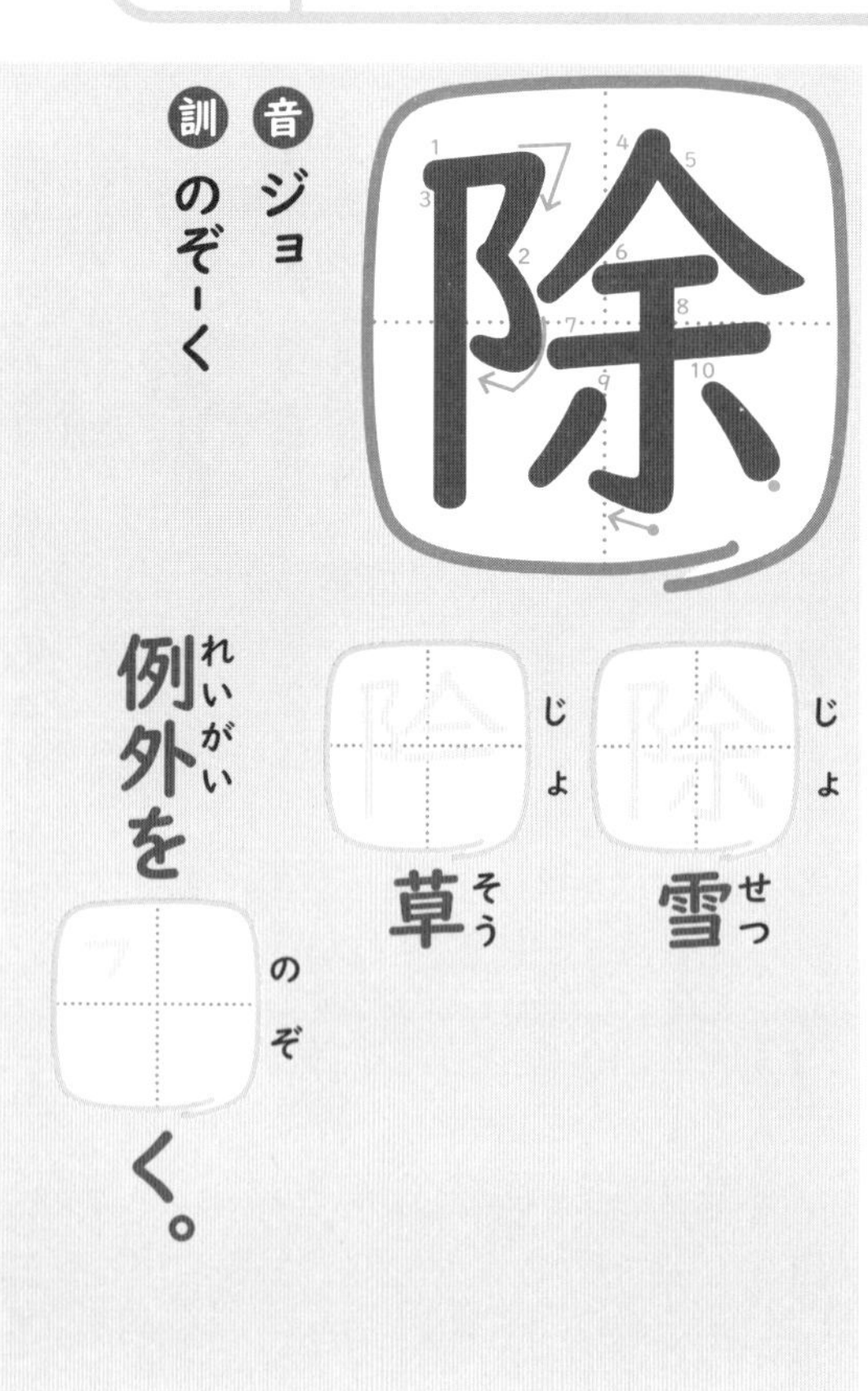

音 ジョ
訓 のぞ-く

除(じょ) 雪(せつ)

除(じょ) 草(そう)

例外(れいがい)を 除(のぞ) く。

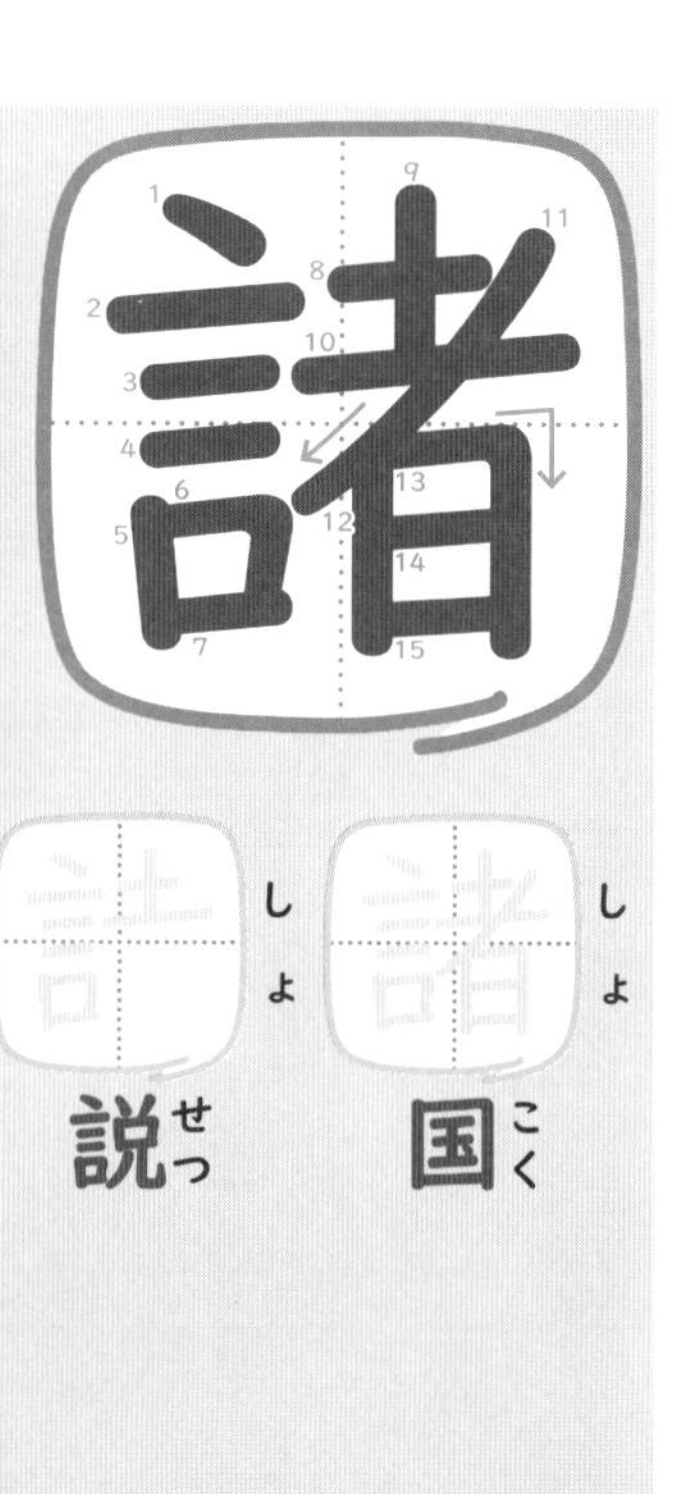

音 ショ
訓 ―

諸(しょ) 国(こく)

諸(しょ) 説(せつ)

六年生(ろくねんせい)の 諸(しょ) 君(くん)。

音 ショウ
訓 ―

承(しょう) 知(ち)

承(しょう) 服(ふく)

伝(でん) 承(しょう) 遊(あそ)びをする。

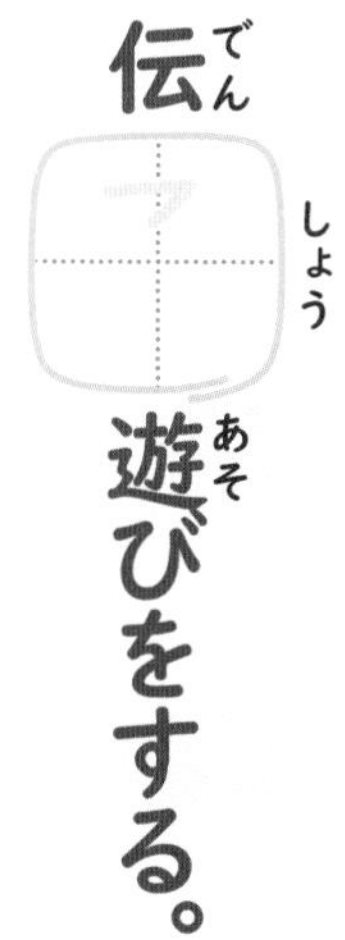

ゴール　スタート

漢字 5-④

将・傷・障・蒸

手本の漢字を指でなぞります。□には漢字を頭の中で思いうかべてから書きましょう。

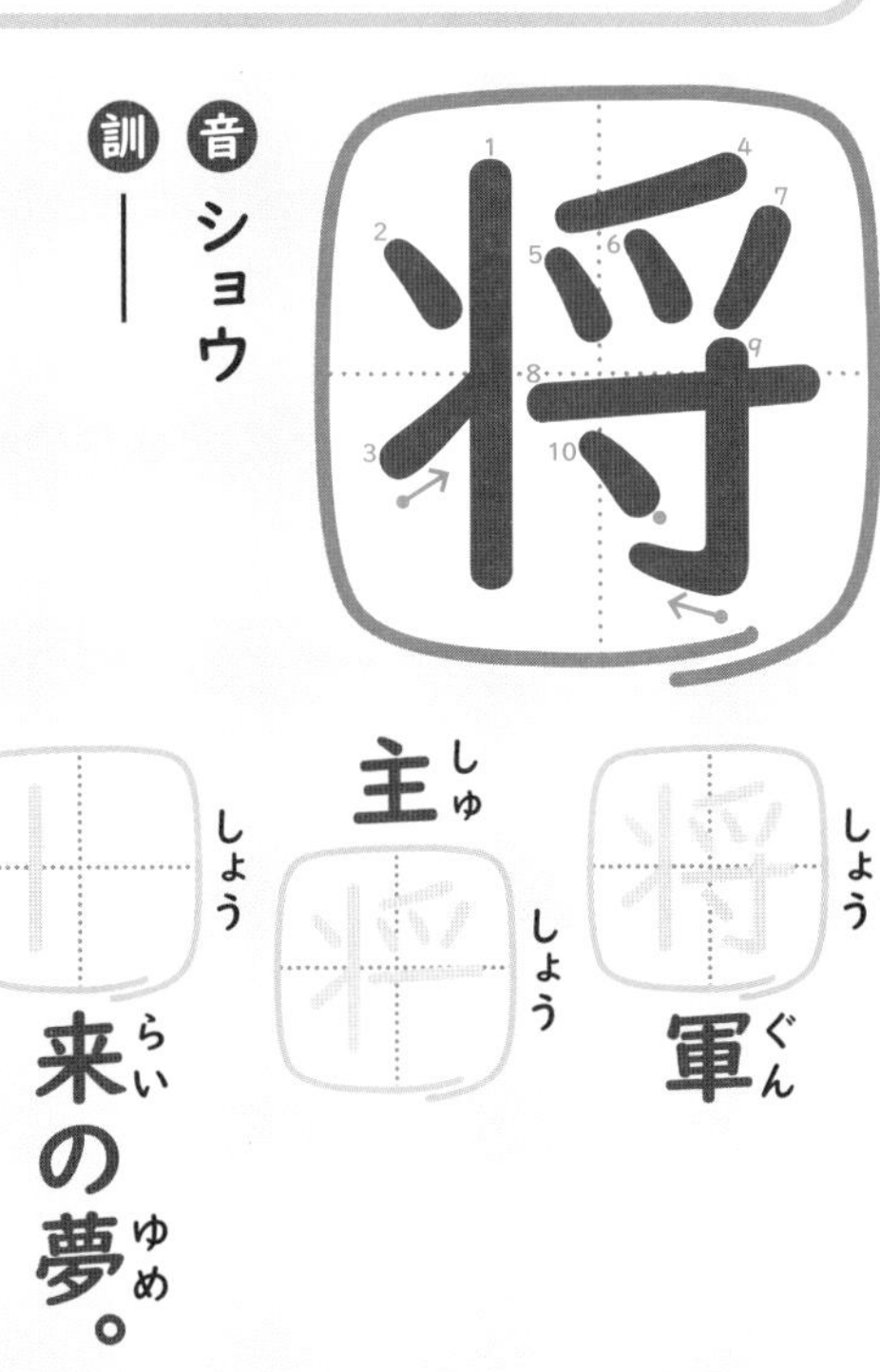

将
音 ショウ
訓 —

将軍（しょうぐん）
主将（しゅしょう）
将来（しょうらい）の夢（ゆめ）。

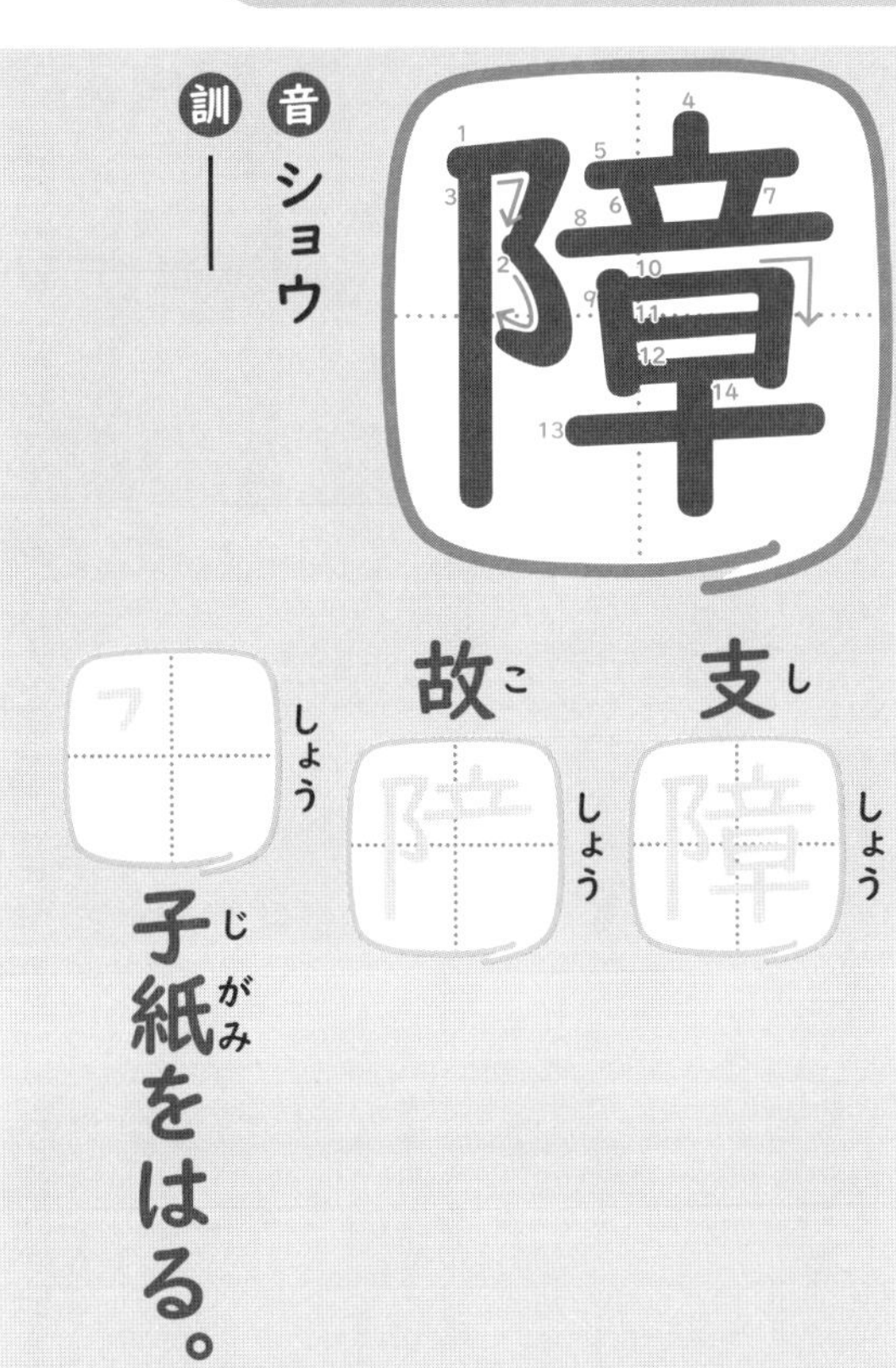

障
音 ショウ
訓 —

支障（ししょう）
故障（こしょう）
障子紙（しょうじがみ）をはる。

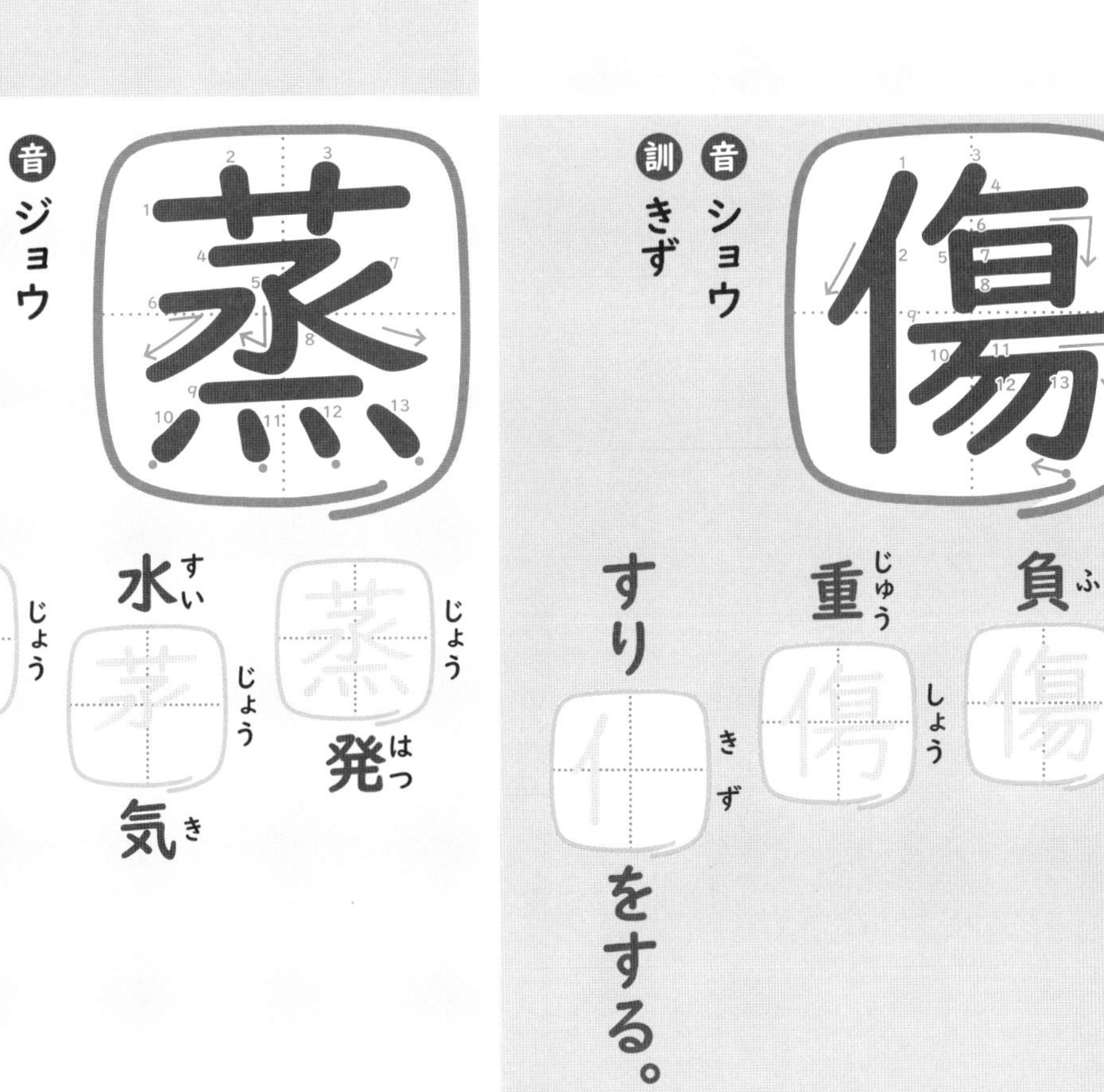

傷
音 ショウ
訓 きず

負傷（ふしょう）
重傷（じゅうしょう）
すり傷（きず）をする。

蒸
音 ジョウ
訓 —

蒸発（じょうはつ）
水蒸気（すいじょうき）
蒸留水（じょうりゅうすい）を飲（の）む。

漢字 5-⑤

針・仁・垂

□手本の漢字を指でなぞります。□には漢字を頭の中で思いうかべてから書きましょう。

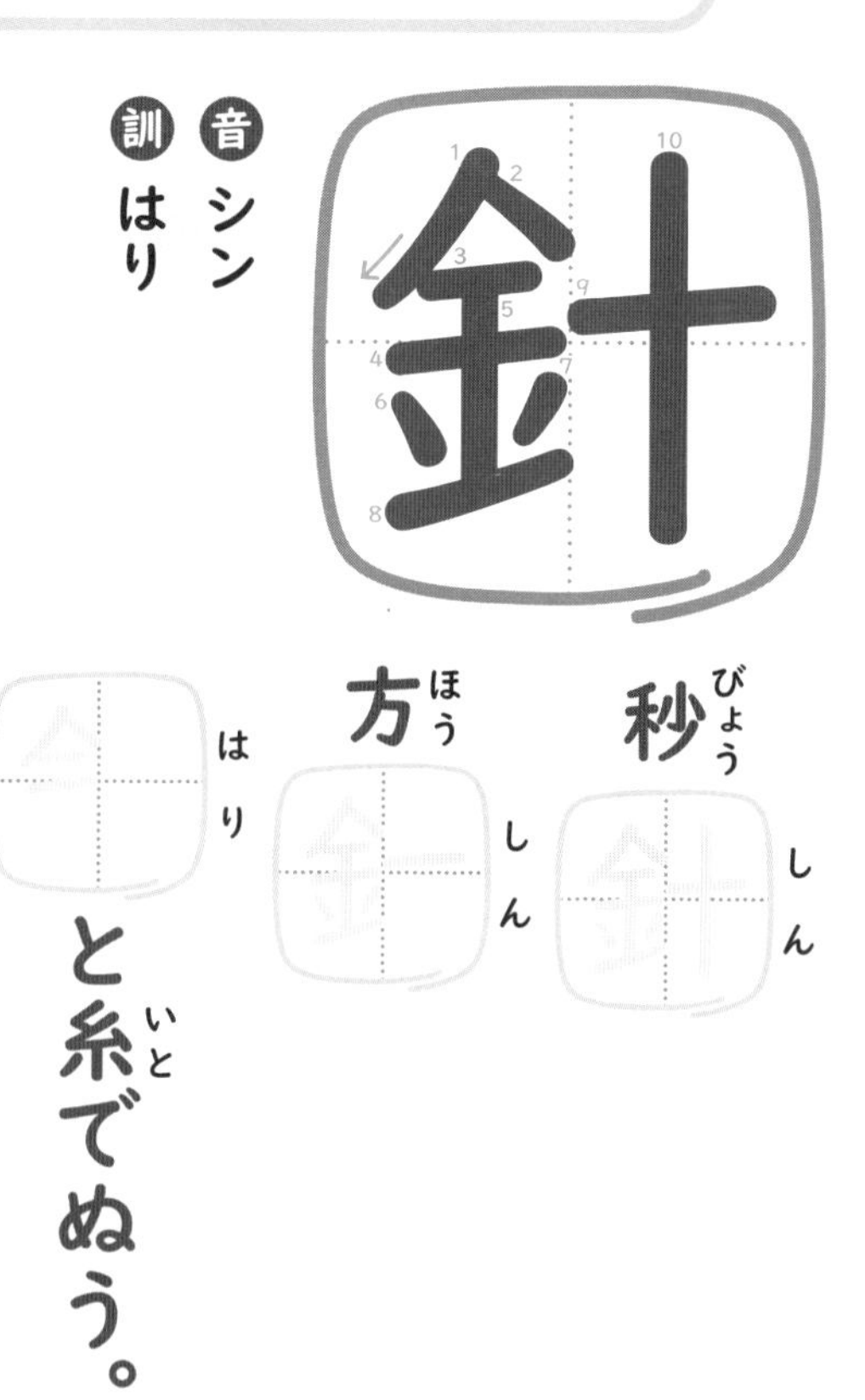

秒針（びょうしん）
方針（ほうしん）
針（はり）と糸（いと）でぬう。

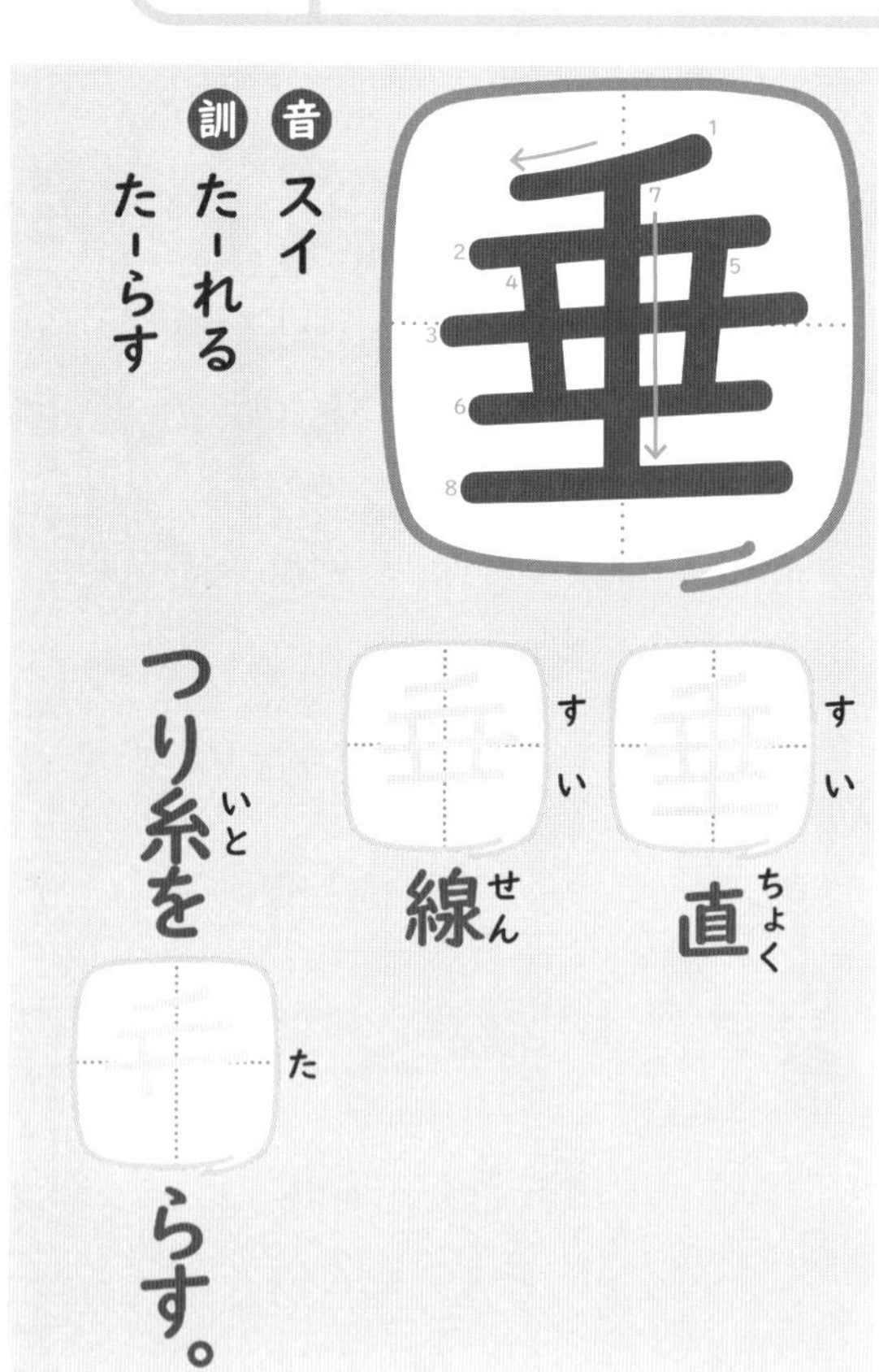

直垂（ちょくすい）
線垂（せんすい）
つり糸（いと）を垂（た）らす。

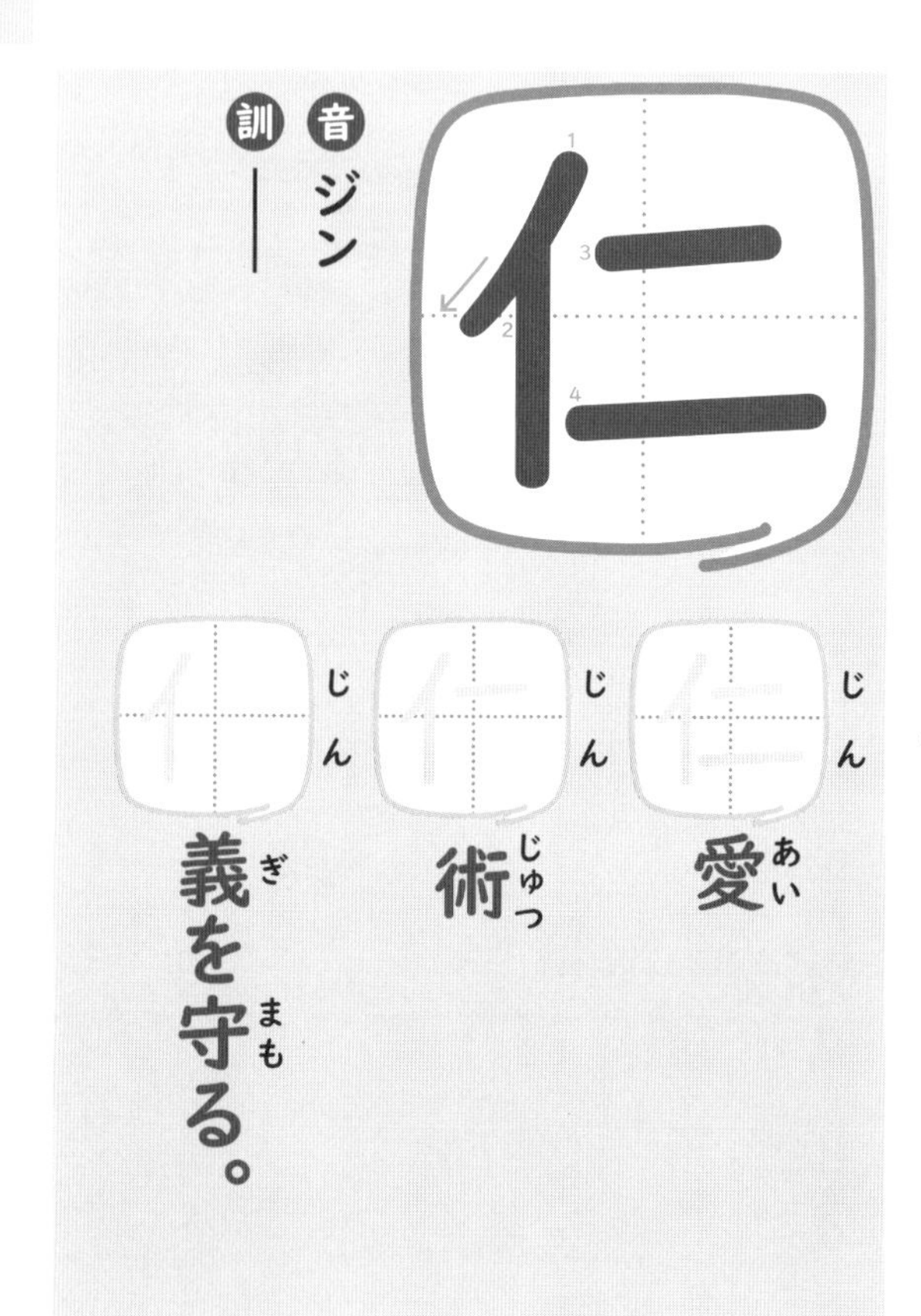

愛仁（あいじん）
術仁（じゅつじん）
義（ぎ）仁（じん）を守（まも）る。

漢字 5-⑥

読みのたしかめ

次の文を読んで、――を引いた漢字の読みを（　）に書きましょう。

① 社長（しゃちょう）に就任（にん）する。（　）（　）

② 衆知（ち）を集（あつ）める。（　）（　）

③ 従業員（ぎょういん）に知（し）らせる。（　）（　）

④ 首（くび）を縦にふる。（　）（　）

⑤ 身（み）も心（こころ）も縮む。（　）（　）

⑥ 完（かん）熟トマト。（　）（　）

⑦ 純心（しん）な気持（きも）ち。（　）（　）

⑧ 問題（もんだい）に対処（たい）する。（　）（　）

⑨ 税（ぜい）務署（む）に行（い）く。（　）（　）

⑩ 諸国（こく）を訪問（ほうもん）する。（　）（　）

⑪ 不安（ふあん）を取（と）り除く。（　）（　）

⑫ 話（はなし）を承知（ち）する。（　）（　）

⑬ 将来（らい）ある若者（わかもの）。（　）（　）

⑭ 心（こころ）に傷がつく。（　）（　）

⑮ 車（くるま）が故障（こ）する。（　）（　）

⑯ 水（みず）が蒸発（はつ）する。（　）（　）

⑰ 時計（とけい）の針。（　）（　）

⑱ 仁義（ぎ）を欠（か）く行動（こうどう）。（　）（　）

⑲ 雲（くも）が低（ひく）く垂れる。（　）（　）

漢字 5-⑦

書きのたしかめ①

□ 次の文を読んで、□にあてはまる漢字を頭の中で思いうかべてからなぞりましょう。

① 社長(しゃちょう)に就(しゅう)任(にん)する。

② 衆(しゅう)知(ち)を集(あつ)める。

③ 従(じゅう)業員(ぎょういん)に知(し)らせる。

④ 首(くび)を縦(たて)にふる。

⑤ 身(み)も心(こころ)も縮(ちぢ)む。

⑥ 完(かん)熟(じゅく)トマト。

⑦ 純(じゅん)心(しん)な気持(きも)ち。

⑧ 問題(もんだい)に対(たい)処(しょ)する。

⑨ 税務(ぜいむ)署(しょ)に行(い)く。

⑩ 諸(しょ)国(こく)を訪問(ほうもん)する。

⑪ 不安(ふあん)を取(と)り除(のぞ)く。

⑫ 話(はなし)を承(しょう)知(ち)する。

⑬ 将(しょう)来(らい)ある若者(わかもの)。

⑭ 心(こころ)に傷(きず)がつく。

⑮ 車(くるま)が故(こ)障(しょう)する。

⑯ 水(みず)が蒸(じょう)発(はつ)する。

⑰ 時計(とけい)の針(はり)。

⑱ 仁(じん)義(ぎ)を欠(か)く行動(こうどう)。

⑲ 雲(くも)が低(ひく)く垂(た)れる。

郵　便　は　が　き

料金受取人払郵便

大阪北局
承　認
3902

差出有効期間
2022年５月31日まで
※切手を貼らずに
お出しください。

５３０-８７９０

１５４

大阪市北区兎我野町15－13
ミユキビル

フォーラム・A
愛読者係　行

愛読者カード　ご購入ありがとうございます。

フリガナ		性別	男　・　女
お名前		年齢	歳
TEL FAX	(　　)	ご職業	
ご住所	〒　　－		
E-mail	@		

ご記入いただいた個人情報は、当社の出版の参考にのみ活用させていただきます。
第三者には一切開示いたしません。

□学力がアップする教材満載のカタログ送付を希望します。

●ご購入書籍・プリント名

●本書（プリント含む）を何でお知りになりましたか？（あてはまる数字に○をつけてください。）

1．書店で実物を見て
（書店名　　　　　　　　　　　　　）

2．ネットで見て

3．広告を見て
（新聞・雑誌名　　　　　　　　　　）

4．書評・紹介記事を見て
（新聞・雑誌名　　　　　　　　　　）

5．友人・知人から紹介されて

6．その他（　　　　　　　　　　）

●本書の内容にはご満足いただけたでしょうか？（あてはまる数字に○をつけてください。）

たいへん満足　5　4　3　2　1　不満

●ご意見・ご感想、**本書の内容に関してのご質問**、また今後欲しい商品のアイデアがありましたら下欄にご記入ください。
おハガキをいただいた方の中から抽選で10名様に2,000円分の図書カードをプレゼントいたします。当選の発表は、賞品の発送をもってかえさせていただきます。

ご感想を小社HP等で匿名でご紹介させていただく場合もございます。　□可　□不可

小社の出版物はお近くの書店にご注文ください。

ご協力ありがとうございました。

漢字 5-⑧

書きのたしかめ ②

次の文を読んで、□にあてはまる漢字を頭の中で思いうかべてから書きましょう。

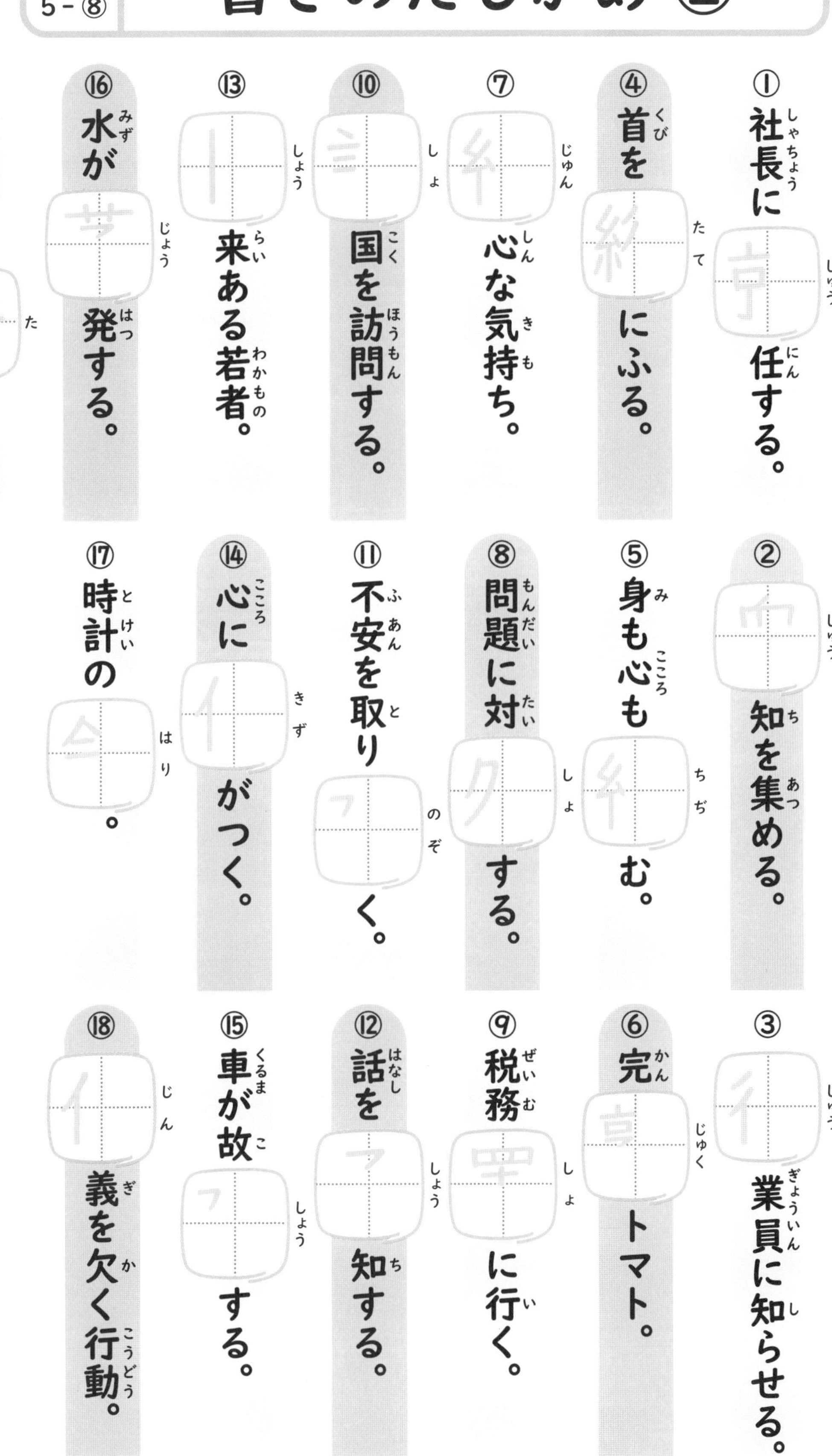

① 社長に □(しゅう) 任する。
② □(しゅう) 知を集める。
③ □(じゅう) 業員に知らせる。
④ 首を □(たて) にふる。
⑤ 身も心も □(ちぢ) む。
⑥ 完 □(じゅく) トマト。
⑦ □(じゅん) 心な気持ち。
⑧ 問題に対 □(しょ) する。
⑨ 税務 □(しょ) に行く。
⑩ □(しょう) 国を訪問する。
⑪ 不安を取り □(のぞ) く。
⑫ 話を □(しょう) 知する。
⑬ □(しょう) 来ある若者。
⑭ 心に □(きず) がつく。
⑮ 車が故 □(しょう) する。
⑯ 水が □(じょう) 発する。
⑰ 時計の □(はり)。
⑱ □(じん) 義を欠く行動。
⑲ 雲が低く □(た) れる。

漢字 5-⑨

書きのたしかめ ③

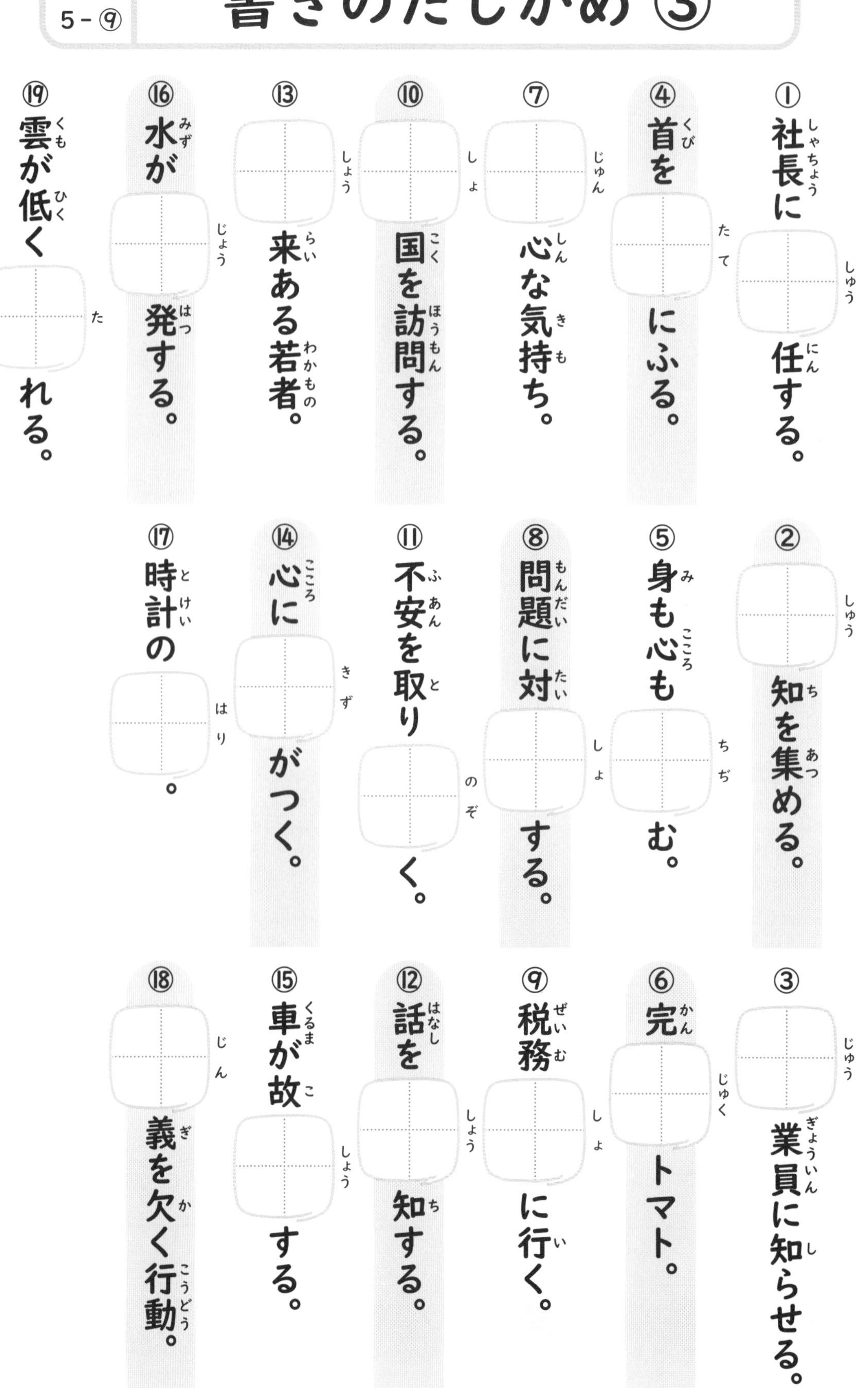

□ 次の文を読んで、□にあてはまる漢字を頭の中で思いうかべてから書きましょう。

① 社長に□（しゅう）任する。

② □（しゅう）知を集める。

③ □（じゅう）業員に知らせる。

④ 首を□（たて）にふる。

⑤ 身も心も□（ちぢ）む。

⑥ 完□（じゅく）トマト。

⑦ □（じゅん）心な気持ち。

⑧ 問題に対□（しょ）する。

⑨ 税務□（しょ）に行く。

⑩ □（しょ）国を訪問する。

⑪ 不安を取り□（のぞ）く。

⑫ 話を□（しょう）知する。

⑬ □（しょう）来ある若者。

⑭ 心に□（きず）がつく。

⑮ 車が故□（しょう）する。

⑯ 水が□（じょう）発する。

⑰ 時計の□（はり）。

⑱ □（じん）義を欠く行動。

⑲ 雲が低く□（た）れる。

漢字 5-⑩

漢字めいろ ②

□ 正しい漢字の道を通って、スタートからゴールまで進みます。正しい漢字のみをなぞりましょう。（さらに、まちがい漢字を正しく書けたら花丸です）

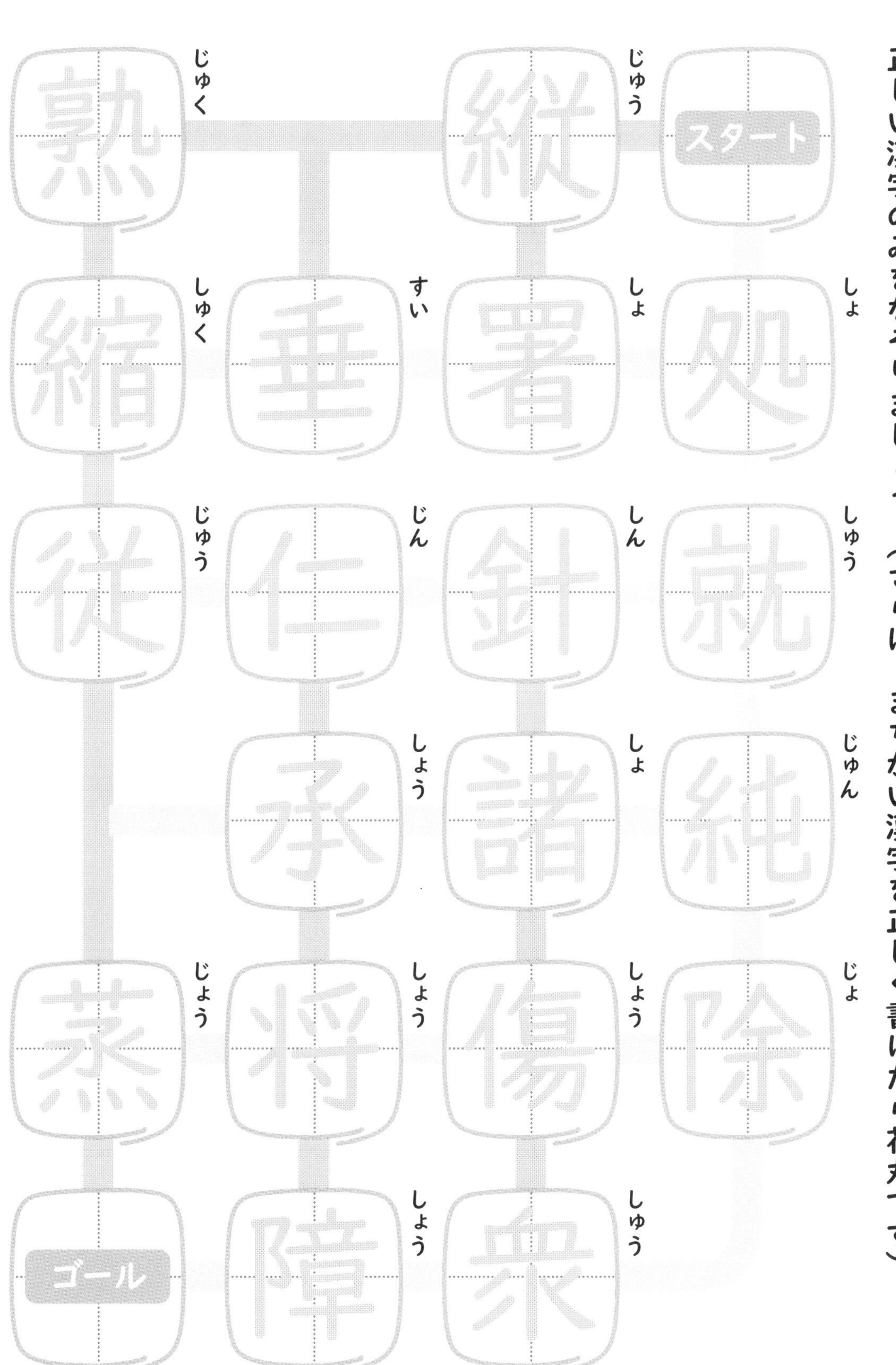

漢字 6-① 推・寸・盛・聖

□手本の漢字を指でなぞります。
□には漢字を頭の中で思いうかべてから書きましょう。

音 スイ
訓 ―

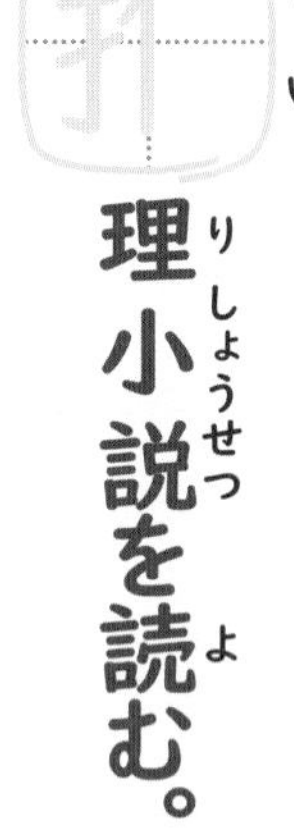

推測（すいそく）

推進（すいしん）

推理小説を読む。（すいりしょうせつをよむ）

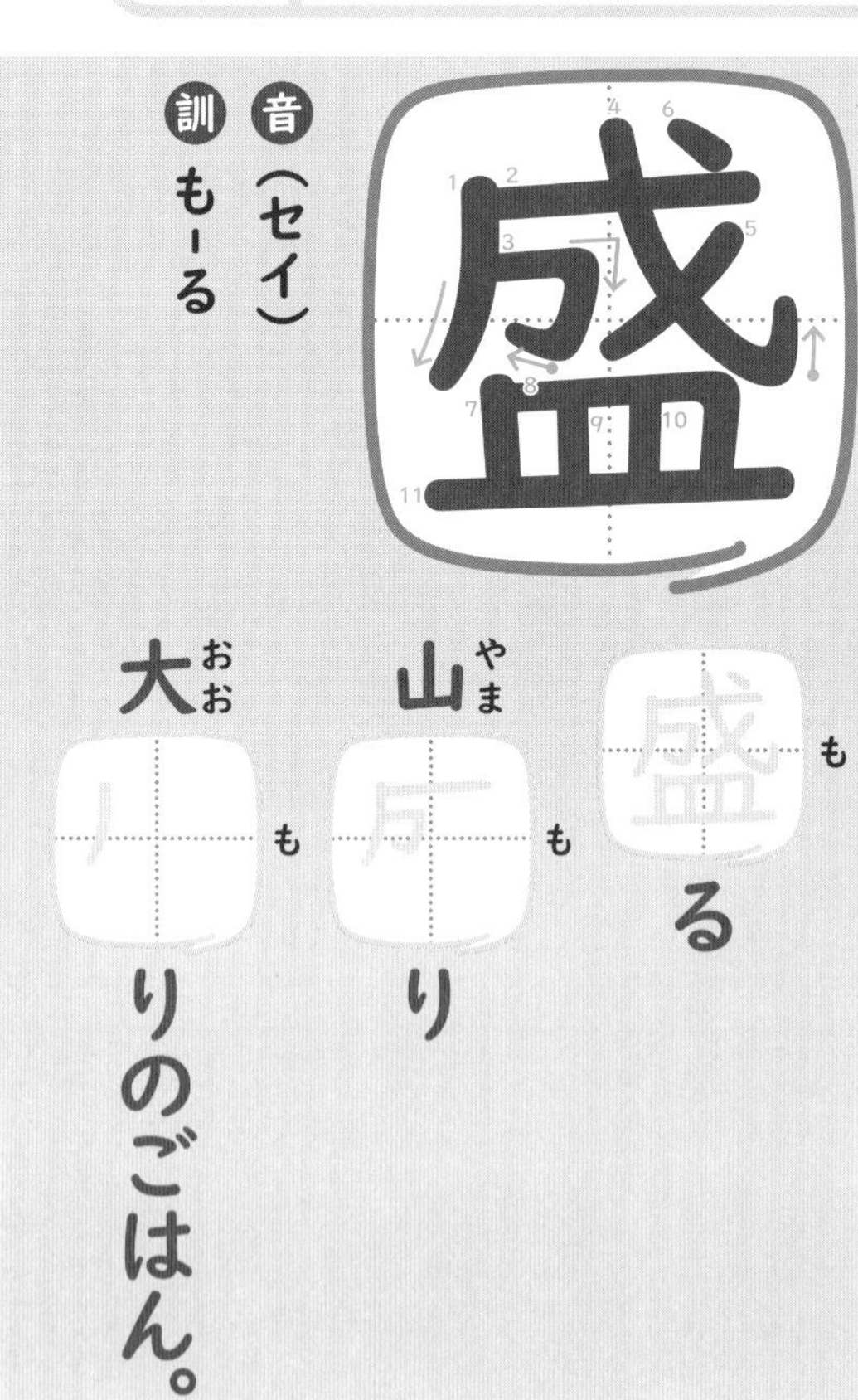

音 （セイ）
訓 も-る

盛る（もる）

山盛り（やまもり）

大盛りのごはん。（おおもり）

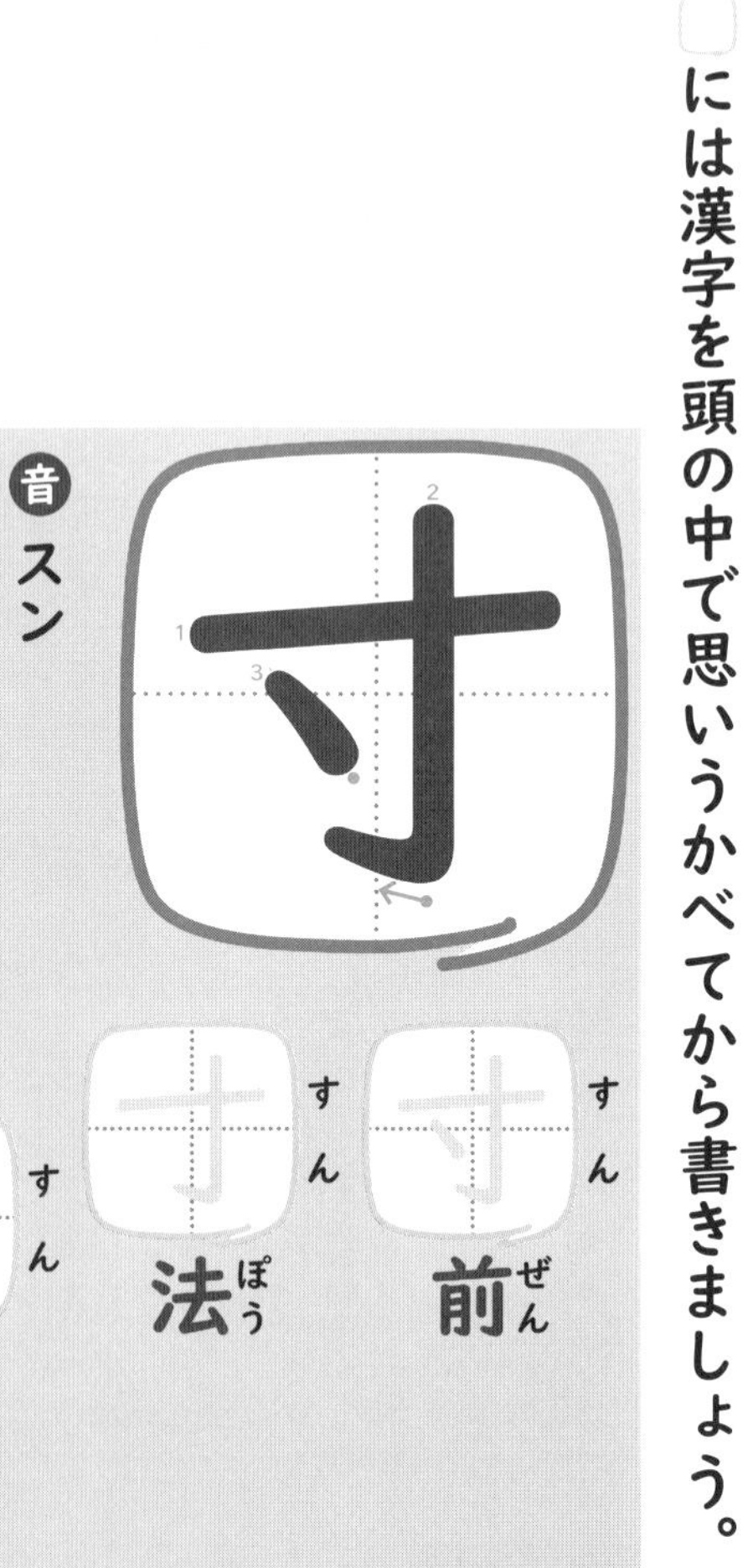

音 スン
訓 ―

寸前（すんぜん）

寸法（すんぽう）

一寸先はやみ。（いっすんさき）

音 セイ
訓 ―

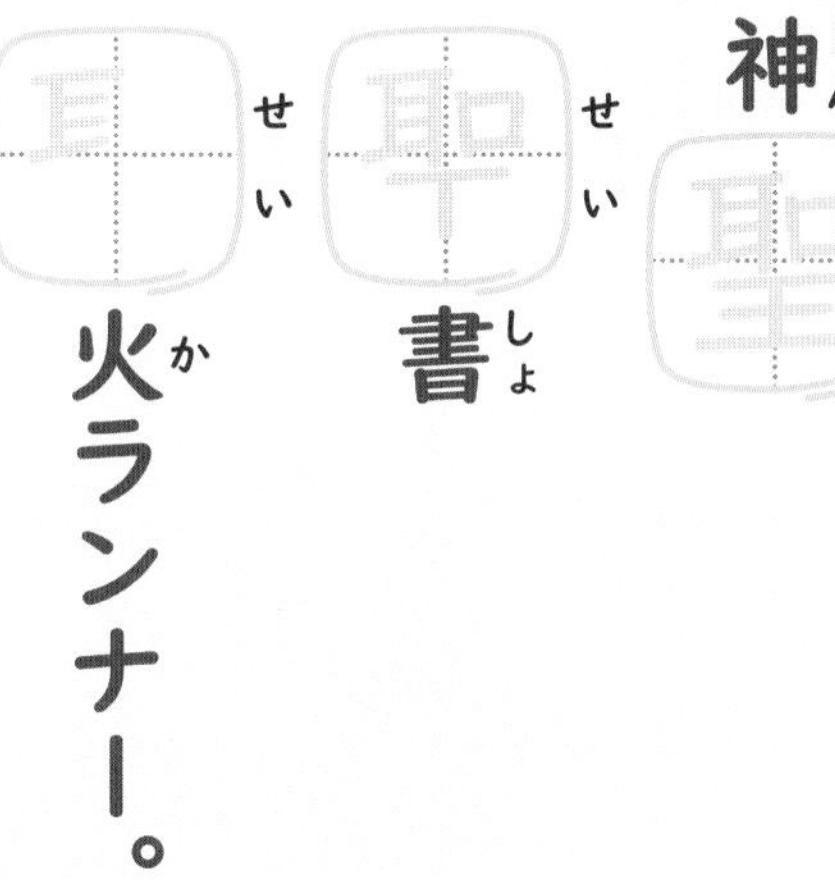

神聖（しんせい）

聖書（せいしょ）

聖火ランナー。（せいか）

漢字 6-②

誠・舌・宣・専

■ 手本の漢字を指でなぞります。
□ には漢字を頭の中で思いうかべてから書きましょう。

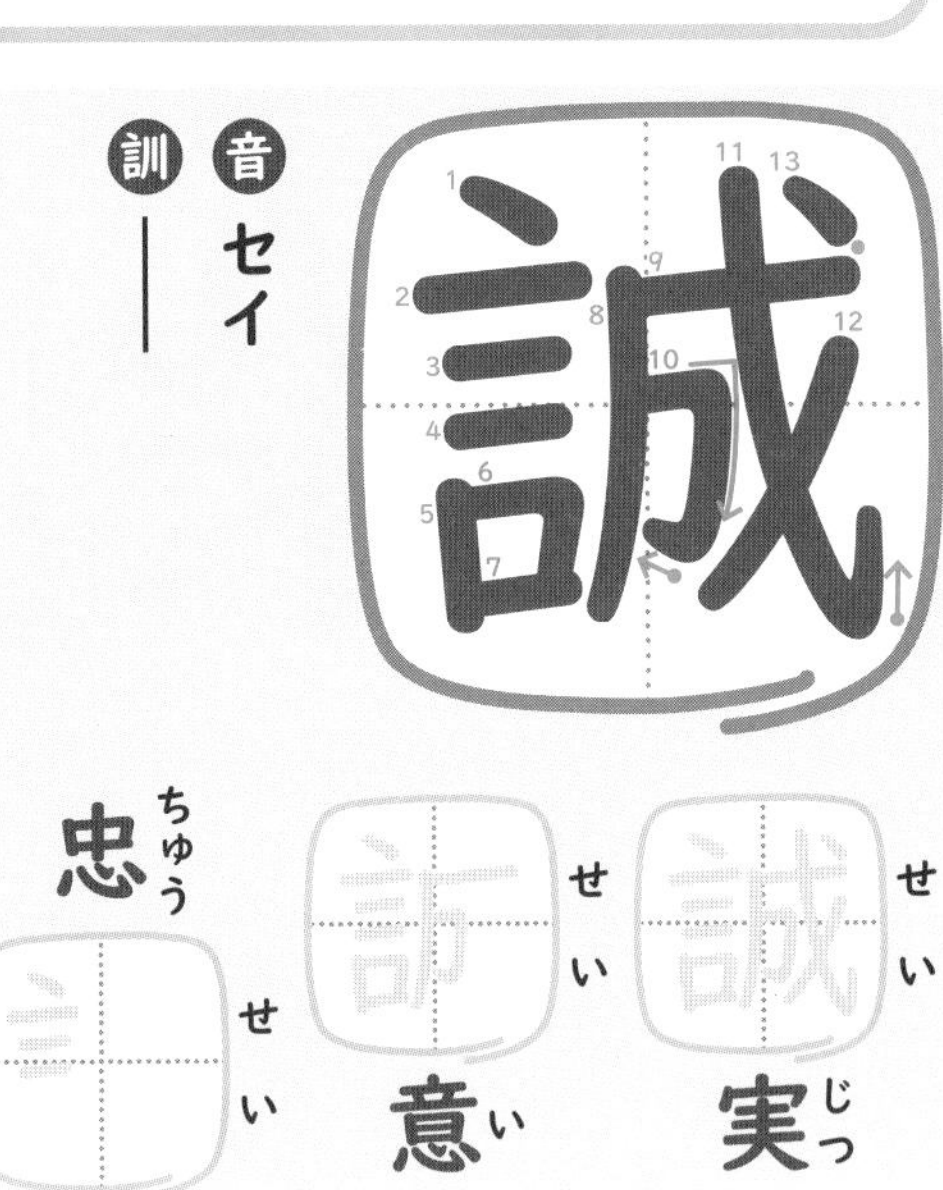

音 セイ
訓 ―

誠(せい)実(じつ)
誠(せい)意(い)
忠(ちゅう)誠(せい)をつくす。

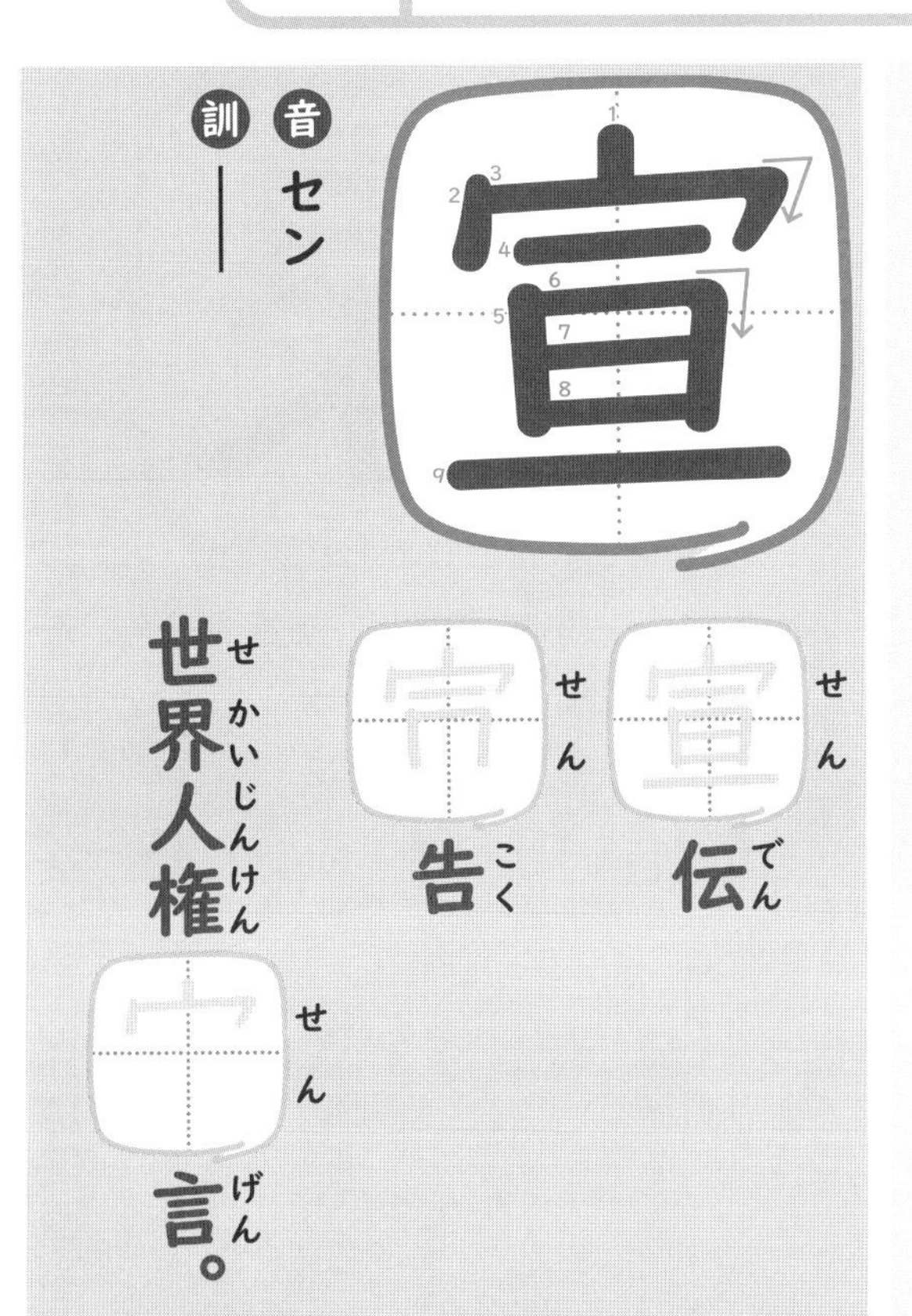

音 セン
訓 ―

宣(せん)伝(でん)
宣(せん)告(こく)
世(せ)界(かい)人(じん)権(けん)宣(せん)言(げん)。

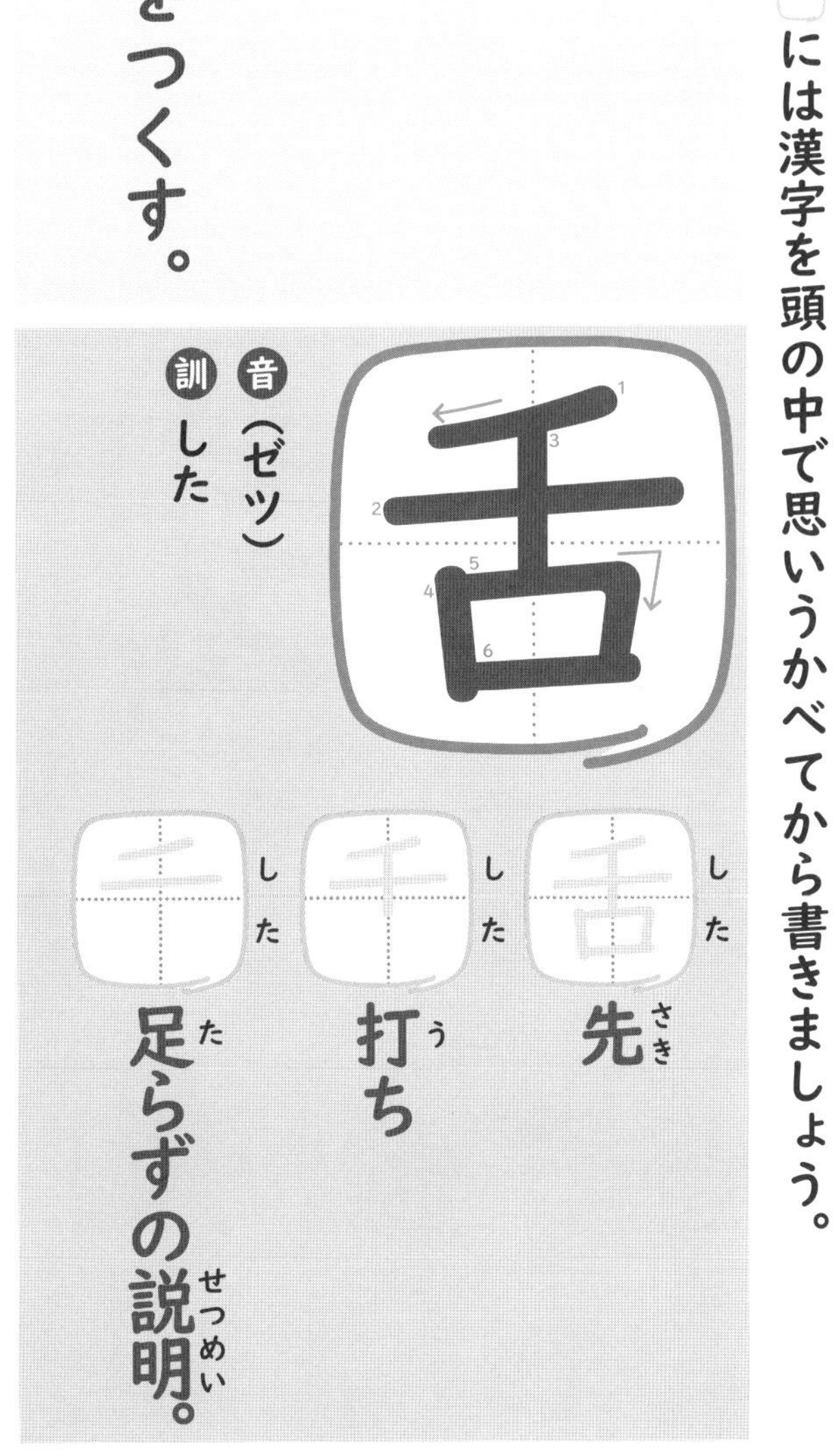

音 (ゼツ)
訓 した

舌(した)先(さき)
舌(した)打(う)ち
舌(した)足(た)らずの説(せつ)明(めい)。

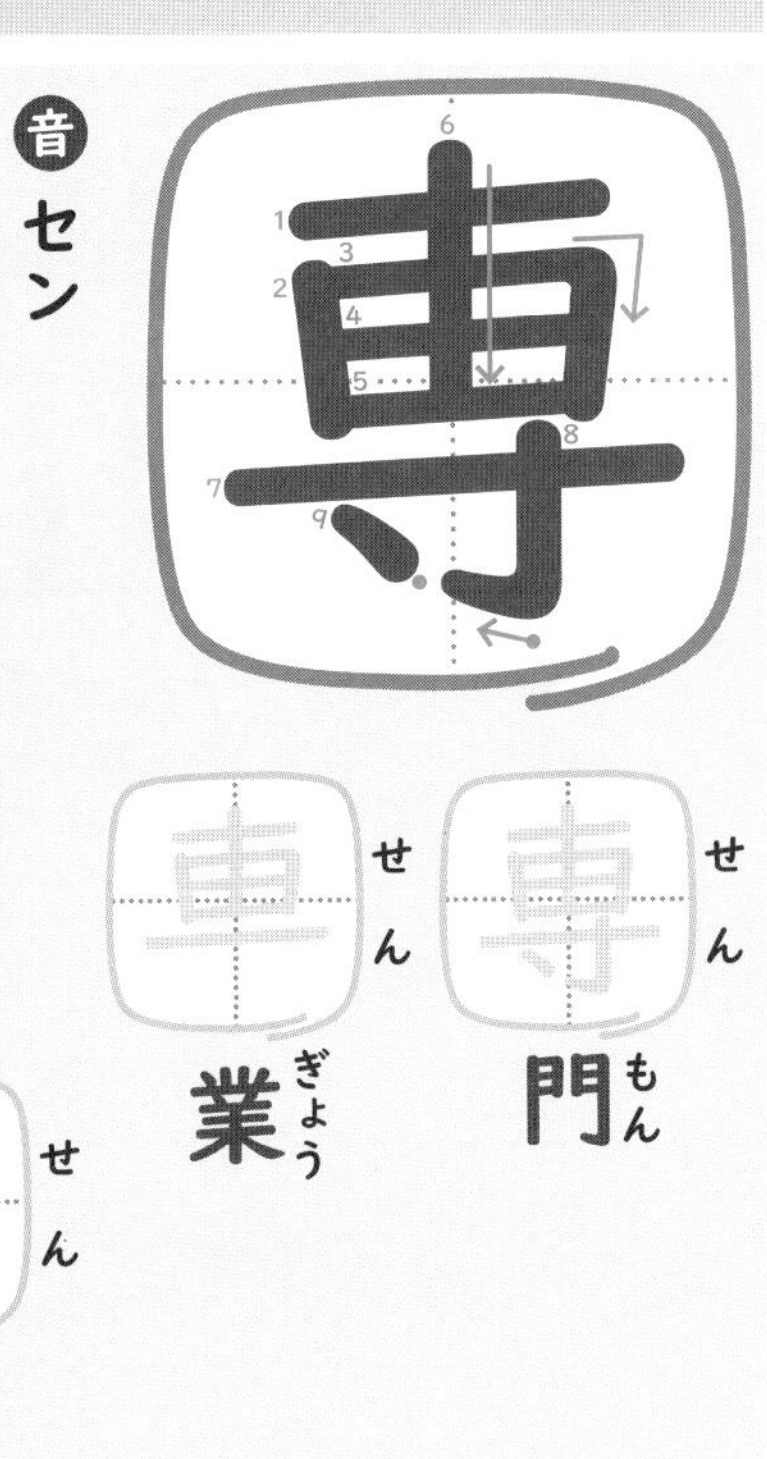

音 セン
訓 ―

専(せん)門(もん)
専(せん)業(ぎょう)
研(けん)究(きゅう)に専(せん)念(ねん)する。

漢字 6－③ 泉・洗・染・銭

□手本の漢字を指でなぞります。□には漢字を頭の中で思いうかべてから書きましょう。

音 セン
訓 いずみ

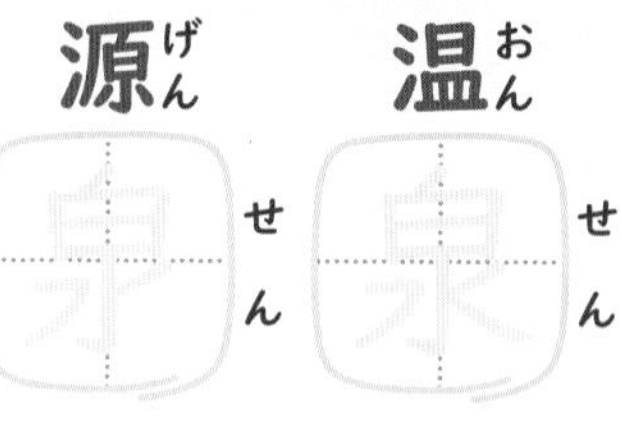

温（おん）□（せん）

源（げん）□（せん）

森（もり）の中（なか）の□（いずみ）。

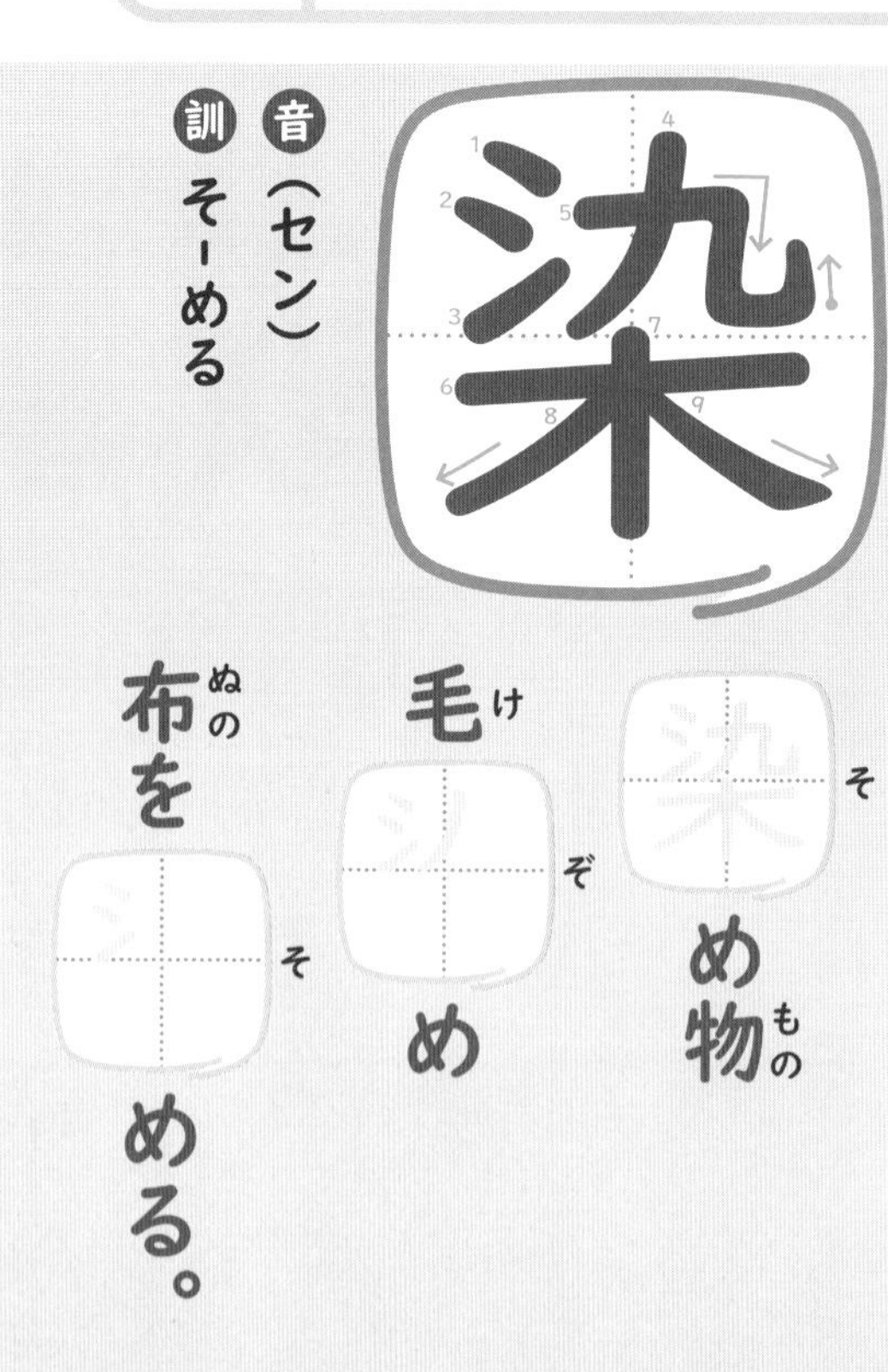

音 （セン）
訓 そ－める

□（そ）め物（もの）

毛（け）□（ぞ）め

布（ぬの）を□（そ）める。

音 セン
訓 あら－う

□（せん）顔（がん）

水（すい）□（せん）

手（て）を□（あら）う習慣（しゅうかん）。

音 セン
訓 ―

金（きん）□（せん）

□（せん）湯（とう）

つり□（せん）をもらう。

漢字 6-④

善・奏・窓・創

手本の漢字を指でなぞります。□には漢字を頭の中で思いうかべてから書きましょう。

音 ゼン
訓 よ-い

善良（ぜんりょう）
改善（かいぜん）
行（おこな）いが善（よ）い。

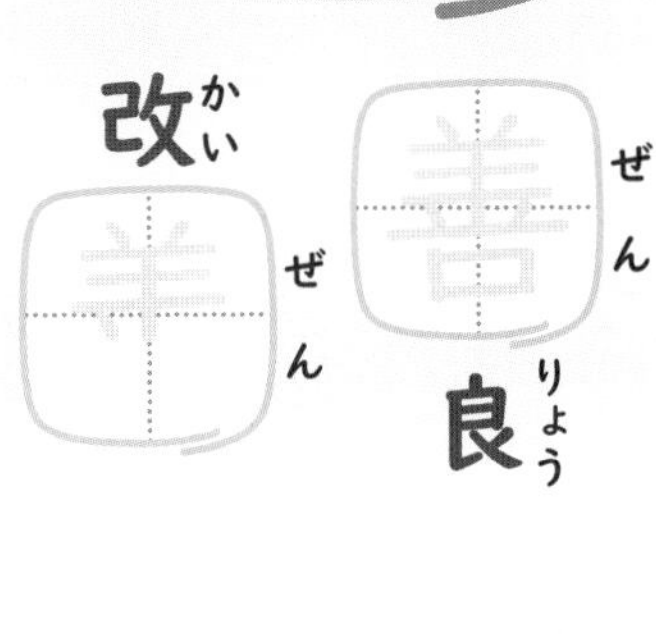

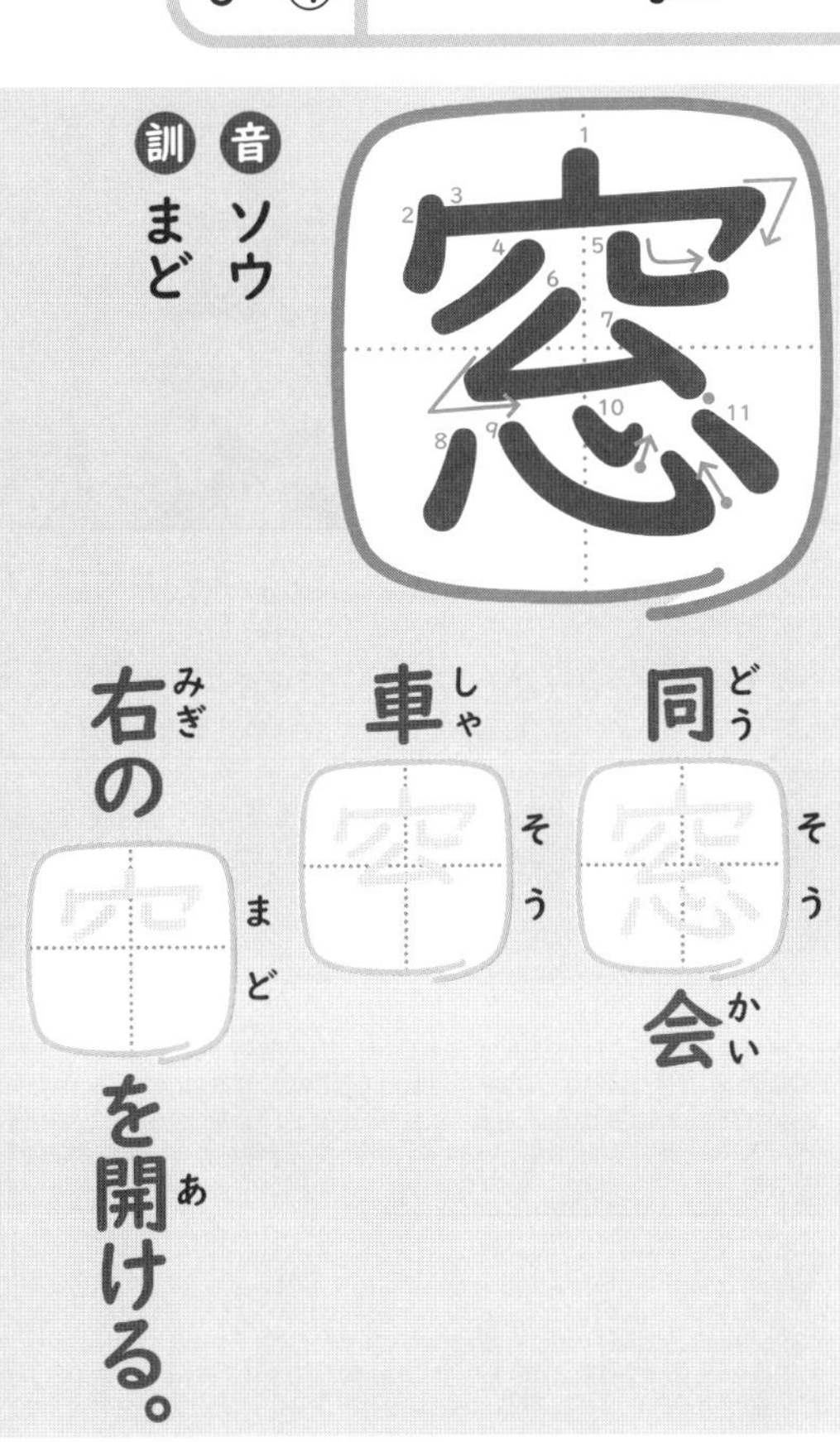

音 ソウ
訓 まど

同窓会（どうそうかい）
車窓（しゃそう）
右（みぎ）の窓（まど）を開（あ）ける。

音 ソウ
訓 ―

合奏（がっそう）
前奏（ぜんそう）
演奏（えんそう）会（かい）に行（い）く。

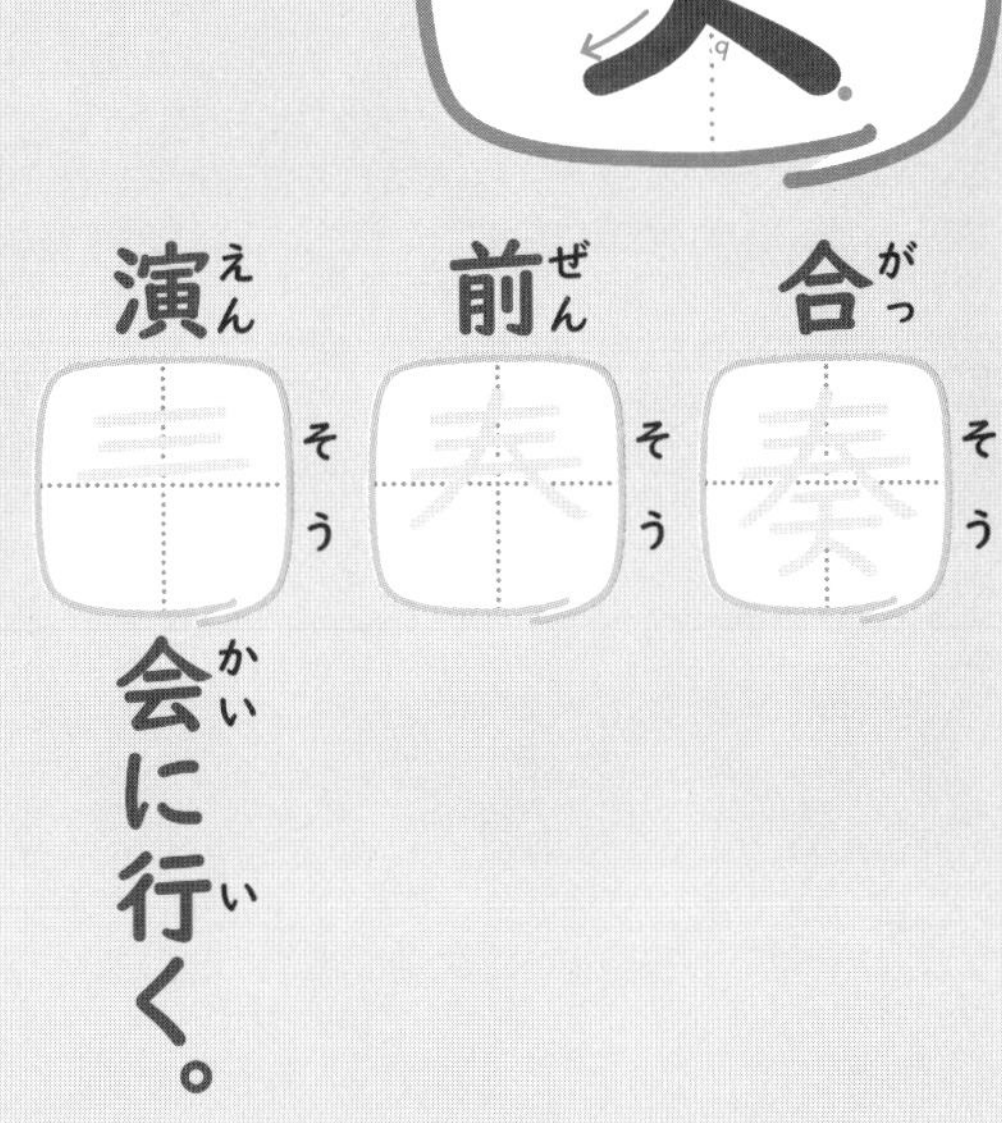

音 ソウ
訓 つく-る

創造（そうぞう）
創作（そうさく）
芸術品（げいじゅつひん）を創（つく）る。

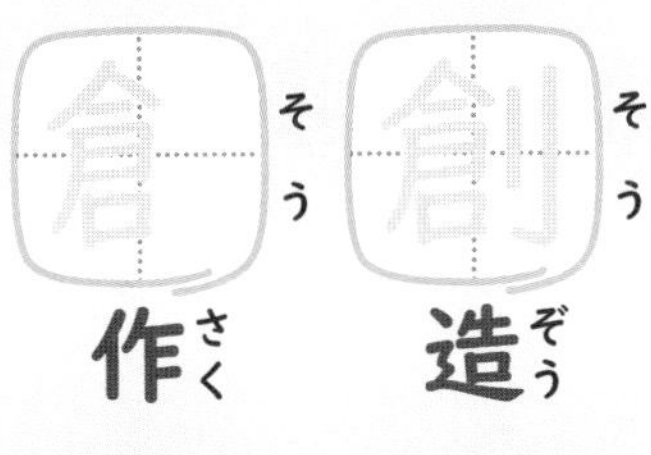

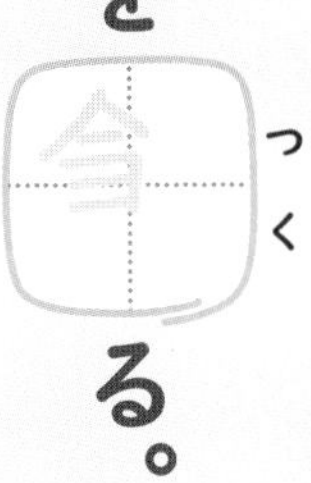

漢字 6-⑤

装・層・操

□ 手本の漢字を指でなぞります。□には漢字を頭の中で思いうかべてから書きましょう。

音 ソウ
訓 —

服（ふく）装（そう）

包（ほう）装（そう）

安全（あんぜん）装（そう）置（ち）が働（はたら）く。

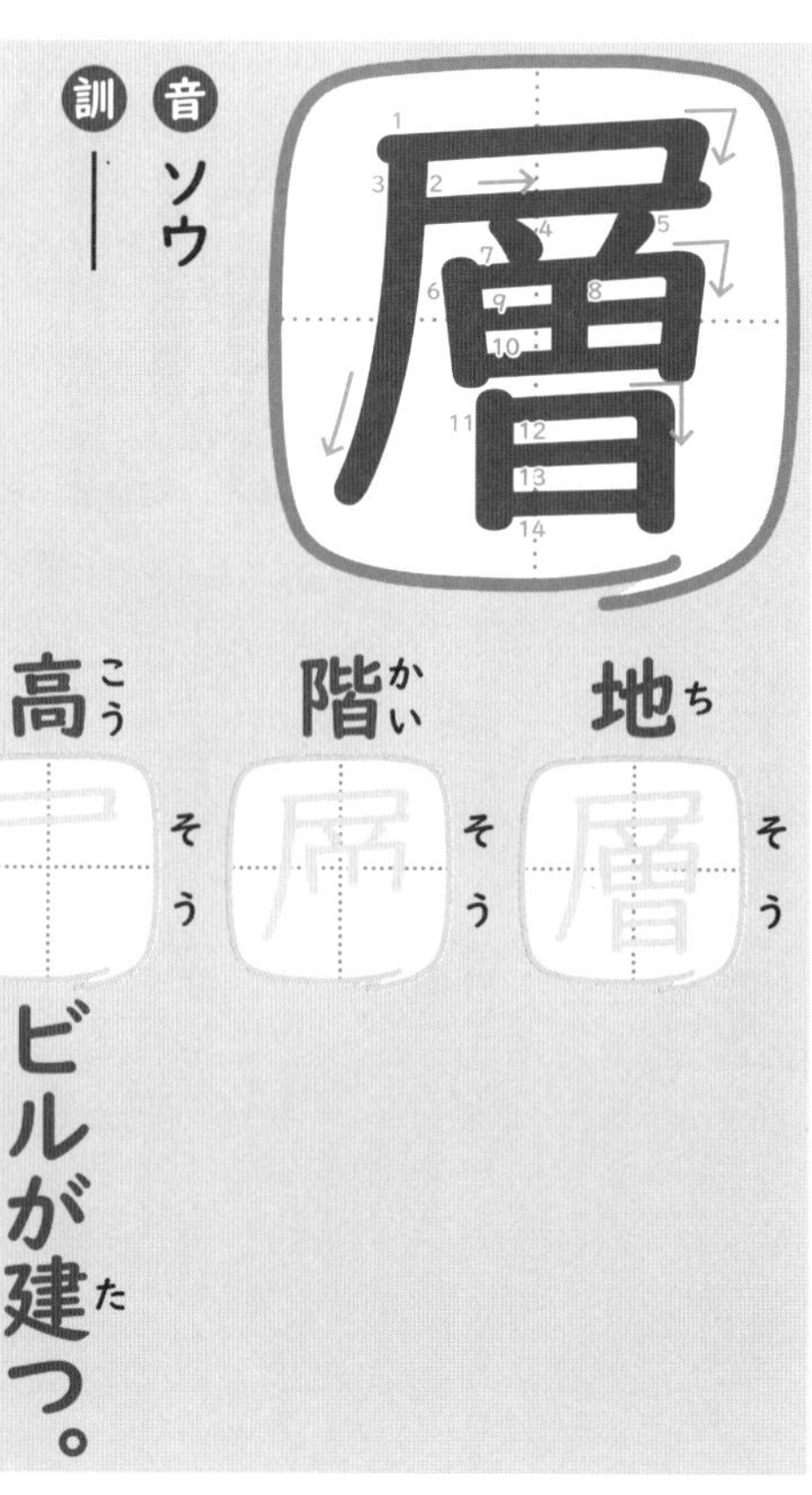

音 ソウ
訓 —

地（ち）層（そう）

階（かい）層（そう）

高（こう）層（そう）ビルが建（た）つ。

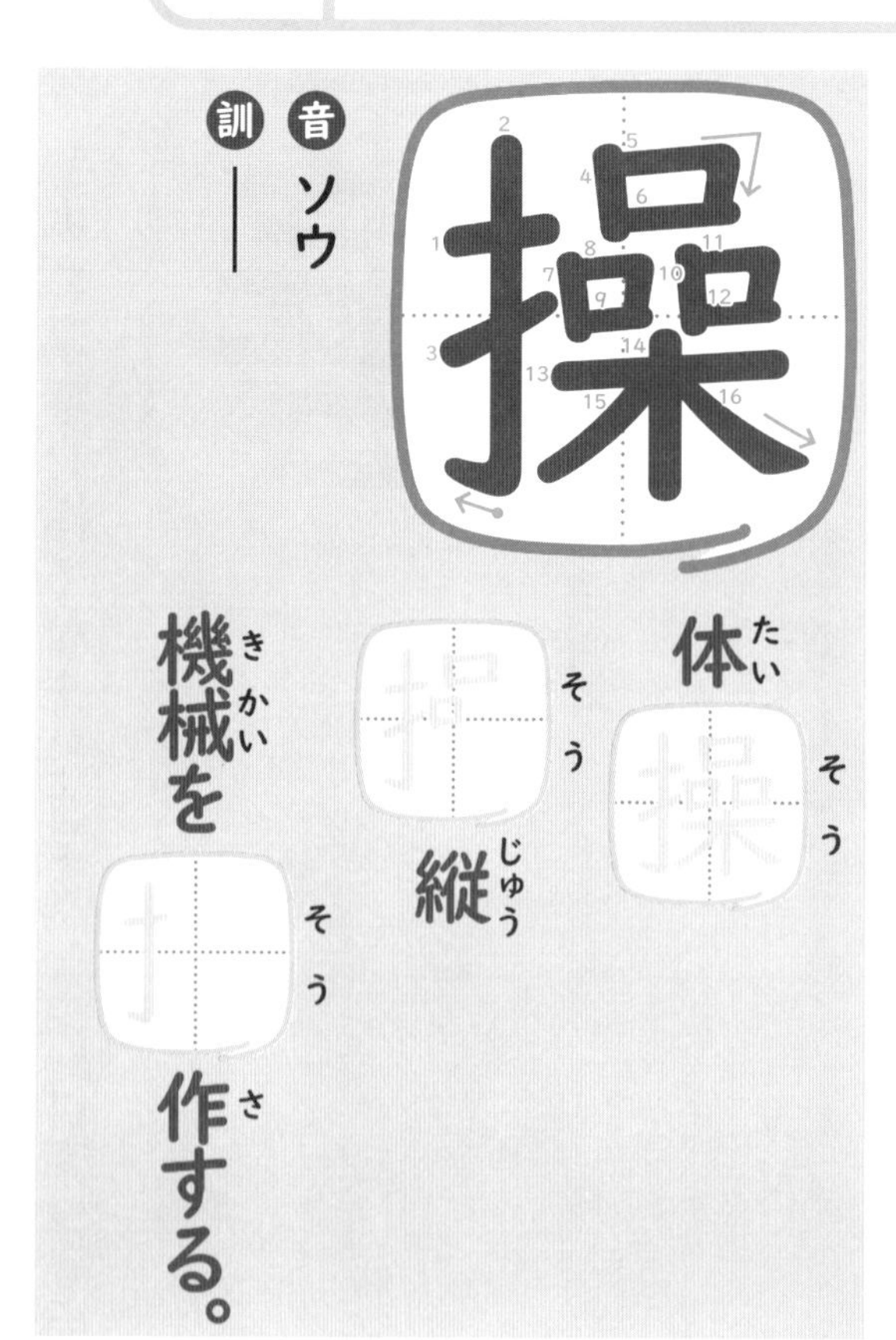

音 ソウ
訓 —

体（たい）操（そう）

操（そう）縦（じゅう）

機械（きかい）を操（そう）作（さ）する。

漢字 6-⑥

読みのたしかめ

次の文を読んで、――を引いた漢字の読みを（　）に書きましょう。

①真相（しんそう）を推理（り）する。（　）（　）

②寸法（ぽう）を測（はか）る。（　）（　）

③土手（どて）に土（つち）を盛る。（　）

④仏教（ぶっきょう）の聖地（ち）。（　）（　）

⑤誠実（じつ）な人（ひと）がら。（　）（　）

⑥舌打ち（う）を注意（ちゅうい）する。（　）（　）

⑦商品（しょうひん）を宣伝（でん）する。（　）（　）

⑧社長（しゃちょう）専用（よう）の車（くるま）。（　）（　）

⑨温泉（おん）につかる。（　）（　）

⑩毎日（まいにち）、食器（しょっき）を洗う。（　）（　）

⑪顔（かお）を赤（あか）く染める。（　）（　）

⑫銭湯（とう）に行（い）く。（　）（　）

⑬人（ひと）がらが善い。（　）（　）

⑭楽器（がっき）の演奏（えん）。（　）（　）

⑮同窓会（どうかい）を開（ひら）く。（　）（　）

⑯劇（げき）を創作（さく）する。（　）（　）

⑰服装（ふく）を正（ただ）す。（　）（　）

⑱選手（せんしゅ）の層が厚（あつ）い。（　）（　）

⑲体操（たい）のお兄（にい）さん。（　）（　）

書きのたしかめ①

次の文を読んで、□にあてはまる漢字を頭の中で思いうかべてからなぞりましょう。

① 真相を推理する。
② 寸法を測る。
③ 土手に土を盛る。

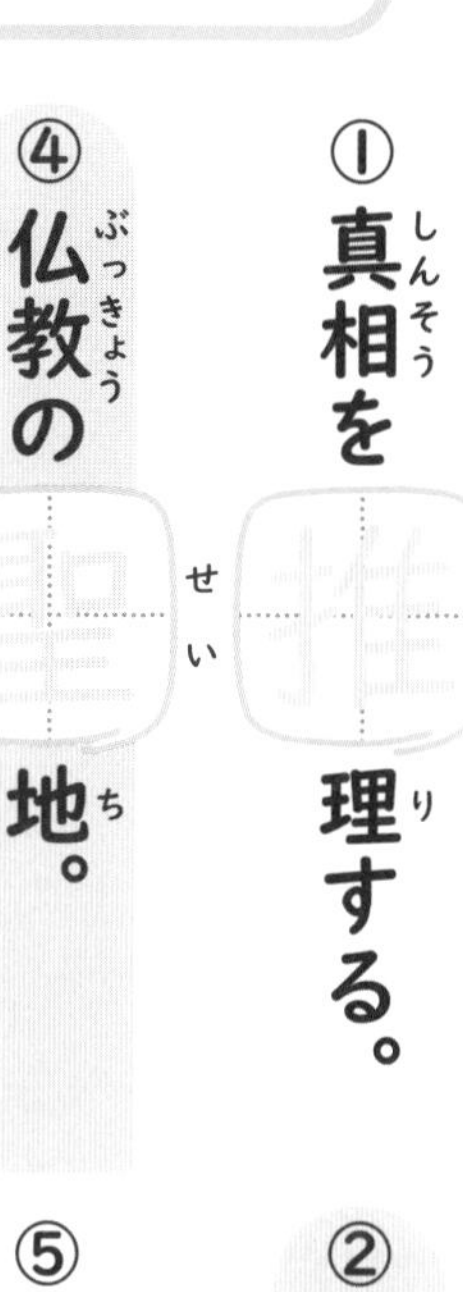

④ 仏教の聖地。
⑤ 誠実な人がら。
⑥ 舌打ちを注意する。

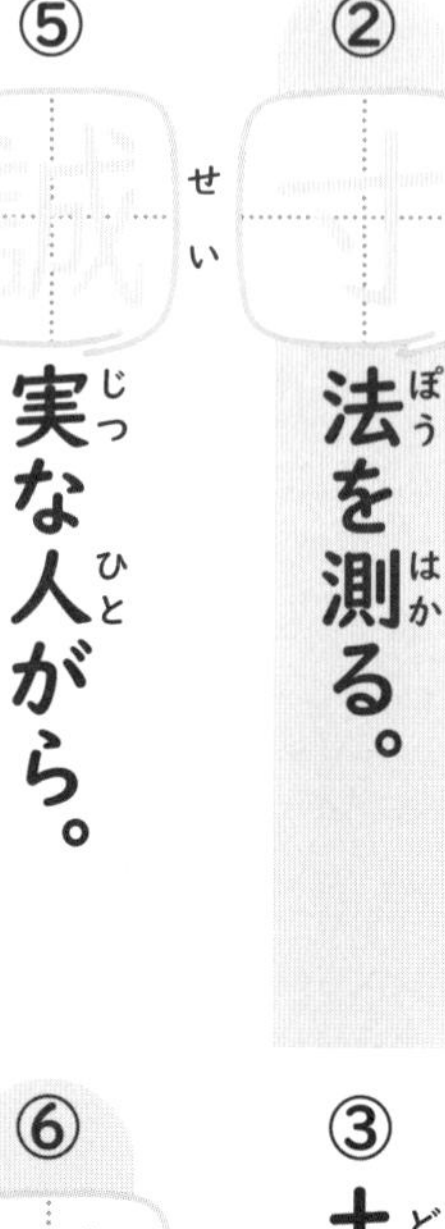

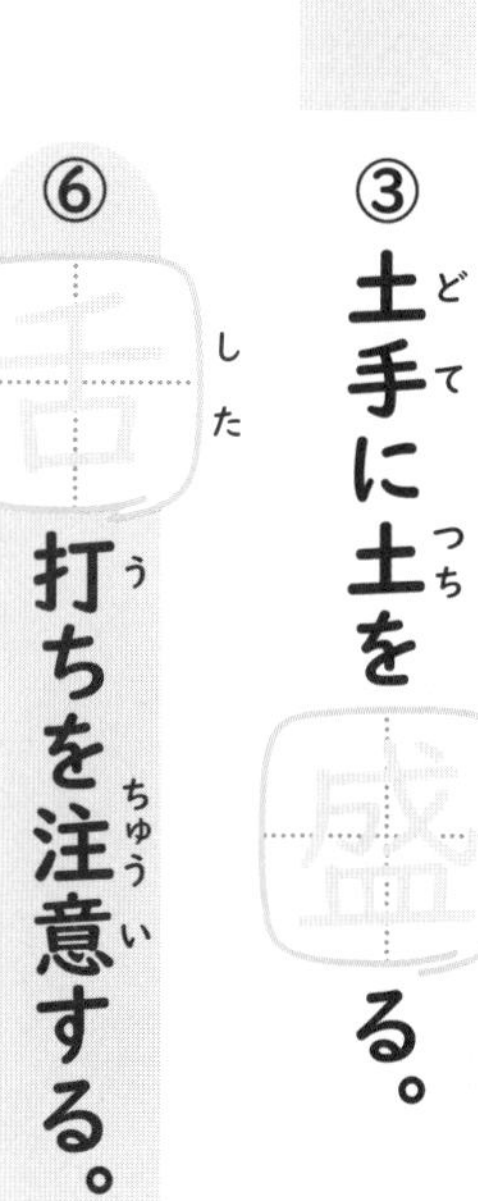

⑦ 商品を宣伝する。
⑧ 社長専用の車。
⑨ 温泉につかる。

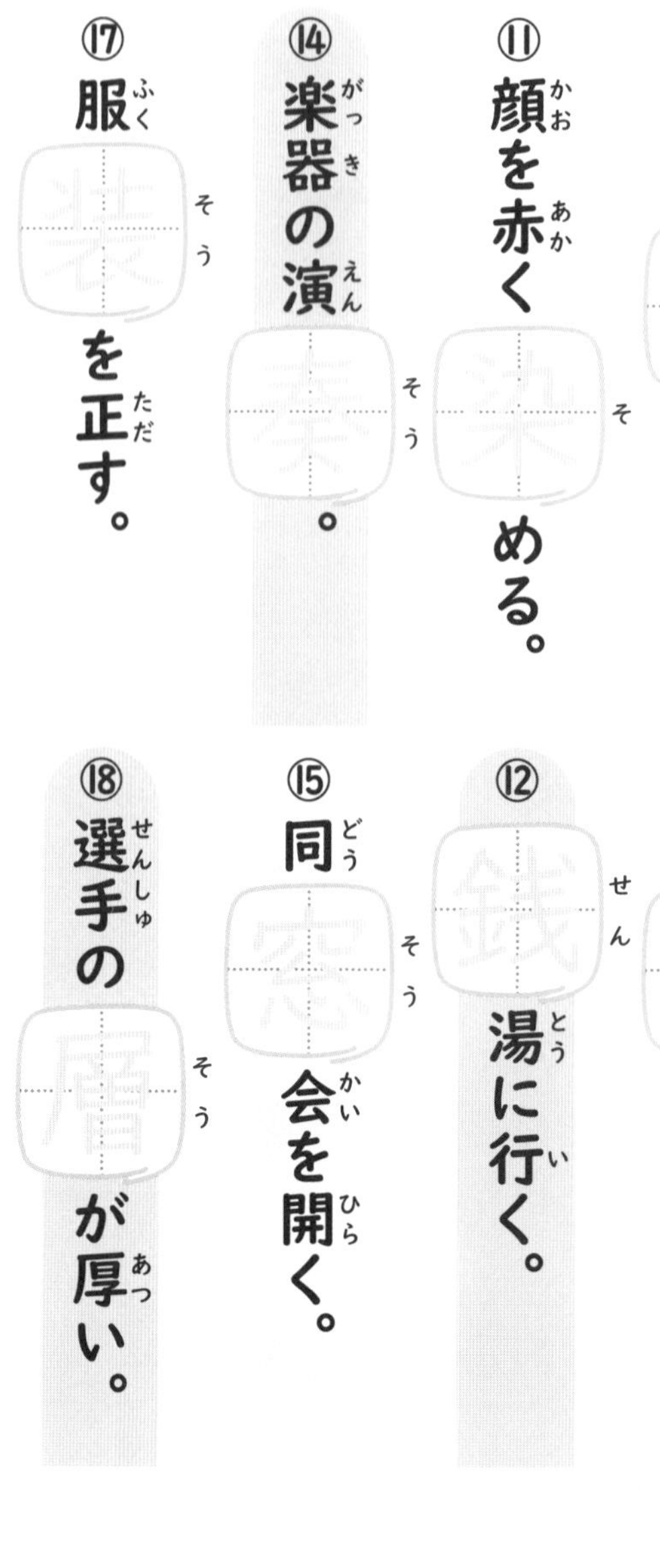

⑩ 毎日、食器を洗う。
⑪ 顔を赤く染める。
⑫ 銭湯に行く。
⑬ 人がらが善い。
⑭ 楽器の演奏。
⑮ 同窓会を開く。
⑯ 劇を創作する。
⑰ 服装を正す。
⑱ 選手の層が厚い。
⑲ 体操のお兄さん。

漢字 6-⑧

書きのたしかめ ②

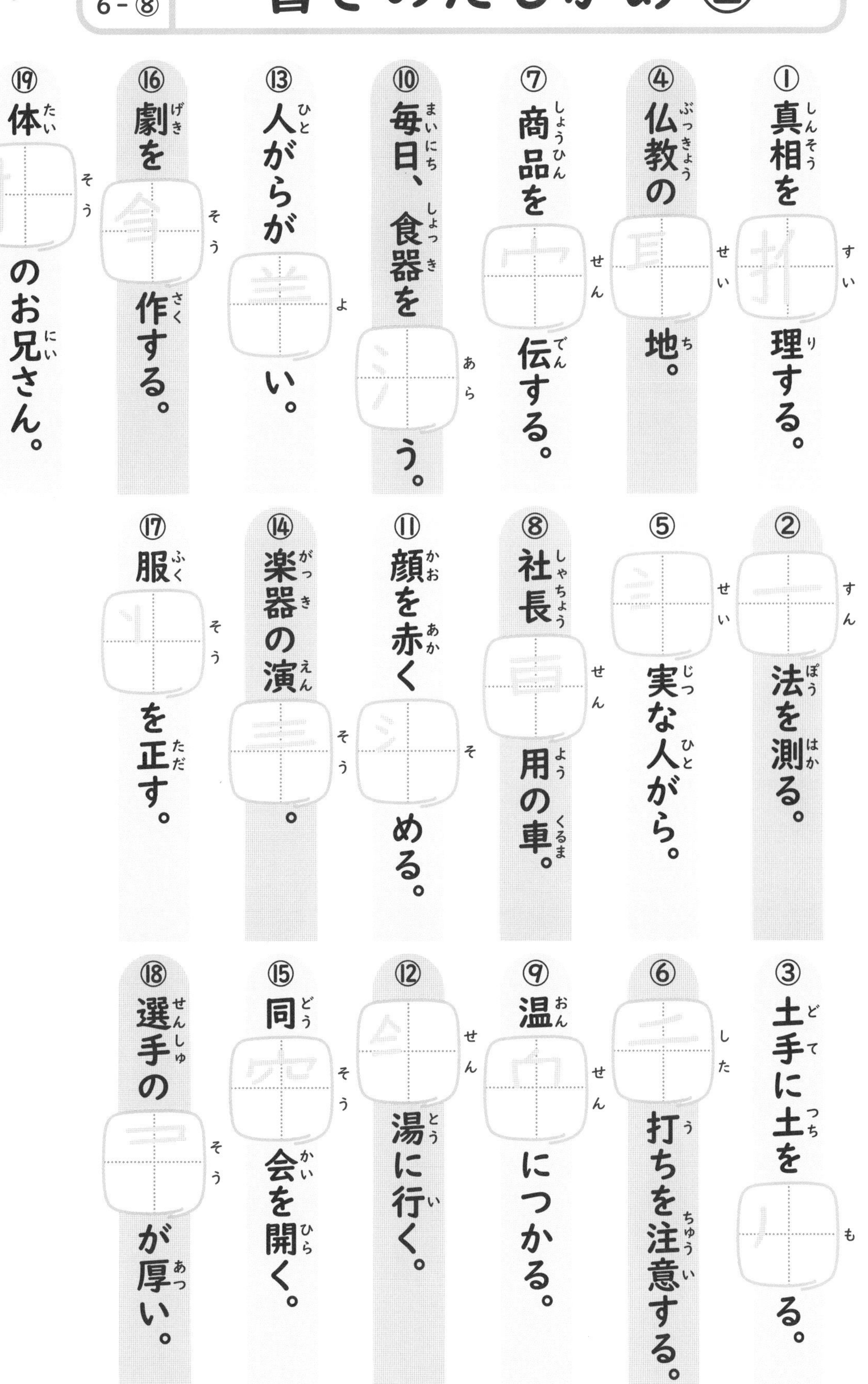

□ 次の文を読んで、□にあてはまる漢字を頭の中で思いうかべてから書きましょう。

① 真相を□(すい)理する。

② □(すん)法を測る。

③ 土手に土を□(も)る。

④ 仏教の□(せい)地。

⑤ □(せい)実な人がら。

⑥ □(した)打ちを注意する。

⑦ 商品を□(せん)伝する。

⑧ 社長□(せん)用の車。

⑨ 温□(せん)につかる。

⑩ 毎日、食器を□(あら)う。

⑪ 顔を赤く□(そ)める。

⑫ □(せん)湯に行く。

⑬ 人がらが□(よ)い。

⑭ 楽器の演□(そう)。

⑮ 同□(そう)会を開く。

⑯ 劇を□(そう)作する。

⑰ 服□(そう)を正す。

⑱ 選手の□(そう)が厚い。

⑲ 体□(そう)のお兄さん。

漢字 6－⑨

書きのたしかめ ③

次の文を読んで、□にあてはまる漢字を頭の中で思いうかべてから書きましょう。

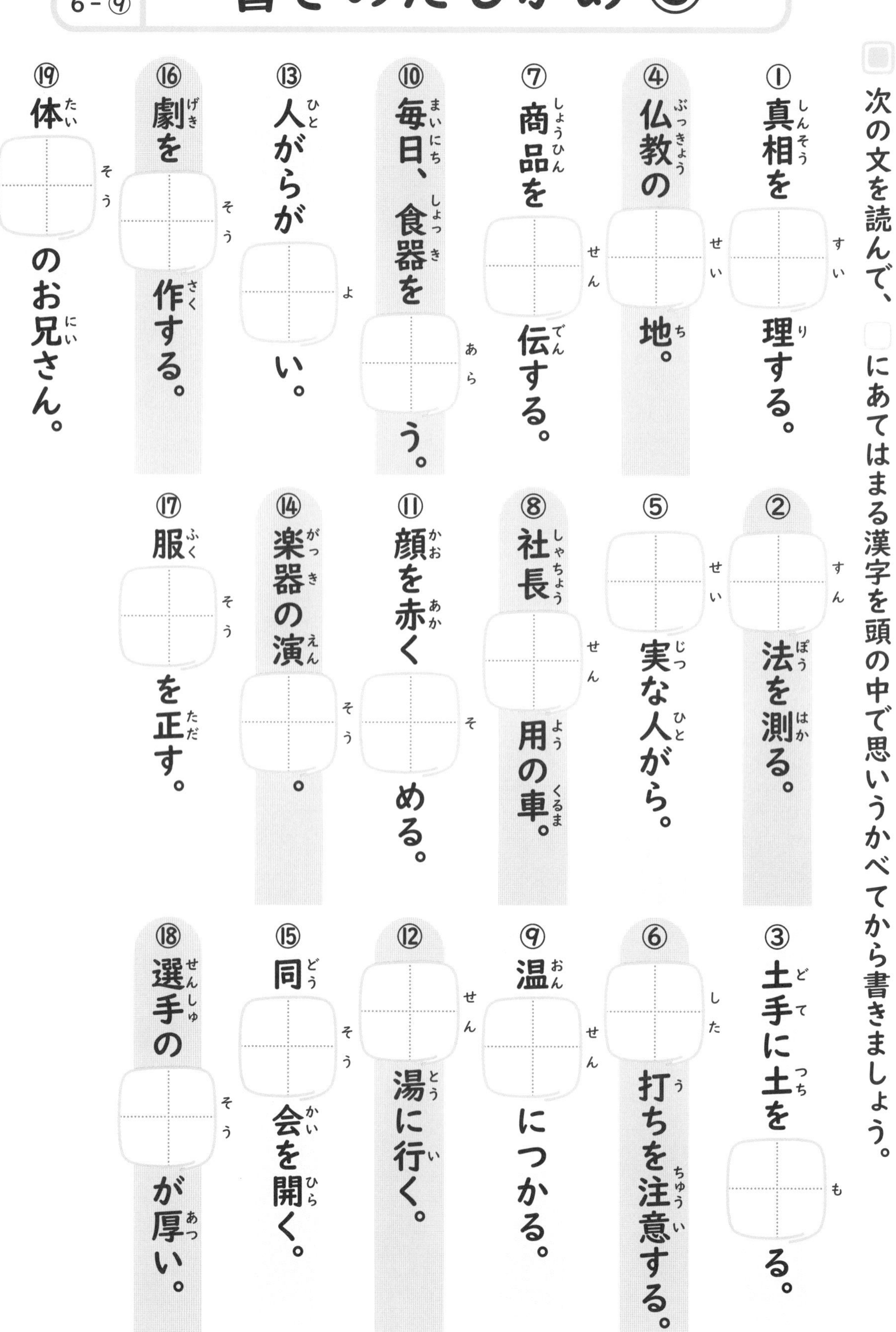

① 真相(しんそう)を□(すい)理(り)する。

② □(すん)法(ぽう)を測(はか)る。

③ 土手(どて)に土(つち)を□(も)る。

④ 仏教(ぶっきょう)の□(せい)地(ち)。

⑤ □(せい)実(じつ)な人(ひと)がら。

⑥ □(した)打(う)ちを注意(ちゅうい)する。

⑦ 商品(しょうひん)を□(せん)伝(でん)する。

⑧ 社長(しゃちょう)□(せん)用(よう)の車(くるま)。

⑨ 温(おん)□(せん)につかる。

⑩ 毎日(まいにち)、食器(しょっき)を□(あら)う。

⑪ 顔(かお)を赤(あか)く□(そ)める。

⑫ □(せん)湯(とう)に行(い)く。

⑬ 人(ひと)がらが□(よ)い。

⑭ 楽器(がっき)の演(えん)□(そう)。

⑮ 同(どう)□(そう)会(かい)を開(ひら)く。

⑯ 劇(げき)を□(そう)作(さく)する。

⑰ 服(ふく)□(そう)を正(ただ)す。

⑱ 選手(せんしゅ)の□(そう)が厚(あつ)い。

⑲ 体(たい)□(そう)のお兄(にい)さん。

正しい漢字みつけ！②

次の漢字は何画か書きたされた、まちがい漢字です。正しい部分のみをなぞって、漢字を見つけましょう。

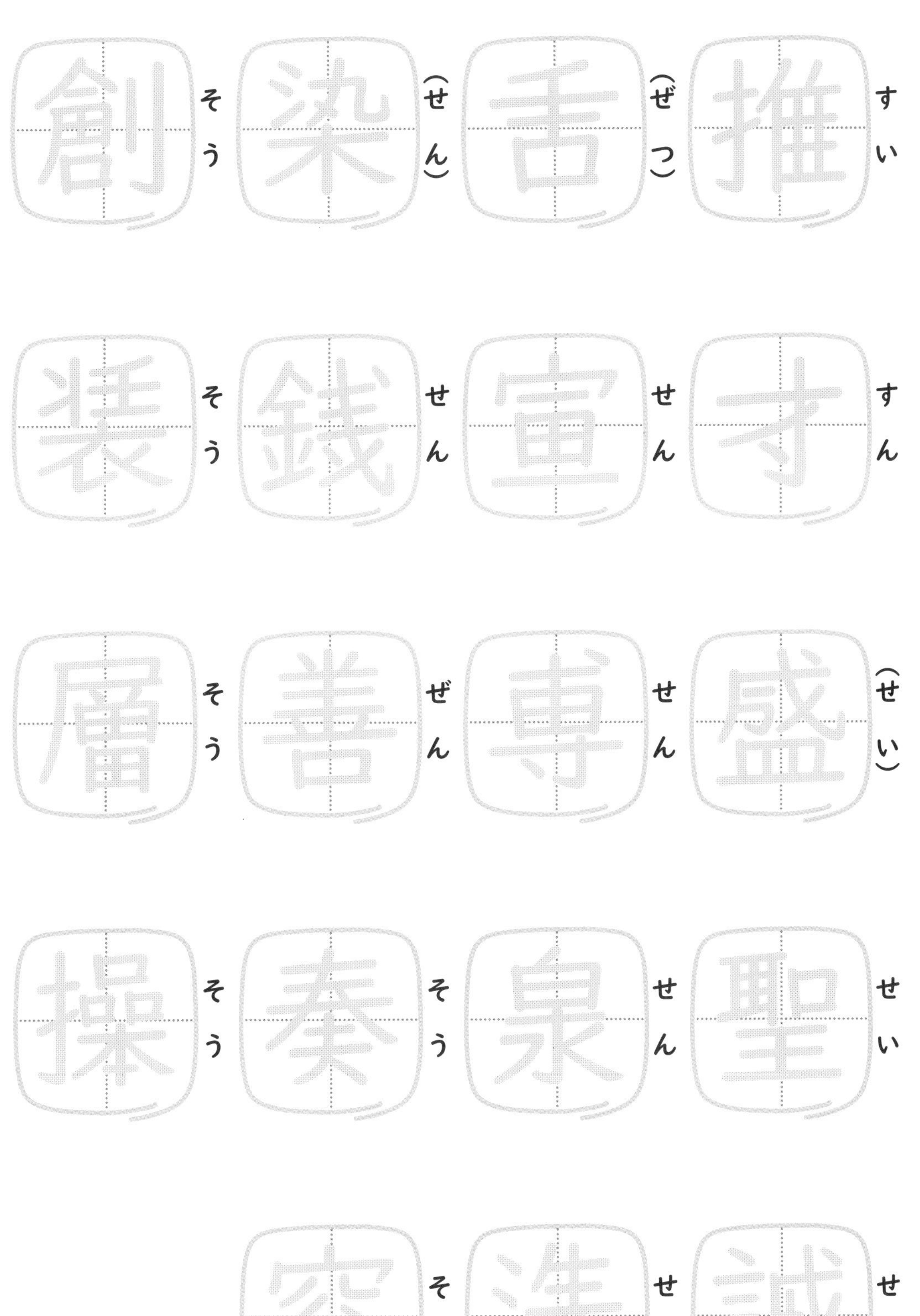

漢字 7-①

蔵・臓・存・尊

手本の漢字を指でなぞります。□には漢字を頭の中で思いうかべてから書きましょう。

音 ゾウ
訓 ―

冷蔵庫（れいぞうこ）

書蔵（しょぞう）

お地蔵（じぞう）さま。

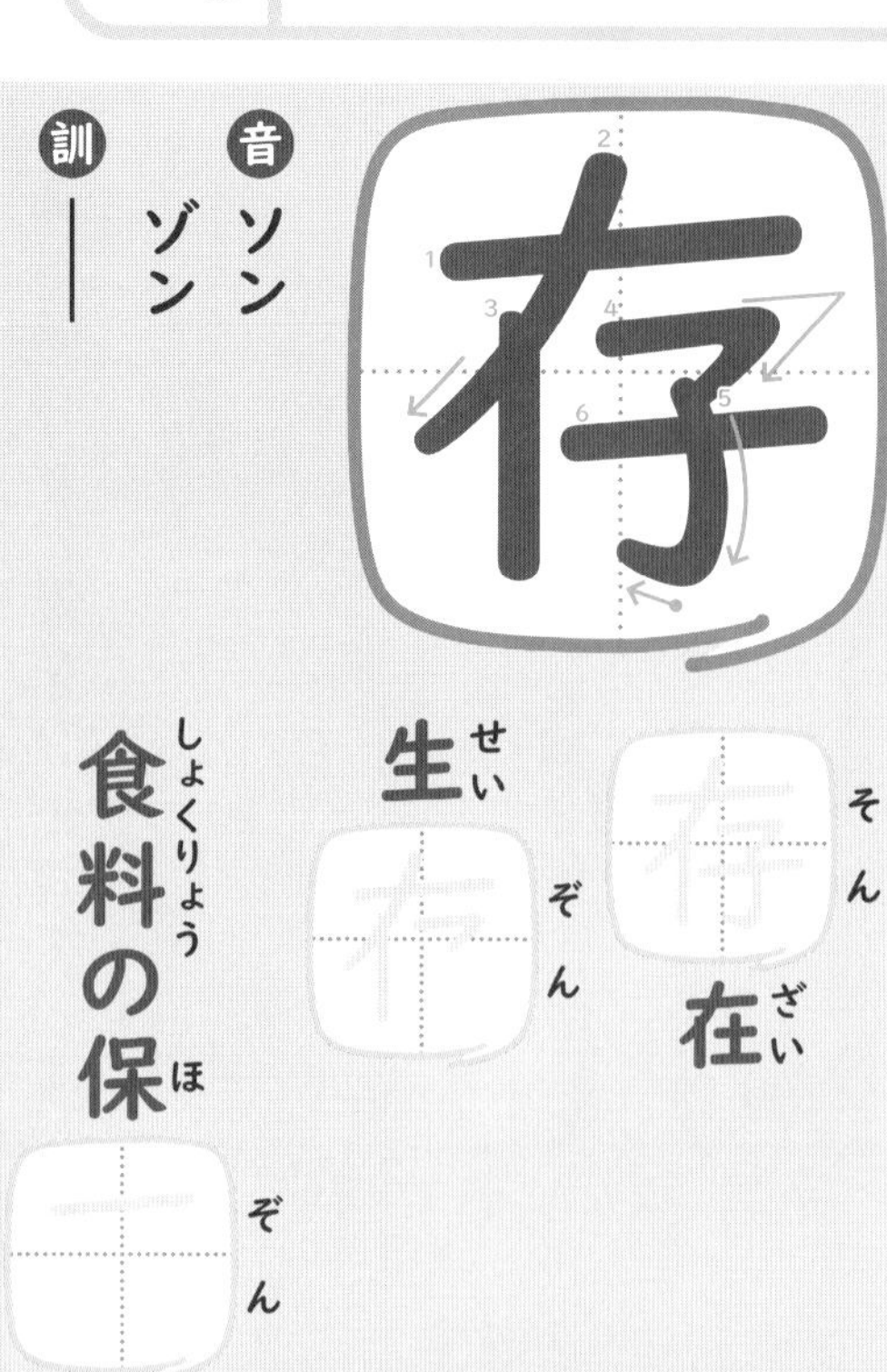

音 ソン ゾン
訓 ―

存在（そんざい）

生存（せいぞん）

食料（しょくりょう）の保存（ほぞん）。

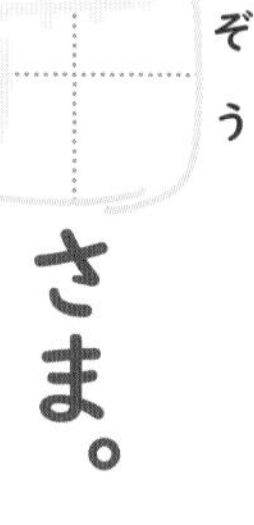

音 ゾウ
訓 ―

心臓（しんぞう）

内臓（ないぞう）

臓（ぞう）器（き）を移植（いしょく）する。

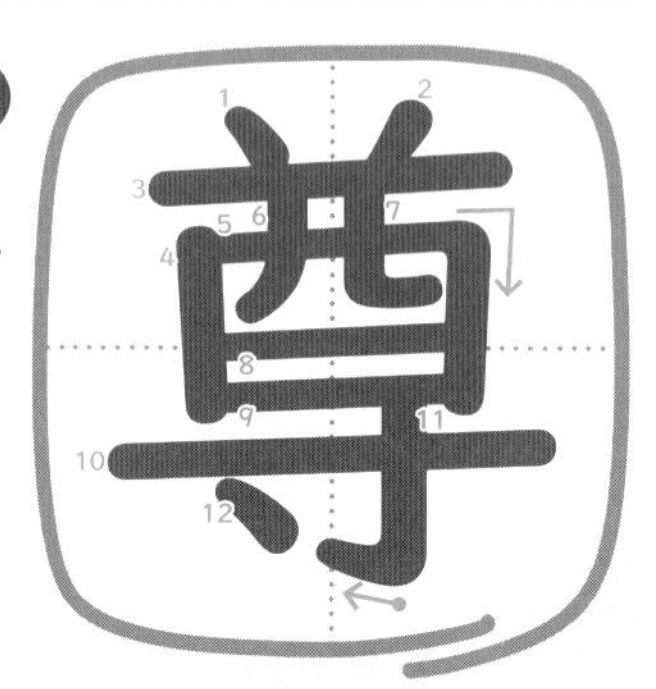

音 ソン
訓 たっとーい とうとーい たっとーぶ とうとーぶ

尊敬（そんけい）

尊（たっと）い人（ひと）

親（おや）を尊（とうと）ぶ。

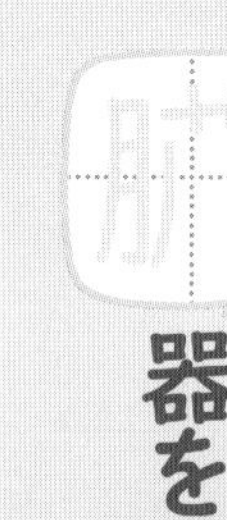

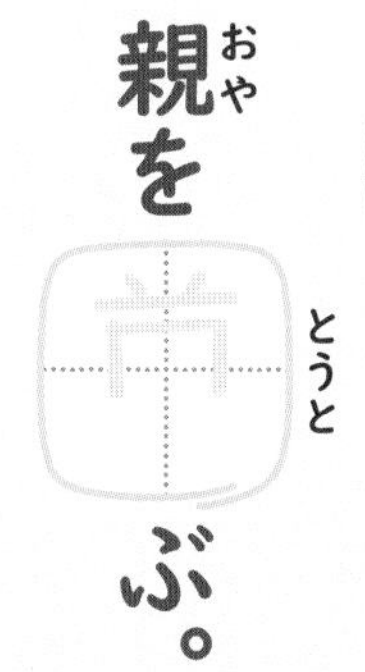

漢字 7-②

退・宅・担・探

□ 手本の漢字を指でなぞります。□には漢字を頭の中で思いうかべてから書きましょう。

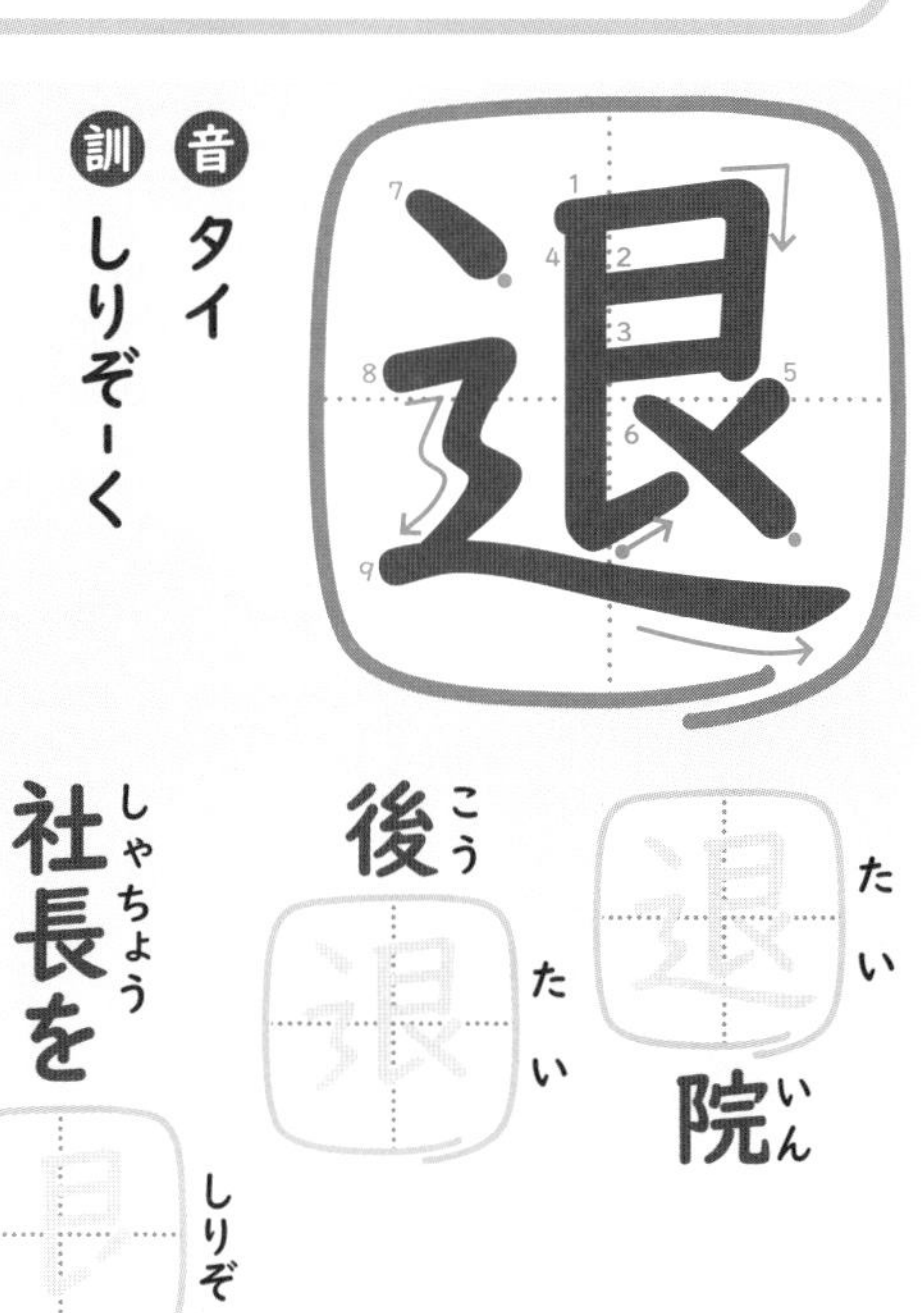

音 タイ
訓 しりぞ-く

退院（たいいん）
後退（こうたい）
社長（しゃちょう）を退（しりぞ）く。

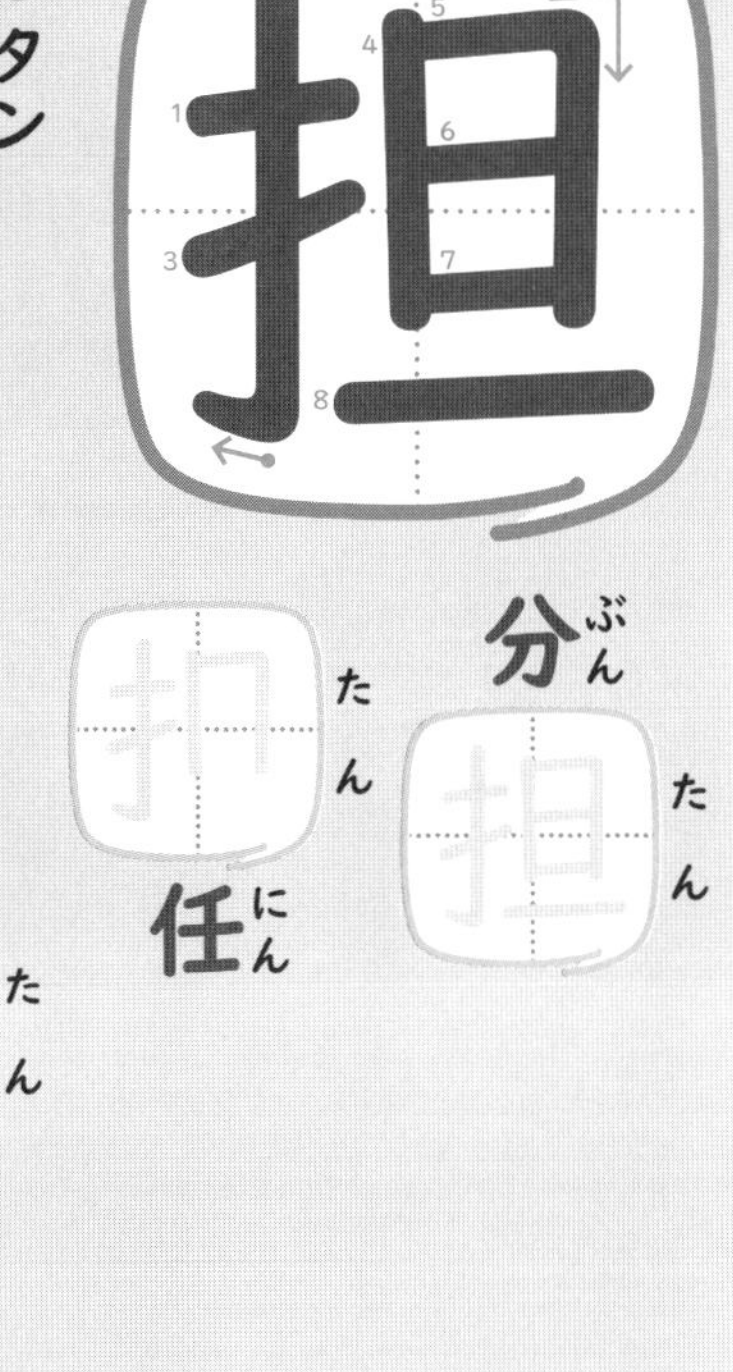

音 タン
訓 —

分担（ぶんたん）
担任（たんにん）
司会（しかい）を担当（たんとう）する。

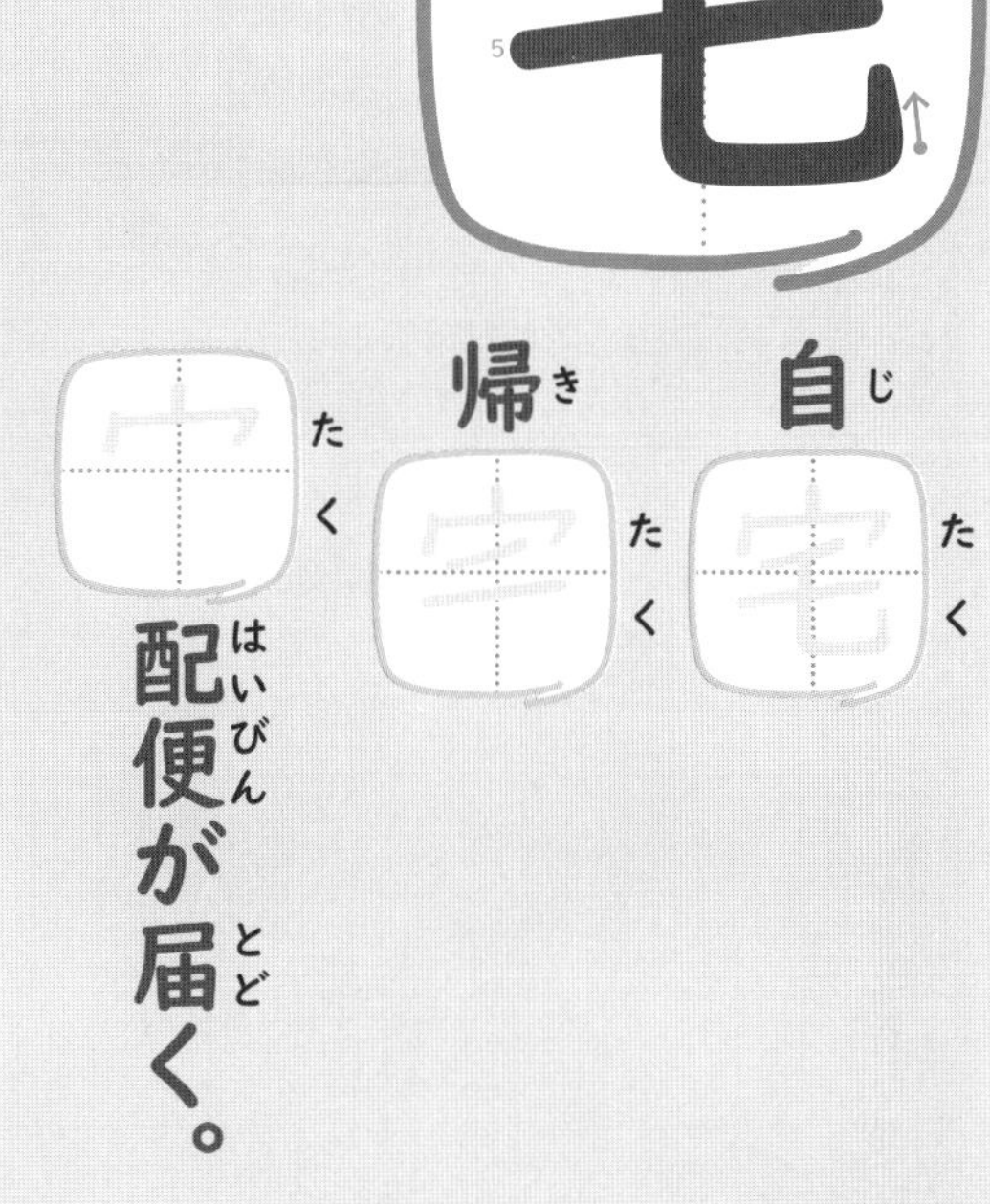

音 タク
訓 —

自宅（じたく）
帰宅（きたく）
宅配便（たくはいびん）が届（とど）く。

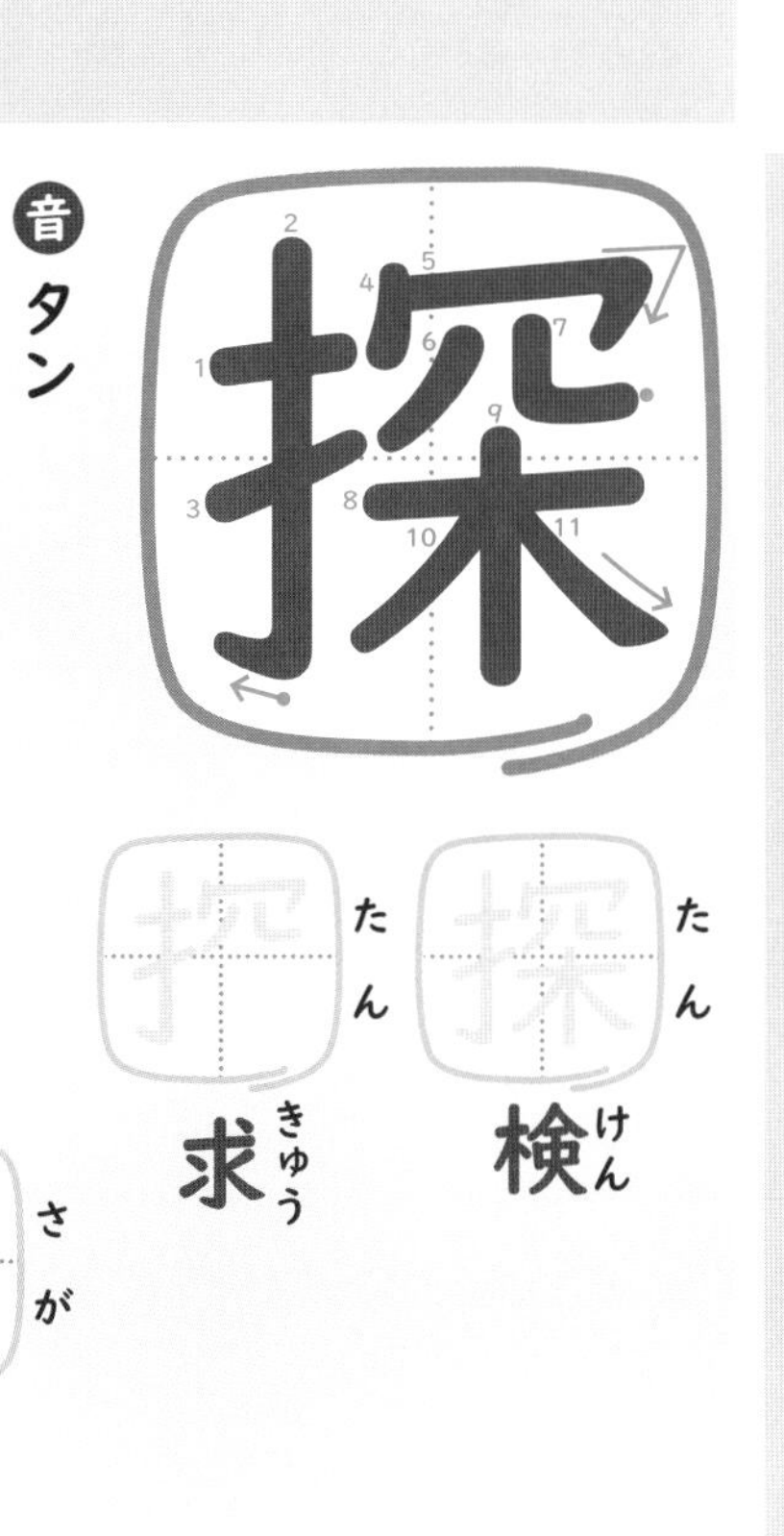

音 タン
訓 さが-す

探検（たんけん）
探求（たんきゅう）
仕事（しごと）を探（さが）す。

漢字 7-③ 誕・段・暖・値

□手本の漢字を指でなぞります。□には漢字を頭の中で思いうかべてから書きましょう。

音 タン
訓 ―

誕(たん)生日(じょうび)
生(せい)誕(たん)
誕(たん)生会(じょうかい)を開(ひら)く。

音 ダン
訓 あたた-かい　あたた-まる

温(おん)暖(だん)
寒(かん)暖(だん)
暖(あたた)かい部屋(へや)。

音 ダン
訓 ―

階(かい)段(だん)
段(だん)落(らく)
段(だん)取(ど)りがよい。

音 チ
訓 ね

価(か)値(ち)
値(ね)段(だん)
魚(さかな)の値(ね)上(あ)がり。

漢字 7-④

宙・忠・著・庁

手本の漢字を指でなぞります。□には漢字を頭の中で思いうかべてから書きましょう。

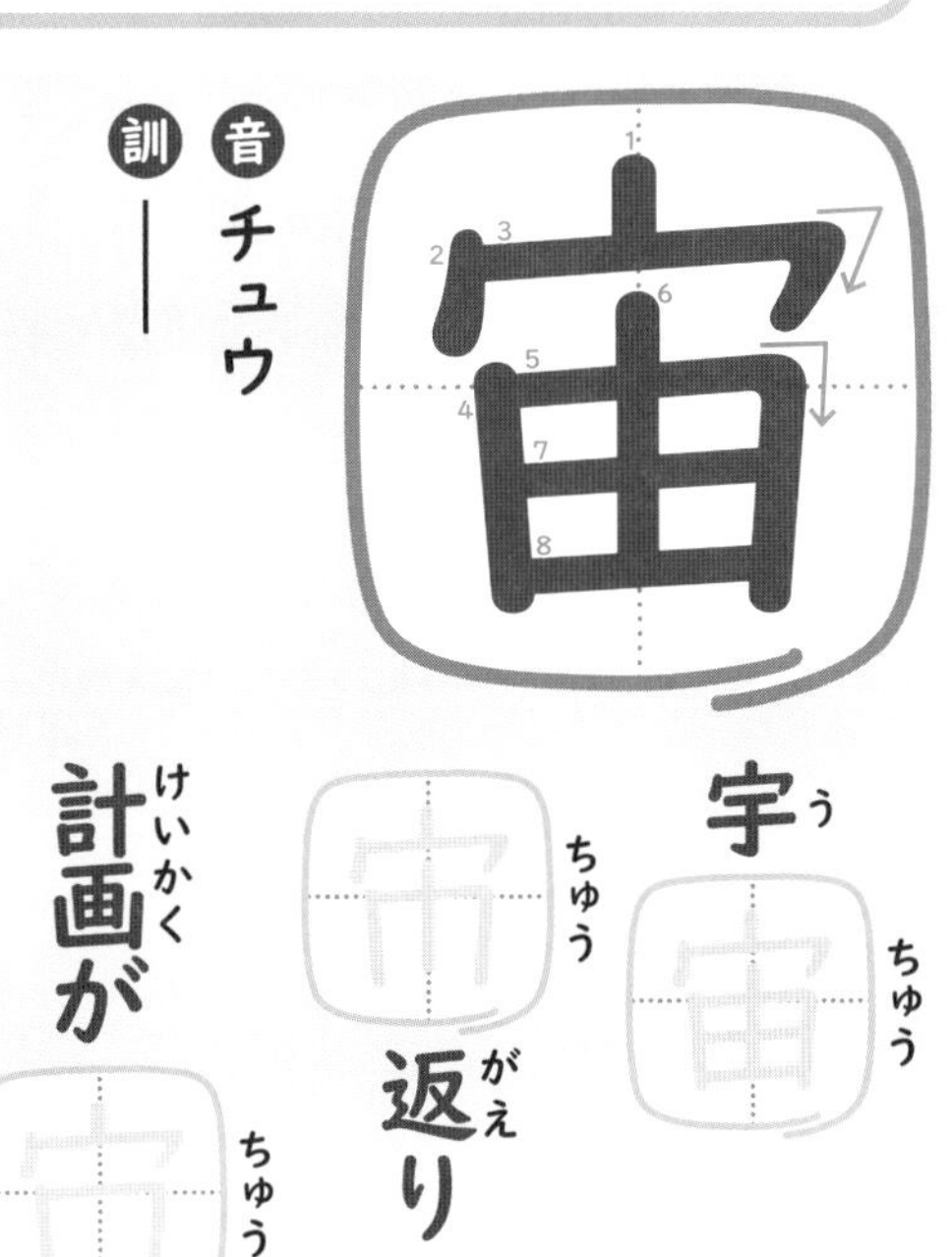

音 チュウ
訓 ―

宇（う）宙（ちゅう）

宙（ちゅう）返（がえ）り

計画（けいかく）が宙（ちゅう）にうく。

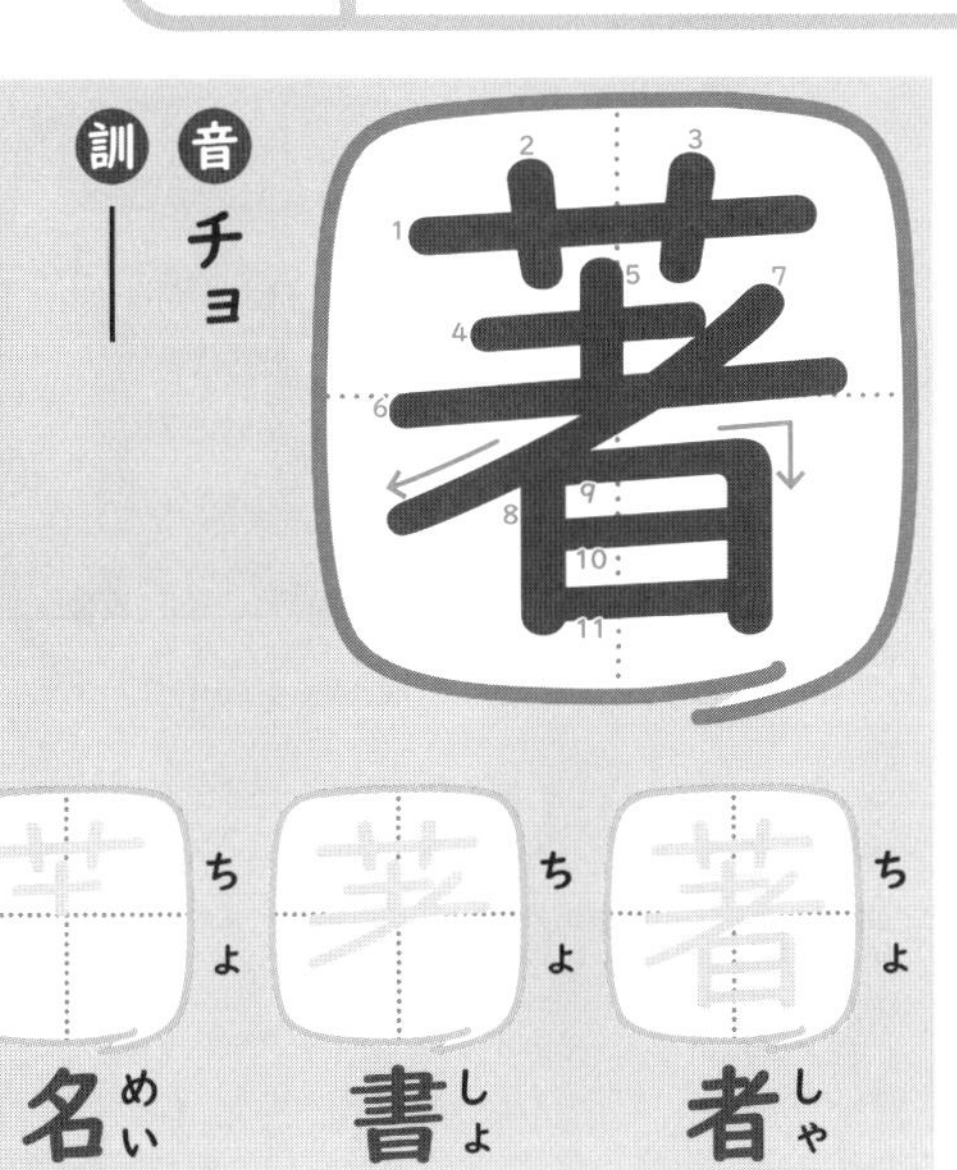

音 チョ
訓 ―

著（ちょ）者（しゃ）

著（ちょ）書（しょ）

著（ちょ）名（めい）な人物（じんぶつ）。

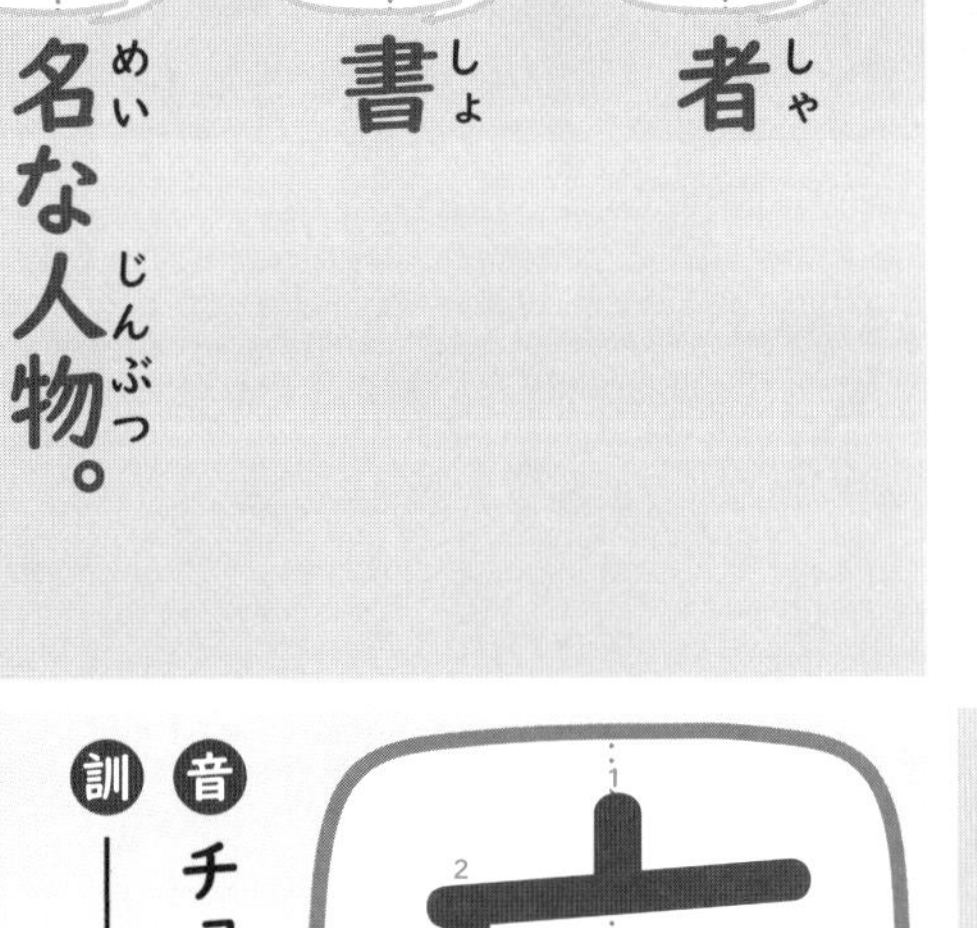

音 チュウ
訓 ―

忠（ちゅう）実（じつ）

忠（ちゅう）誠（せい）

医師（いし）の忠（ちゅう）告（こく）。

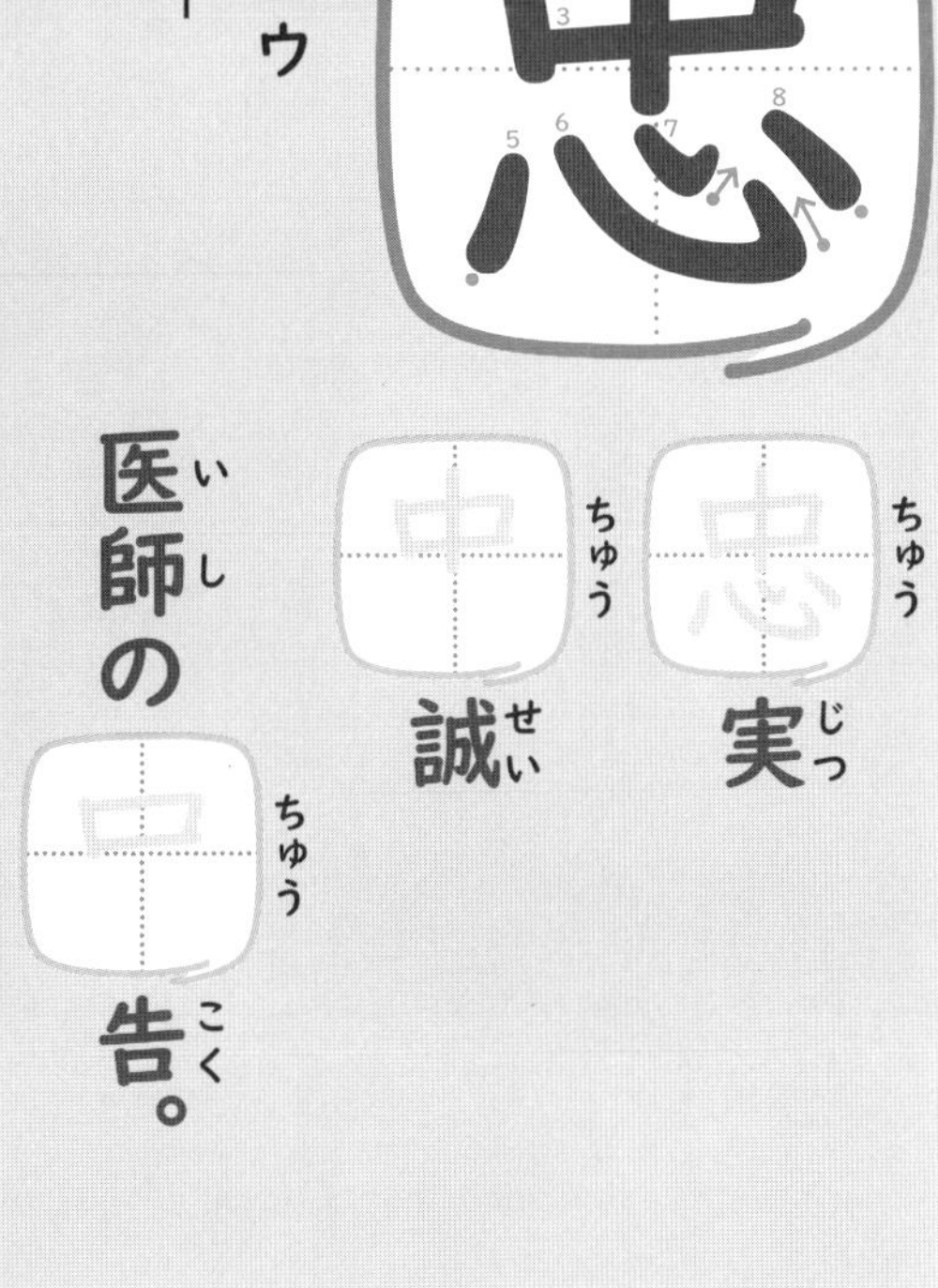

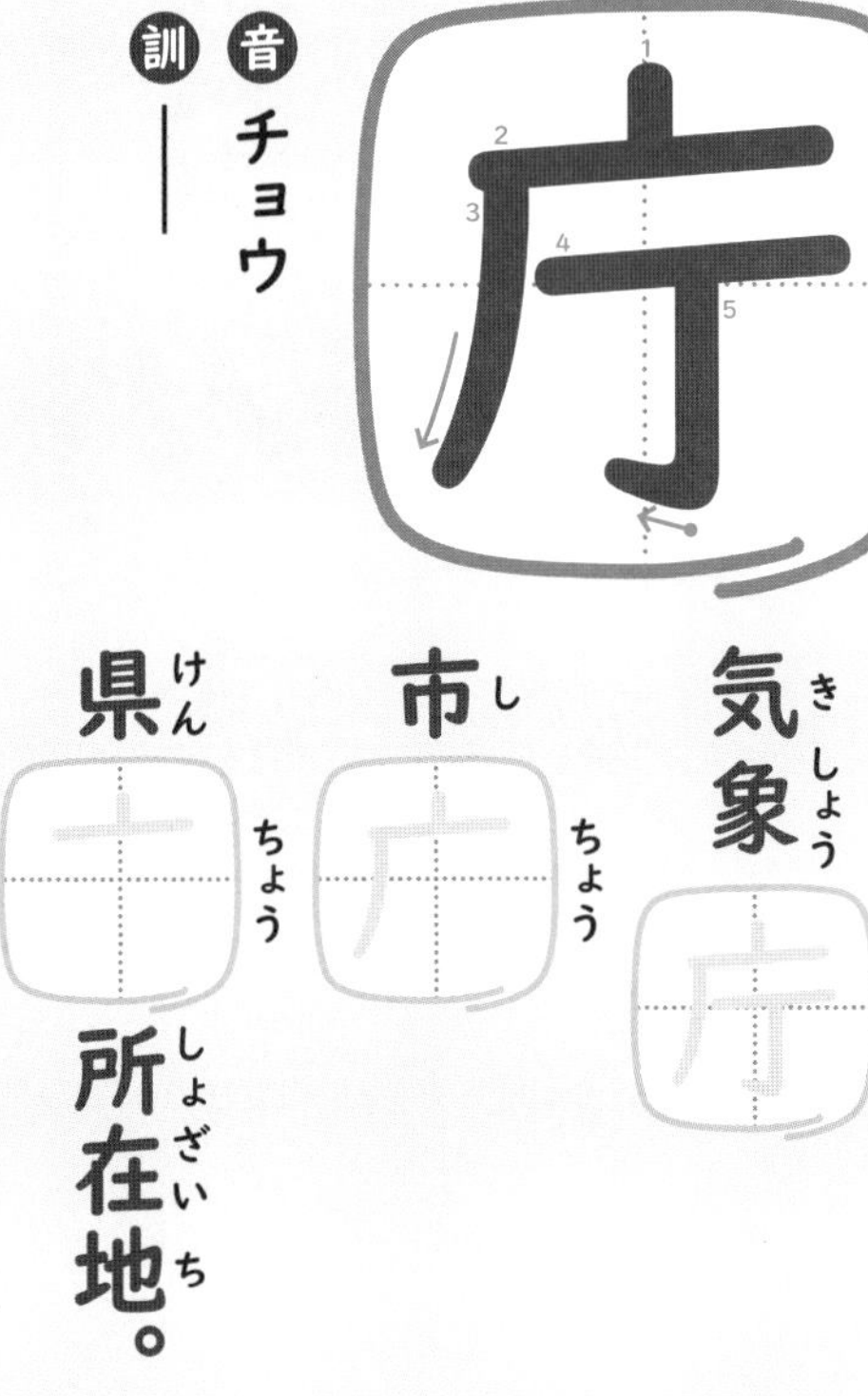

音 チョウ
訓 ―

気象（きしょう）庁（ちょう）

市（し）庁（ちょう）

県（けん）庁（ちょう）所在地（しょざいち）。

漢字 7-⑤

頂・腸・潮

手本の漢字を指でなぞります。□には漢字を頭の中で思いうかべてから書きましょう。

頂
音 チョウ
訓 いただ-く いただき

頂上(ちょうじょう)
山(やま)の頂(いただき)
お米(こめ)を頂(いただ)く。

潮
音 チョウ
訓 しお

満潮(まんちょう)
風潮(ふうちょう)
引(ひ)き潮(しお)になる。

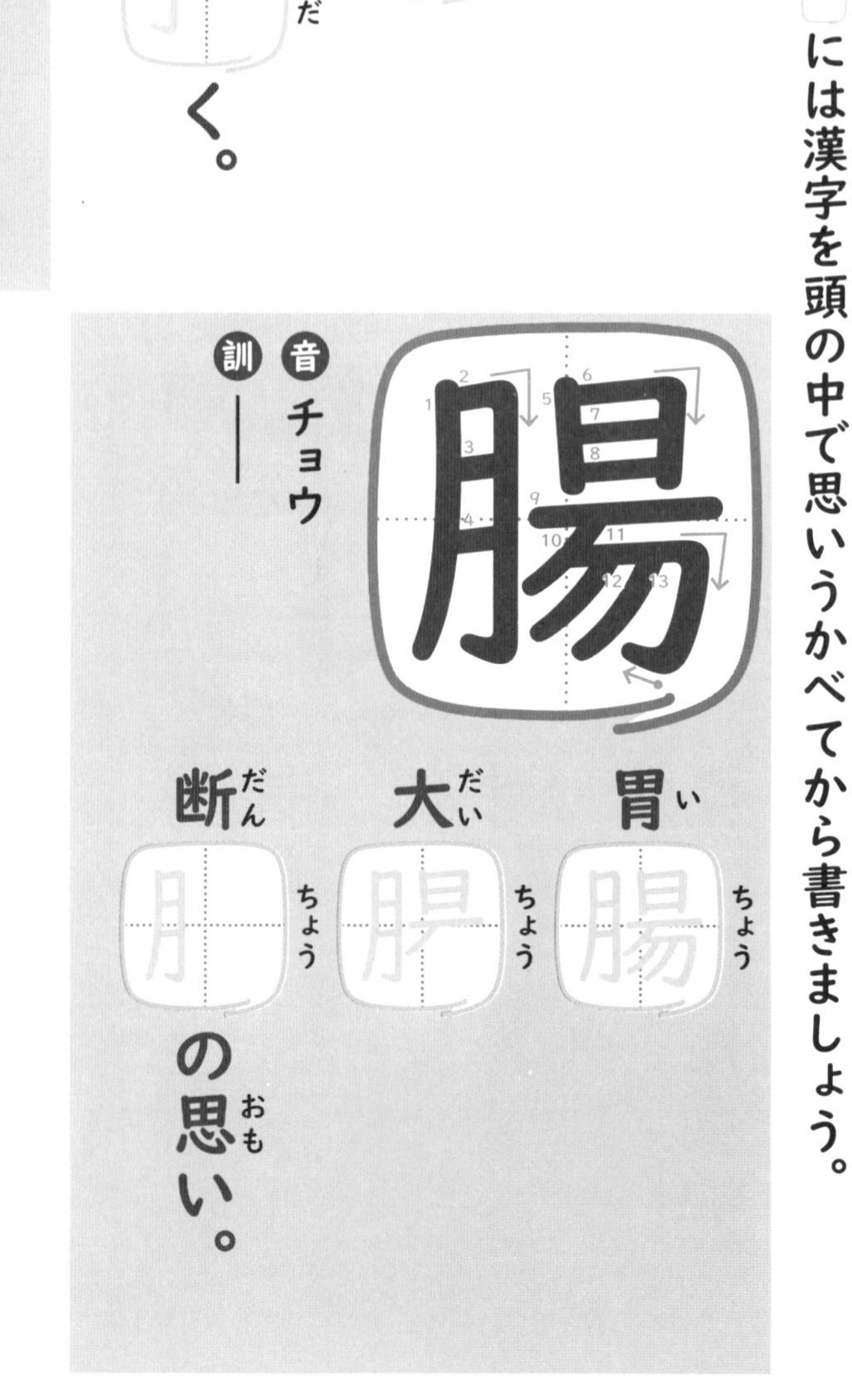

腸
音 チョウ
訓 ―

胃腸(いちょう)
大腸(だいちょう)
断腸(だんちょう)の思(おも)い。

漢字 7-⑥

読みのたしかめ

□ 次の文を読んで、――を引いた漢字の読みを（　）に書きましょう。

① 冷(れい)蔵庫(こ)がいっぱい。（　　）

② 心(しん)臓が動(うご)く。（　　）

③ データを保(ほ)存する。（　　）

④ 人命(じんめい)を尊ぶ。（　　）

⑤ 第一線(だいいっせん)を退く。（　　）

⑥ 自(じ)宅に帰(かえ)る。（　　）

⑦ 役割(やくわり)を分(ぶん)担する。（　　）

⑧ 新居(しんきょ)を探す。（　　）

⑨ 誕生日(じょうび)を祝(いわ)う。（　　）

⑩ 階(かい)段を上(あ)がる。（　　）

⑪ 日差(ひざ)しが暖かい。（　　）

⑫ 値段(だん)が高(たか)い。（　　）

⑬ 宇(う)宙の未確認生物(みかくにんせいぶつ)。（　　）

⑭ 忠誠(せい)をちかう。（　　）

⑮ 有名(ゆうめい)な著作物(さくぶつ)。（　　）

⑯ 県(けん)庁に行(い)く。（　　）

⑰ 高(たか)い山(やま)の頂。（　　）

⑱ 十二指(じゅうにし)腸の病気(びょうき)。（　　）

⑲ 潮が満(み)ちる。（　　）

書きのたしかめ①

□ 次の文を読んで、□にあてはまる漢字を頭の中で思いうかべてからなぞりましょう。

① 冷(れい)蔵(ぞう)庫(こ)がいっぱい。

② 心(しん)臓(ぞう)が動(うご)く。

③ データを保(ほ)存(ぞん)する。

④ 人命(じんめい)を尊(とうと)ぶ。

⑤ 第一線(だいいっせん)を退(しりぞ)く。

⑥ 自(じ)宅(たく)に帰(かえ)る。

⑦ 役割(やくわり)を分(ぶん)担(たん)する。

⑧ 新居(しんきょ)を探(さが)す。

⑨ 誕(たん)生日(じょうび)を祝(いわ)う。

⑩ 階(かい)段(だん)を上(あ)がる。

⑪ 日差(ひざ)しが暖(あたた)かい。

⑫ 値(ね)段(だん)が高(たか)い。

⑬ 宇(う)宙(ちゅう)の未確認生物(みかくにんせいぶつ)。

⑭ 忠(ちゅう)誠(せい)をちかう。

⑮ 有名(ゆうめい)な著(ちょ)作物(さくぶつ)。

⑯ 県(けん)庁(ちょう)に行(い)く。

⑰ 高(たか)い山(やま)の頂(いただき)。

⑱ 十二指(じゅうにし)腸(ちょう)の病気(びょうき)。

⑲ 潮(しお)が満(み)ちる。

漢字 7-⑧

書きのたしかめ②

次の文を読んで、□にあてはまる漢字を頭の中で思いうかべてから書きましょう。

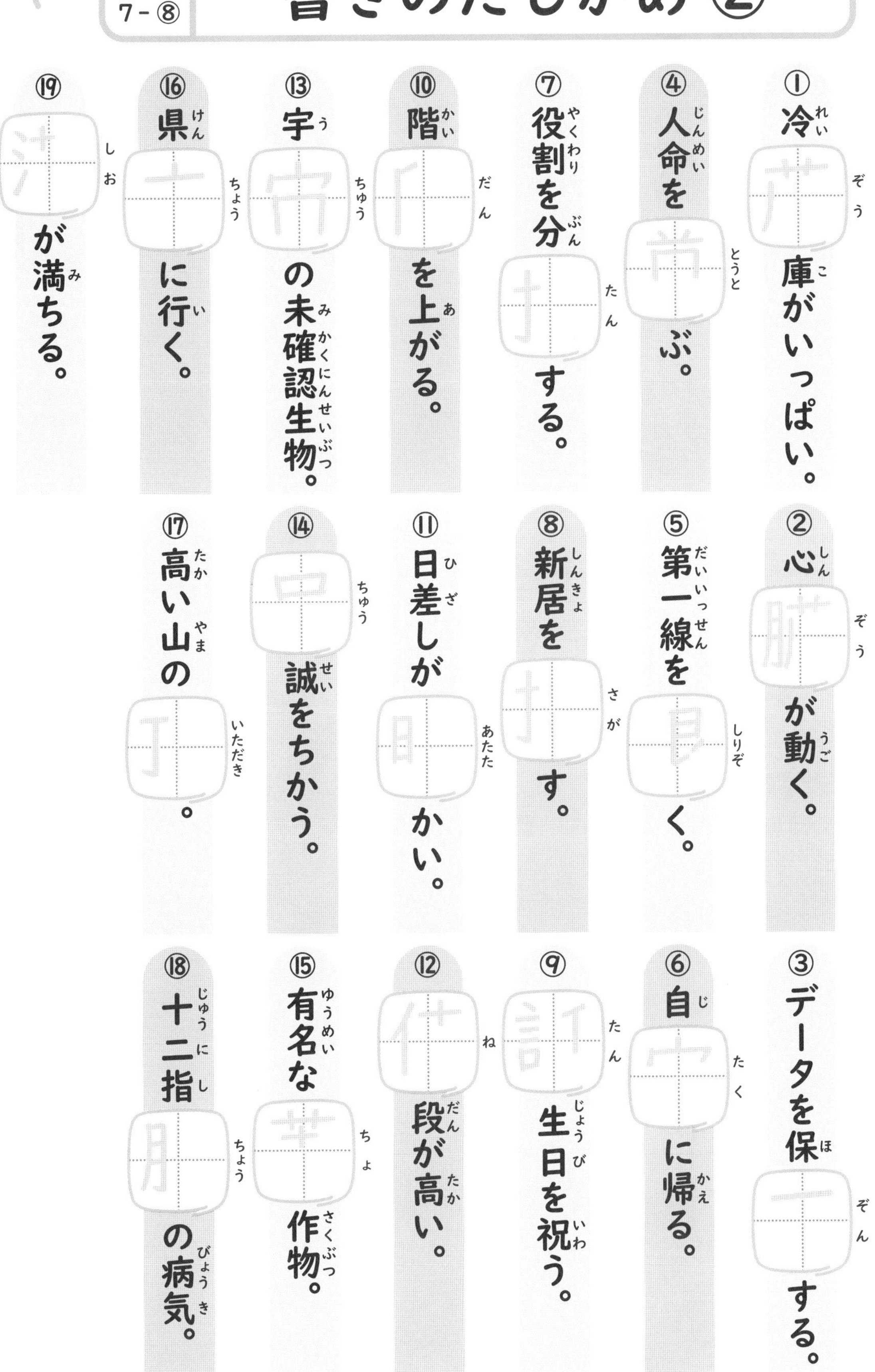

① 冷□（ぞう）庫がいっぱい。
② 心□（ぞう）が動く。
③ データを保□（ぞん）する。
④ 人命を□（とうと）ぶ。
⑤ 第一線を□（しりぞ）く。
⑥ 自□（たく）に帰る。
⑦ 役割を分□（たん）する。
⑧ 新居を□（さが）す。
⑨ □（たん）生日を祝う。
⑩ 階□（だん）を上がる。
⑪ 日差しが□（あたた）かい。
⑫ □（ね）段が高い。
⑬ 宇□（ちゅう）の未確認生物。
⑭ □（ちゅう）誠をちかう。
⑮ 有名な□（ちょ）作物。
⑯ 県□（ちょう）に行く。
⑰ 高い山の□（いただき）。
⑱ 十二指□（ちょう）の病気。
⑲ □（しお）が満ちる。

漢字 7-⑨

書きのたしかめ ③

□ 次の文を読んで、□にあてはまる漢字を頭の中で思いうかべてから書きましょう。

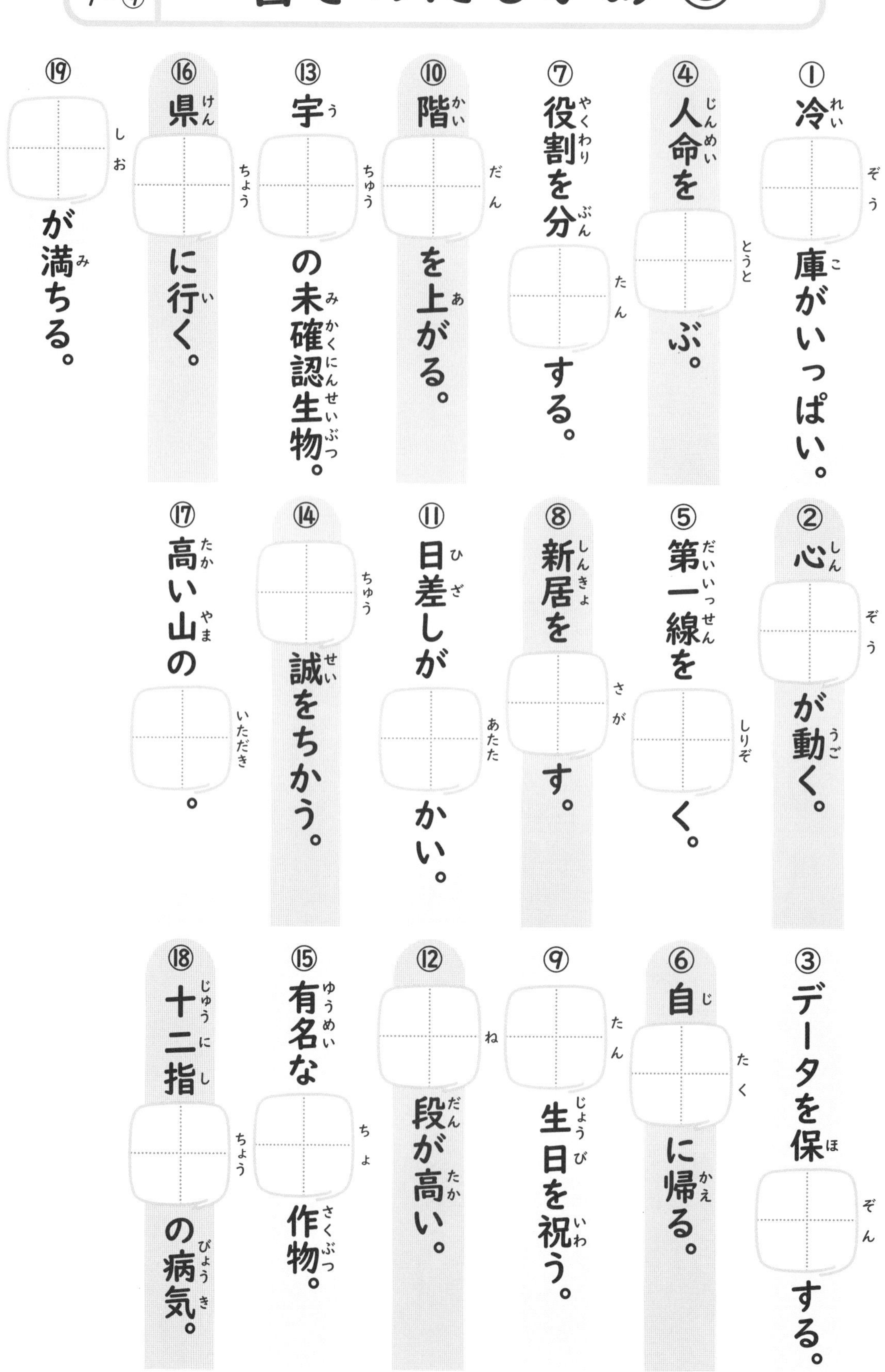

① 冷（れい）□（ぞう）庫（こ）がいっぱい。

② 心（しん）□（ぞう）が動（うご）く。

③ データを保（ほ）□（ぞん）する。

④ 人命（じんめい）を□（とうと）ぶ。

⑤ 第一線（だいいっせん）を□（しりぞ）く。

⑥ 自（じ）□（たく）に帰（かえ）る。

⑦ 役割（やくわり）を分（ぶん）□（たん）する。

⑧ 新居（しんきょ）を□（さが）す。

⑨ □（たん）生日（じょうび）を祝（いわ）う。

⑩ 階（かい）□（だん）を上（あ）がる。

⑪ 日差（ひざ）しが□（あたた）かい。

⑫ □（ね）段（だん）が高（たか）い。

⑬ 宇（う）□（ちゅう）の未確認生物（みかくにんせいぶつ）。

⑭ □（ちゅう）誠（せい）をちかう。

⑮ 有名（ゆうめい）な□（ちょ）作物（さくぶつ）。

⑯ 県（けん）□（ちょう）に行（い）く。

⑰ 高（たか）い山（やま）の□（いただき）。

⑱ 十二指（じゅうにし）□（ちょう）の病気（びょうき）。

⑲ □（しお）が満（み）ちる。

漢字 7-⑩

漢字みつけ！③

次の図の中から、今回学習した漢字を十九字見つけましょう。
見つけた漢字はなぞりましょう。

漢字 8-① 賃・痛・敵・展

□手本の漢字を指でなぞります。□には漢字を頭の中で思いうかべてから書きましょう。

賃

音 チン
訓 ―

運賃(うんちん)
賃金(ちんぎん)
家賃(やちん)をはらう。

痛

音 ツウ
訓 いた-む　いた-い

頭痛(ずつう)
痛感(つうかん)
ズキズキ歯(は)が痛(いた)む。

敵

音 テキ
訓 ―

強敵(きょうてき)
敵意(てきい)
人(ひと)を敵(てき)視(し)する。

展

音 テン
訓 ―

展示(てんじ)
発展(はってん)
展開図(てんかいず)をかく。

漢字 8-② 討・党・糖・届

手本の漢字を指でなぞります。□には漢字を頭の中で思いうかべてから書きましょう。

討

音 トウ
訓 —

討論(とうろん)

検討(けんとう)

問題(もんだい)を討議(とうぎ)する。

糖

音 トウ
訓 —

砂糖(さとう)

糖分(とうぶん)

血糖値(けっとうち)が高(たか)い。

党

音 トウ
訓 —

党員(とういん)

悪党(あくとう)

政党(せいとう)

政治(せいじ)の功罪(こうざい)。

届

音 —
訓 とど-ける
とど-く

届(とど)け

届(とど)け先(さき)

手紙(てがみ)を届(とど)ける。

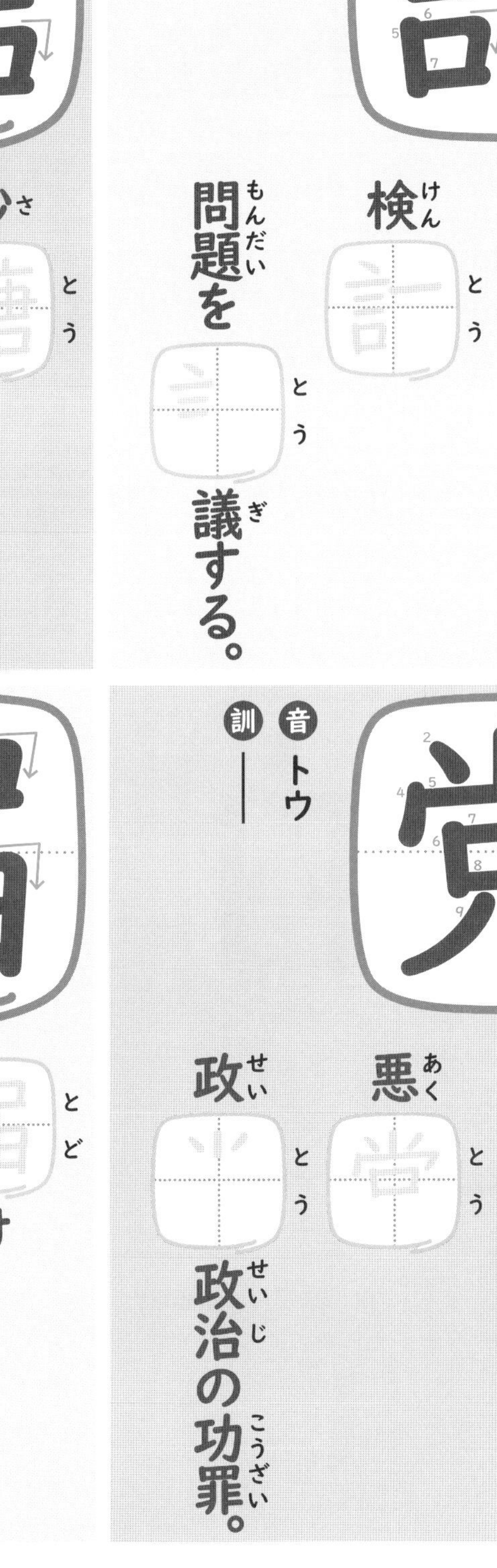

漢字 8-③

難・乳・認・納

□ 手本の漢字を指でなぞります。
□ には漢字を頭の中で思いうかべてから書きましょう。

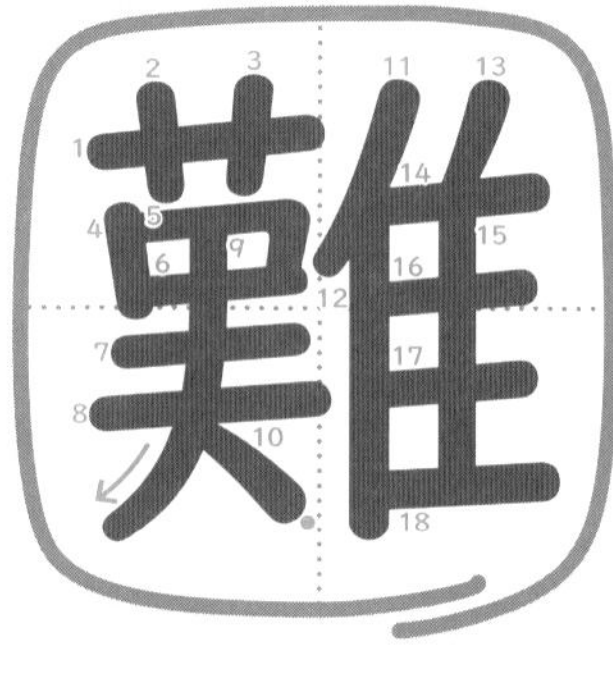

音 ナン
訓 むずか-しい

難(なん)問(もん)
困(こん)難(なん)
難(むずか)しいテスト。

音 (ニン)
訓 みと-める

認(みと)め
認(みと)め印(いん)
実力(じつりょく)を認(みと)める。

音 ニュウ
訓 ちち

牛(ぎゅう)乳(にゅう)
乳(にゅう)児(じ)
牛(うし)の乳(ちち)をしぼる。

音 ノウ
訓 おさ-める
おさ-まる

収(しゅう)納(のう)
納(のう)品(ひん)
税金(ぜいきん)を納(おさ)める。

ゴール　スタート

漢字 8-④

脳・派・拝・背

手本の漢字を指でなぞります。□には漢字を頭の中で思いうかべてから書きましょう。

脳
音 ノウ
訓 ―

頭脳（ずのう）
脳波（のうは）
危ない脳しんとう。

拝
音 ハイ
訓 おが-む

拝見（はいけん）
参拝（さんぱい）
神仏を拝む。

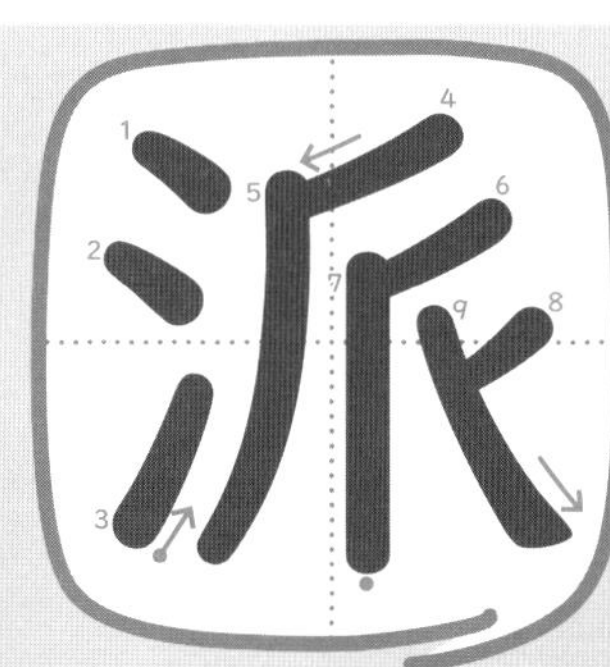

派
音 ハ
訓 ―

立派（りっぱ）
派生（はせい）
派出所の警官。

背
音 ハイ
訓 せ　せい

背後（はいご）
背骨（せぼね）
背比べをする。

漢字 8-⑤

肺・俳・班

□ 手本の漢字を指でなぞります。□には漢字を頭の中で思いうかべてから書きましょう。

肺

音 ハイ
訓 ―

□(はい)えん

□(はい)活量(かつりょう)

ほ乳類(にゅうるい)は□(はい)呼吸(こきゅう)。

俳

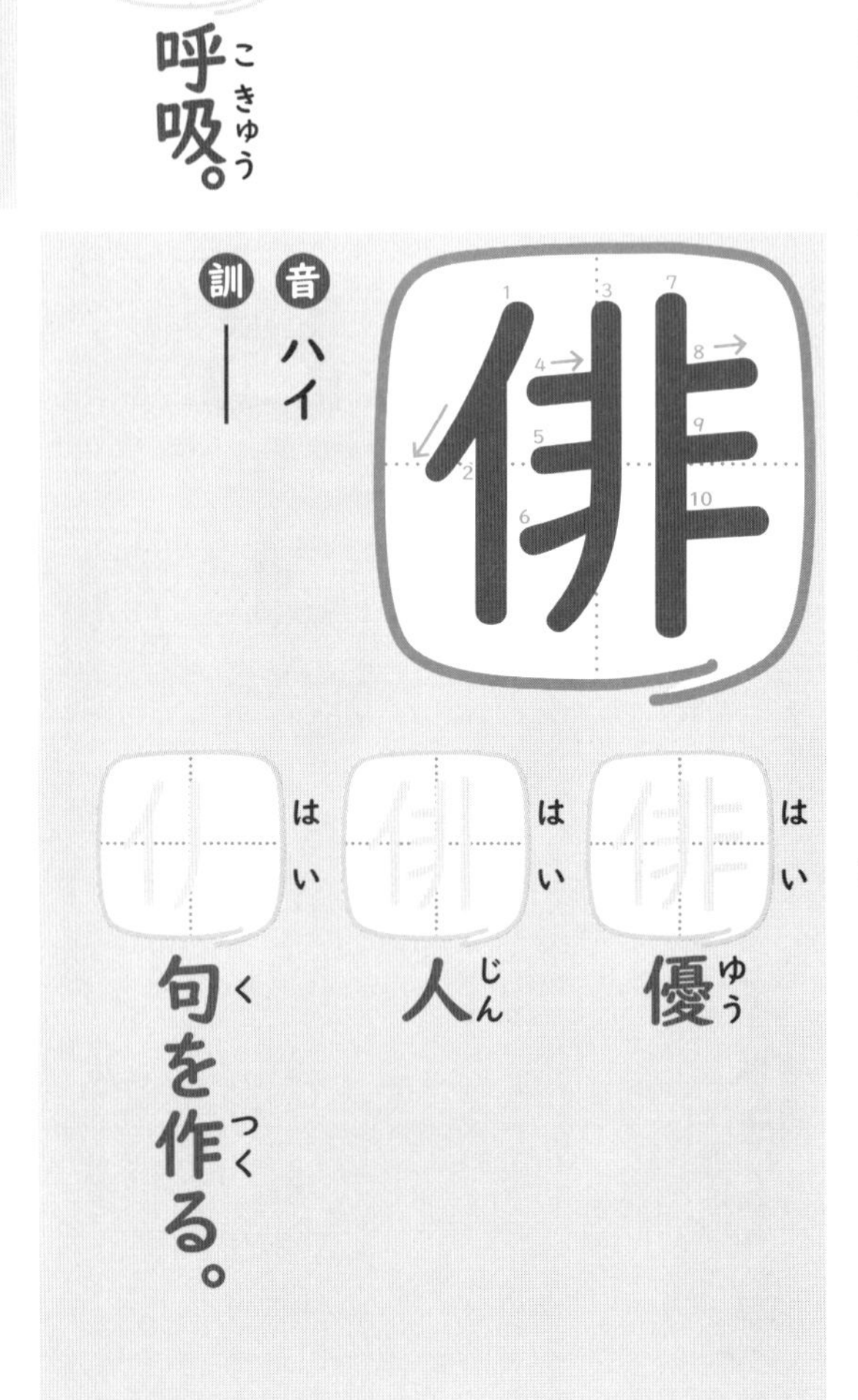

班

音 ハン
訓 ―

□(はん)長(ちょう)

二(に)□(はん)

□(はん)別(べつ)に行動(こうどう)する。

ゴール　スタート

漢字 8-⑥

読みのたしかめ

□ 次の文を読んで、—を引いた漢字の読みを（　）に書きましょう。

① 電車賃のチャージ。（　）
② 困り事で頭が痛い。（　）
③ 敵意をもつ。（　）
④ 都市が発展する。（　）
⑤ 討議を重ねる。（　）
⑥ 徒党を組む。（　）
⑦ 砂糖を入れる。（　）
⑧ 郵便物が届く。（　）
⑨ 難問を解く。（　）
⑩ やぎの乳を飲む。（　）
⑪ 敗北を認める。（　）
⑫ 年ぐを納める。（　）
⑬ すぐれた頭脳。（　）
⑭ 立派な行い。（　）
⑮ 日の出を拝む。（　）
⑯ 背たけがのびる。（　）
⑰ 肺活量を測る。（　）
⑱ 俳優に会う。（　）
⑲ 班長になる。（　）

漢字 8-⑦

書きのたしかめ ①

次の文を読んで、□にあてはまる漢字を頭の中で思いうかべてからなぞりましょう。

① 電車(でんしゃ)賃(ちん)のチャージ。

② 困(こま)り事(ごと)で頭(あたま)が痛(いた)い。

③ 敵(てき)意(い)をもつ。

④ 都市(とし)が発(はっ)展(てん)する。

⑤ 討(とう)議(ぎ)を重(かさ)ねる。

⑥ 徒(と)党(とう)を組(く)む。

⑦ 砂(さ)糖(とう)を入(い)れる。

⑧ 郵便物(ゆうびんぶつ)が届(とど)く。

⑨ 難(なん)問(もん)を解(と)く。

⑩ やぎの乳(ちち)を飲(の)む。

⑪ 敗北(はいぼく)を認(みと)める。

⑫ 年(ねん)ぐを納(おさ)める。

⑬ すぐれた頭(ず)脳(のう)。

⑭ 立(りっ)派(ぱ)な行(おこな)い。

⑮ 日(ひ)の出(で)を拝(おが)む。

⑯ 背(せ)たけがのびる。

⑰ 肺(はい)活量(かつりょう)を測(はか)る。

⑱ 俳(はい)優(ゆう)に会(あ)う。

⑲ 班(はん)長(ちょう)になる。

漢字 8-⑧

書きのたしかめ②

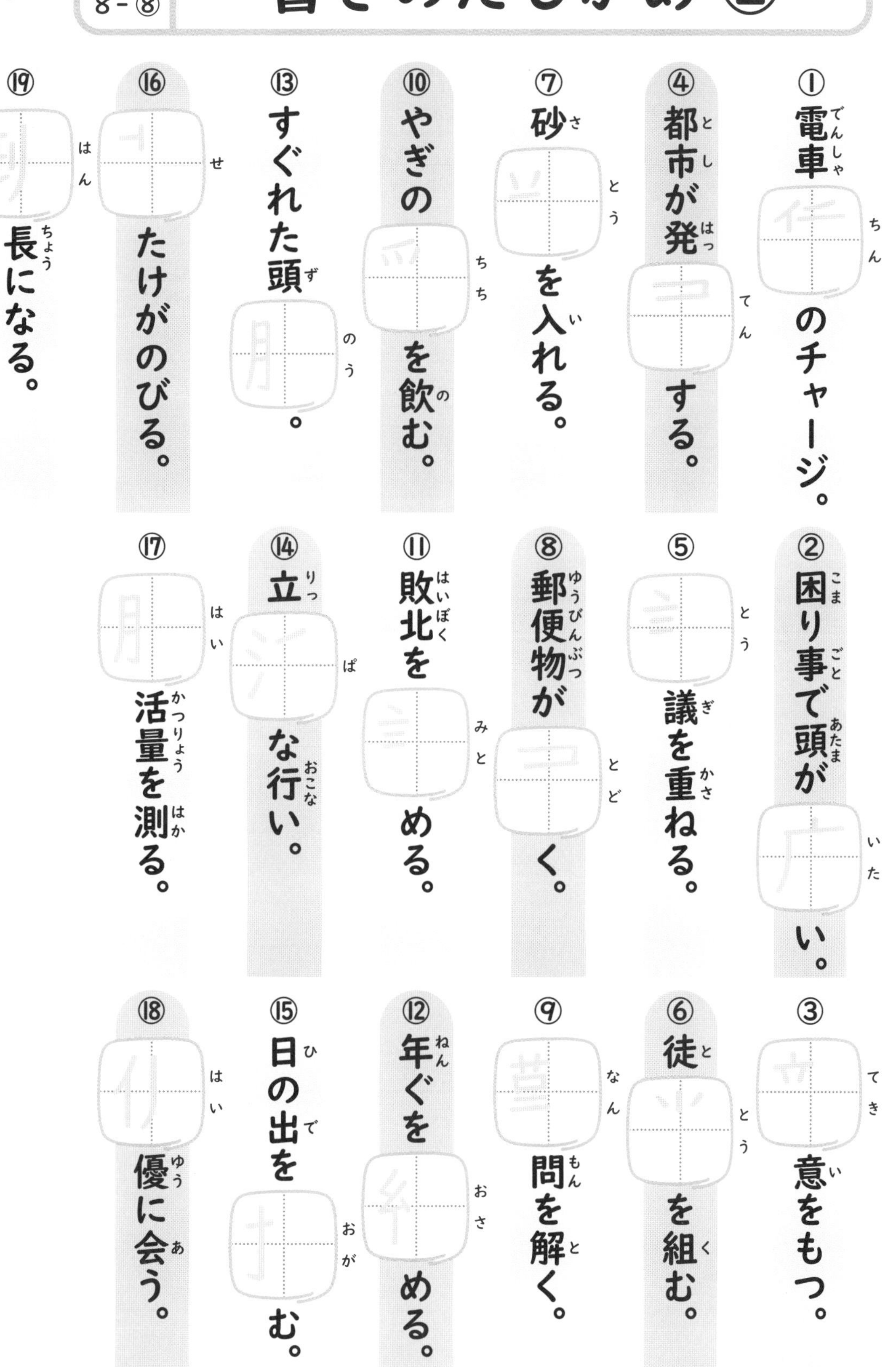

次の文を読んで、□にあてはまる漢字を頭の中で思いうかべてから書きましょう。

① 電車（でんしゃ）□（ちん）のチャージ。
② 困（こま）り事（ごと）で頭（あたま）が□（いた）い。
③ □（てき）意（い）をもつ。
④ 都市（とし）が発（はっ）□（てん）する。
⑤ □（とう）議（ぎ）を重（かさ）ねる。
⑥ 徒（と）□（とう）を組（く）む。
⑦ 砂（さ）□（とう）を入（い）れる。
⑧ 郵便物（ゆうびんぶつ）が□（とど）く。
⑨ □（なん）問（もん）を解（と）く。
⑩ やぎの□（ちち）を飲（の）む。
⑪ 敗北（はいぼく）を□（みと）める。
⑫ 年（ねん）ぐを□（おさ）める。
⑬ すぐれた頭（ず）□（のう）。
⑭ 立（りっ）□（ぱ）な行（おこな）い。
⑮ 日（ひ）の出（で）を□（おが）む。
⑯ □（せ）たけがのびる。
⑰ □（はい）活量（かつりょう）を測（はか）る。
⑱ □（はい）優（ゆう）に会（あ）う。
⑲ □（はん）長（ちょう）になる。

書きのたしかめ③

次の文を読んで、□にあてはまる漢字を頭の中で思いうかべてから書きましょう。

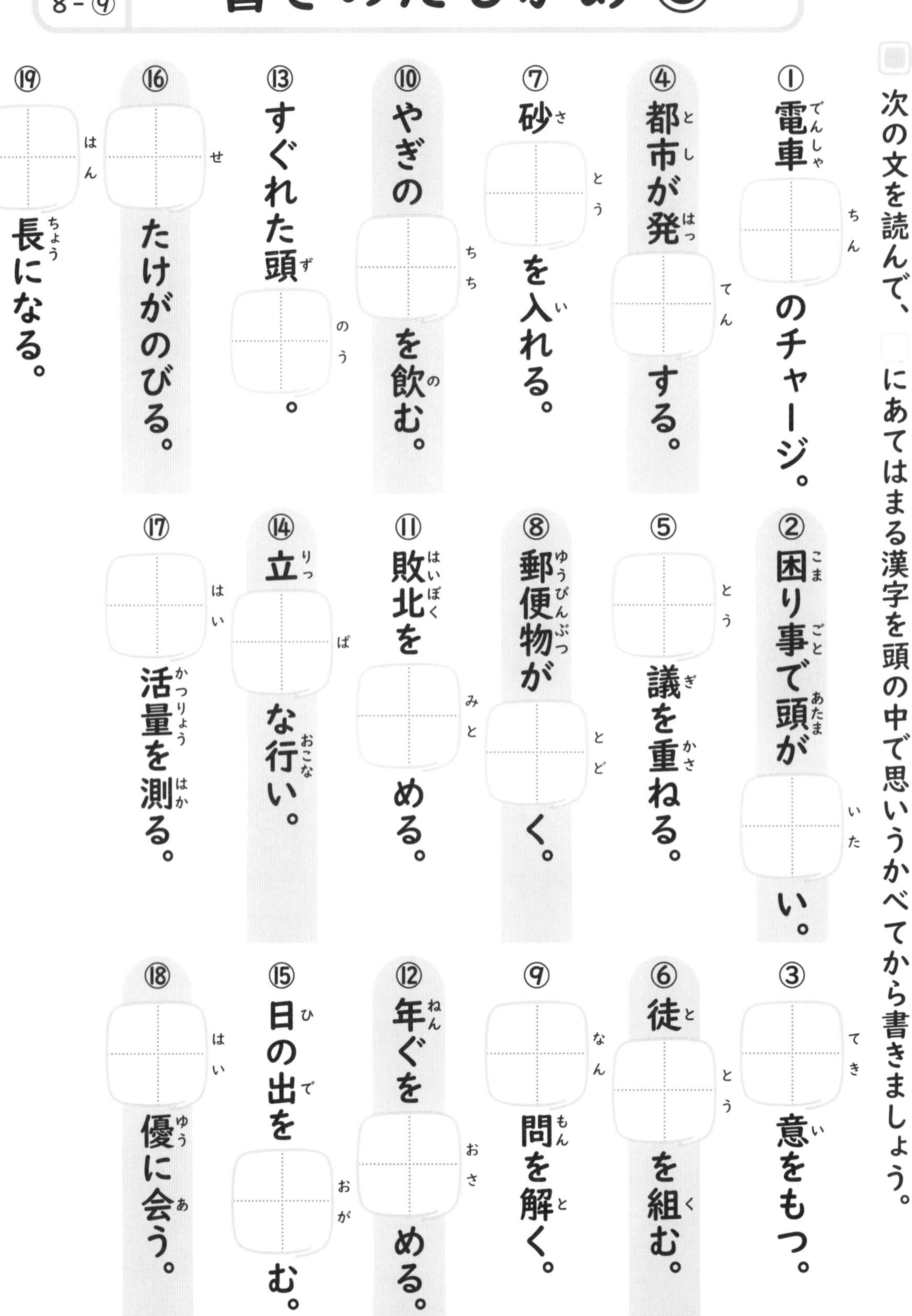

① 電車(でんしゃ)□(ちん)のチャージ。

② 困(こま)り事(ごと)で頭(あたま)が□(いた)い。

③ □(てき)意(い)をもつ。

④ 都市(とし)が発(はっ)□(てん)する。

⑤ □(とう)議(ぎ)を重(かさ)ねる。

⑥ 徒(と)□(とう)を組(く)む。

⑦ 砂(さ)□(とう)を入(い)れる。

⑧ 郵便物(ゆうびんぶつ)が□(とど)く。

⑨ □(なん)問(もん)を解(と)く。

⑩ やぎの□(ちち)を飲(の)む。

⑪ 敗北(はいぼく)を□(みと)める。

⑫ 年(ねん)ぐを□(おさ)める。

⑬ すぐれた頭(ず)□(のう)。

⑭ 立(りっ)□(ぱ)な行(おこな)い。

⑮ 日(ひ)の出(で)を□(おが)む。

⑯ □(せ)たけがのびる。

⑰ □(はい)活量(かつりょう)を測(はか)る。

⑱ □(はい)優(ゆう)に会(あ)う。

⑲ □(はん)長(ちょう)になる。

漢字 8-⑩

漢字めいろ ③

■正しい漢字の道を通って、スタートからゴールまで進みます。正しい漢字のみをなぞりましょう。（さらに、まちがい漢字を正しく書けたら花丸です）

	痛 つう	派 は	スタート
賃 ちん	肺 はい	俳 はい	難 なん
	乳 にゅう		背 はい
認 （にん）	党 とう	納 のう	敵 てき
展 てん	届 とどけ	班 はん	拝 はい
ゴール	脳 のう	討 とう	糖 とう

漢字 9-① 晩・否・批・秘

□手本の漢字を指でなぞります。□には漢字を頭の中で思いうかべてから書きましょう。

音 バン
訓 —

今晩(こんばん)

晩年(ばんねん)

晩ご飯(はん)を食(た)べる。

音 ヒ
訓 —

批難(ひなん)

批判(ひはん)

絵(え)を批評(ひひょう)する。

音 ヒ
訓 —

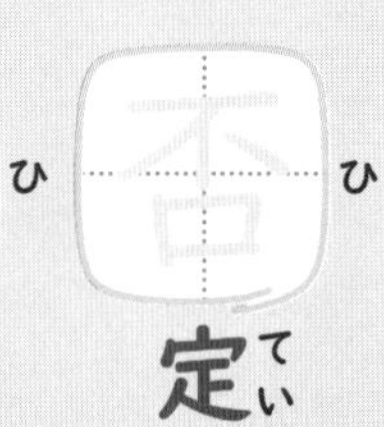

否定(ひてい)

否決(ひけつ)

合否(ごうひ)決定(けってい)の日(ひ)。

音 ヒ
訓 —

秘密(ひみつ)

神秘(しんぴ)

秘蔵(ひぞう)の写真(しゃしん)。

漢字 9-②

俵・腹・奮・並

手本の漢字を指でなぞります。□には漢字を頭の中で思いうかべてから書きましょう。

音 ヒョウ
訓 たわら

土俵(どひょう)
米俵(こめだわら)
俵(たわら)をかつぐ。

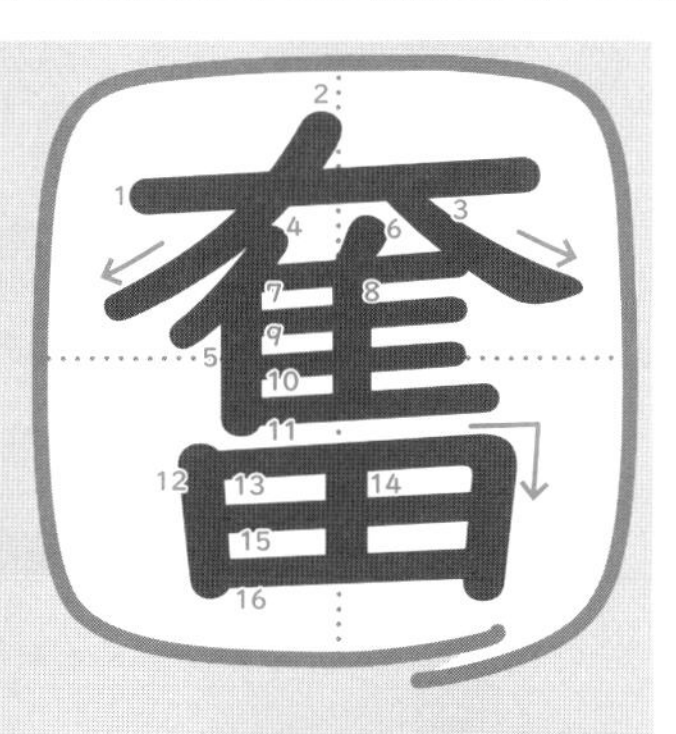

音 フン
訓 ふる-う

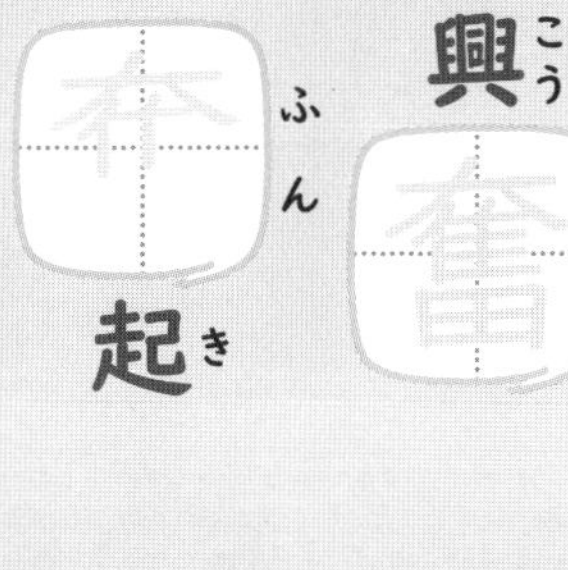

興奮(こうふん)
奮起(ふんき)
勇気(ゆうき)を奮(ふる)う。

音 フク
訓 はら

腹痛(ふくつう)
空腹(くうふく)
腹(はら)を立(た)てる姿(すがた)。

音 (ヘイ)
訓 なみ
なら-ぶ
なら-びに

並木(なみき)
歯並(はなら)び
一列(いちれつ)に並(なら)ぶ。

漢字 9-③

陛・閉・片・補

手本の漢字を指でなぞります。□には漢字を頭の中で思いうかべてから書きましょう。

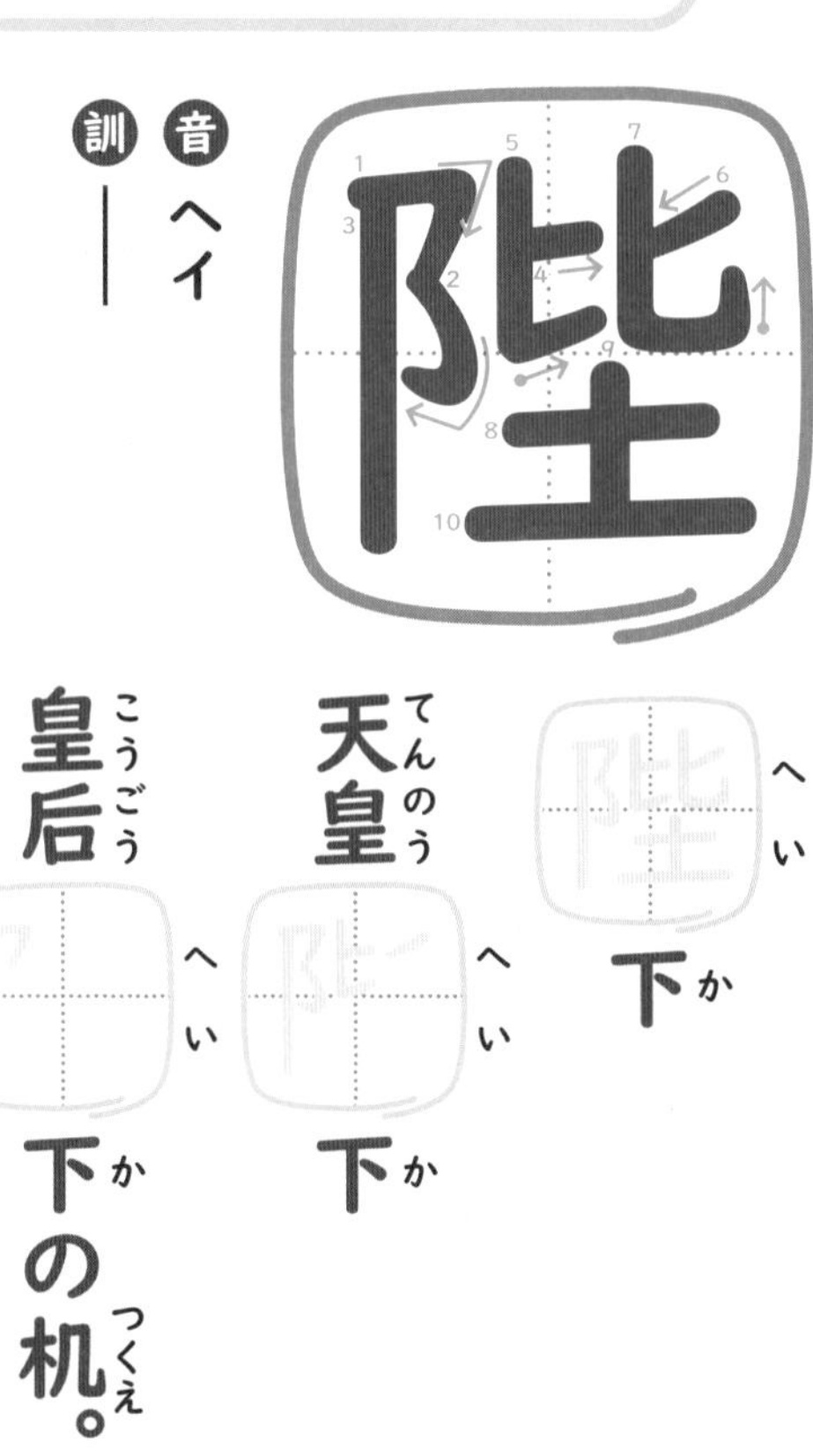

音 ヘイ
訓 ―

□(へい)下(か)
天皇(てんのう)□(へい)下(か)
皇后(こうごう)□(へい)下(か)の机(つくえ)。

音 ヘイ
訓 と-じる　し-める

□(へい)店(てん)
□(し)める
目(め)を□(と)じる。

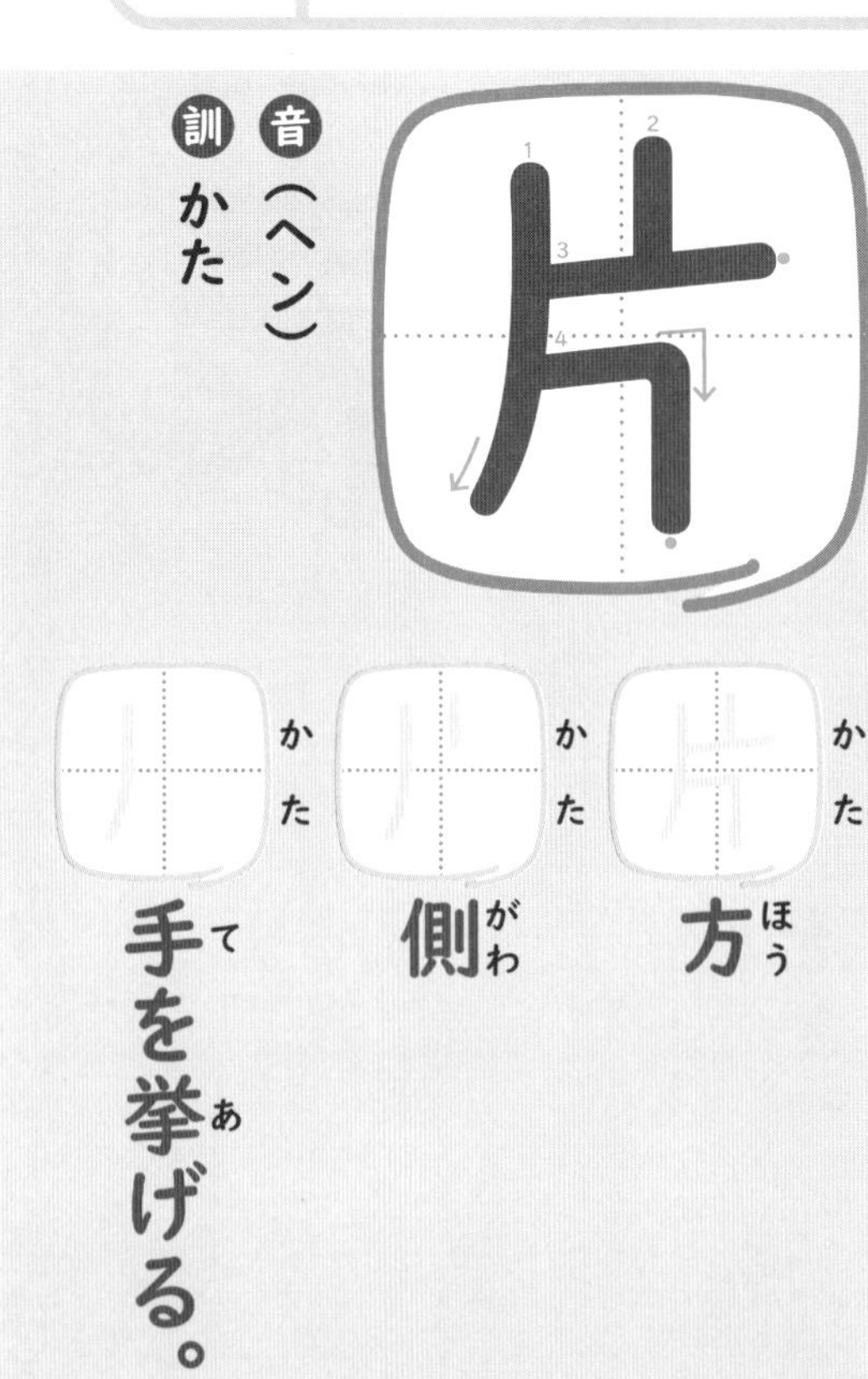

音 （ヘン）
訓 かた

□(かた)方(ほう)
□(かた)側(がわ)
□(かた)手(て)を挙(あ)げる。

音 ホ
訓 おぎな-う

□(ほ)欠(けつ)
立候(りっこう)□(ほ)

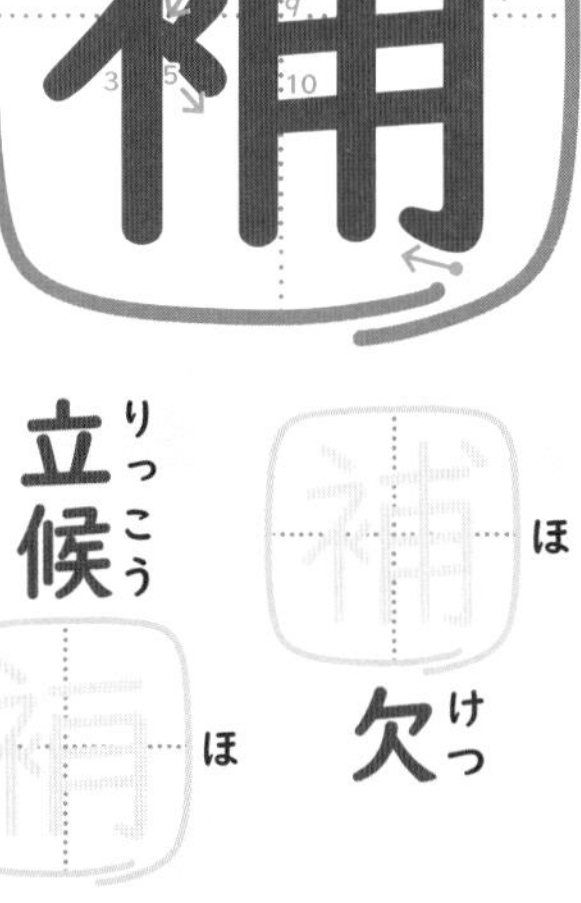

欠点(けってん)を□(おぎな)う。

漢字 9-④

暮・宝・訪・亡

手本の漢字を指でなぞります。□には漢字を頭の中で思いうかべてから書きましょう。

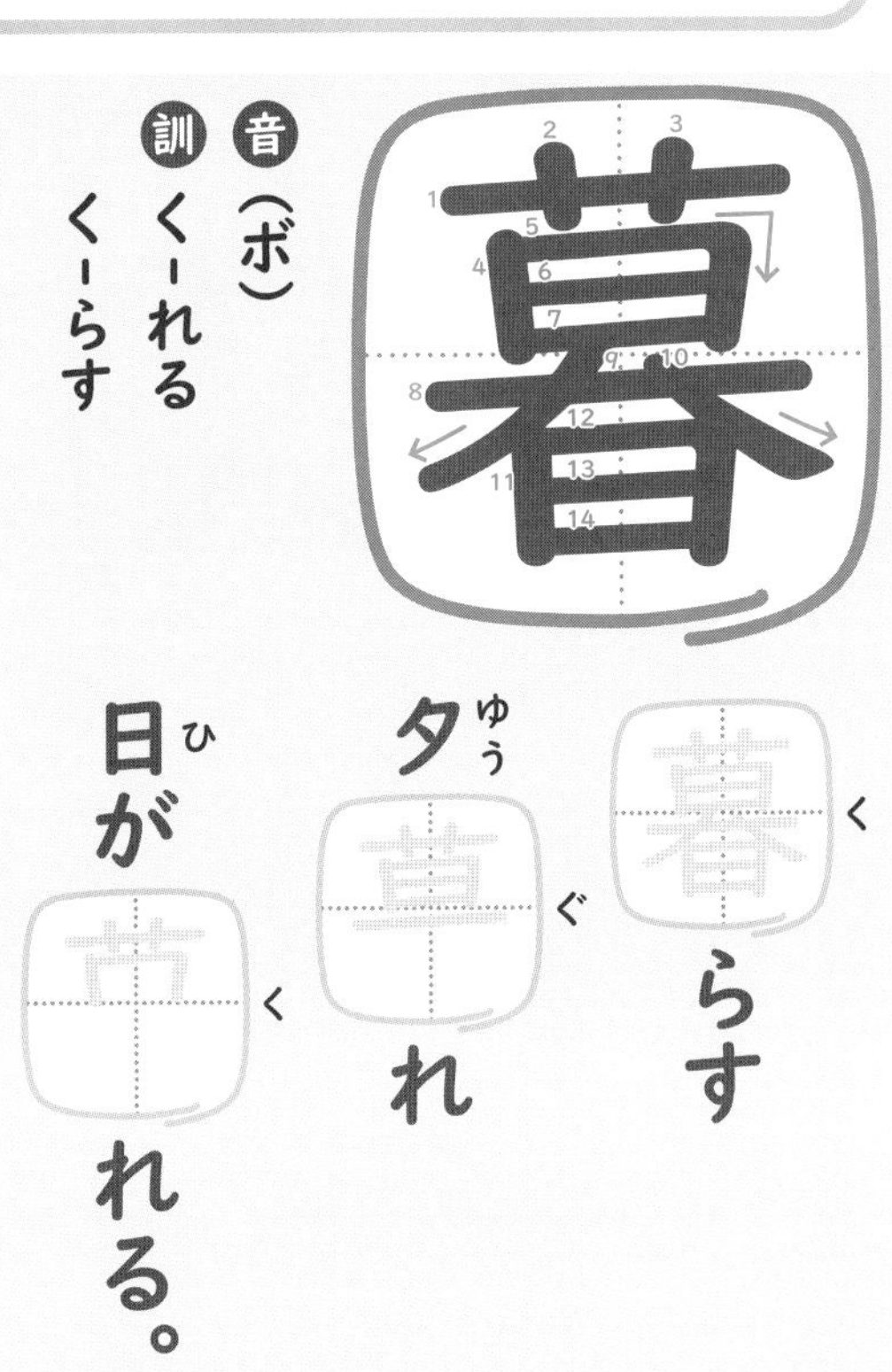

音 （ボ）
訓 く-れる　く-らす

□（く）らす
夕（ゆう）□（ぐ）れ
日（ひ）が□（く）れる。

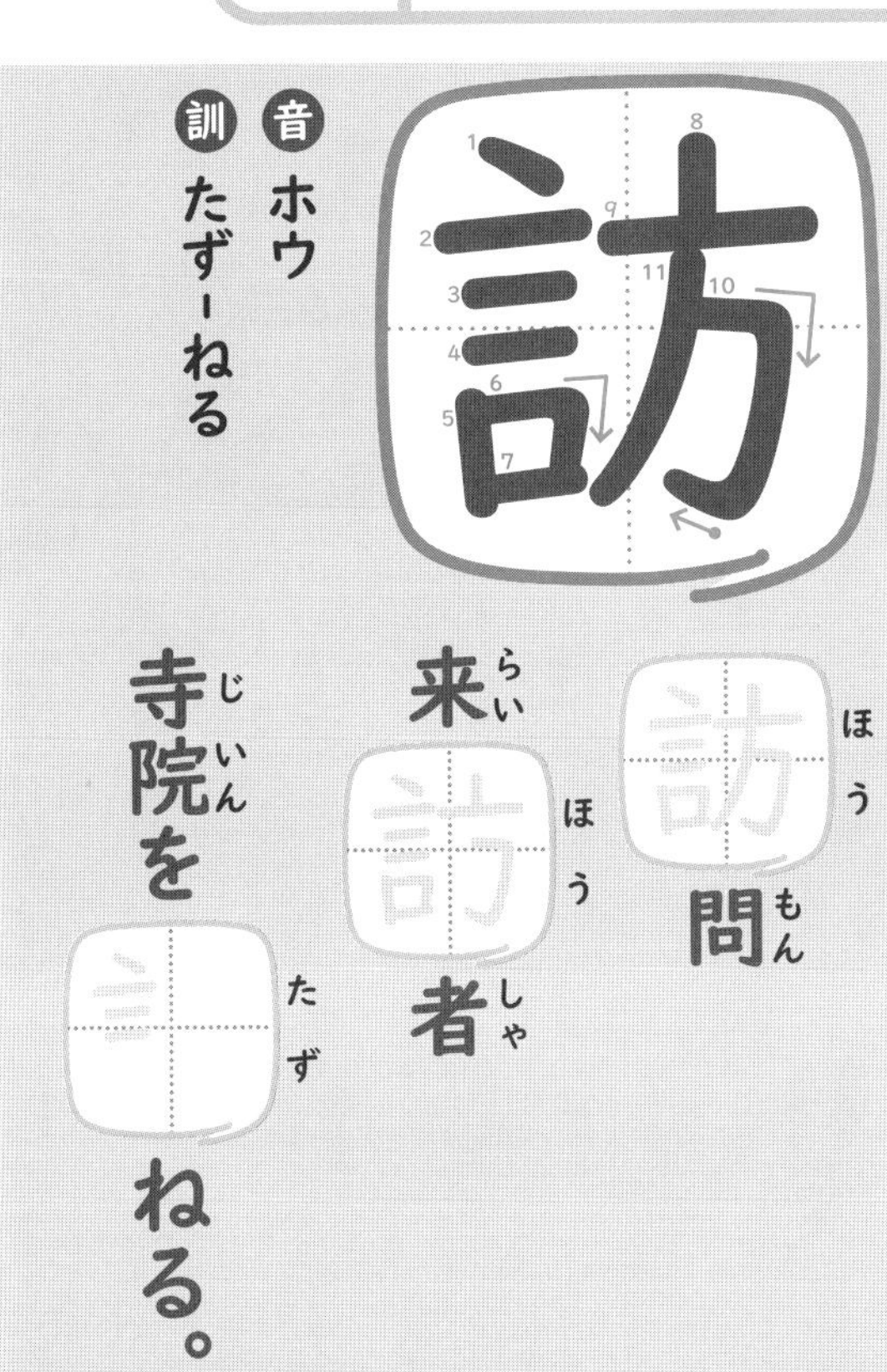

音 ホウ
訓 たず-ねる

□（ほう）問（もん）
来（らい）□（ほう）者（しゃ）
寺院（じいん）を□（たず）ねる。

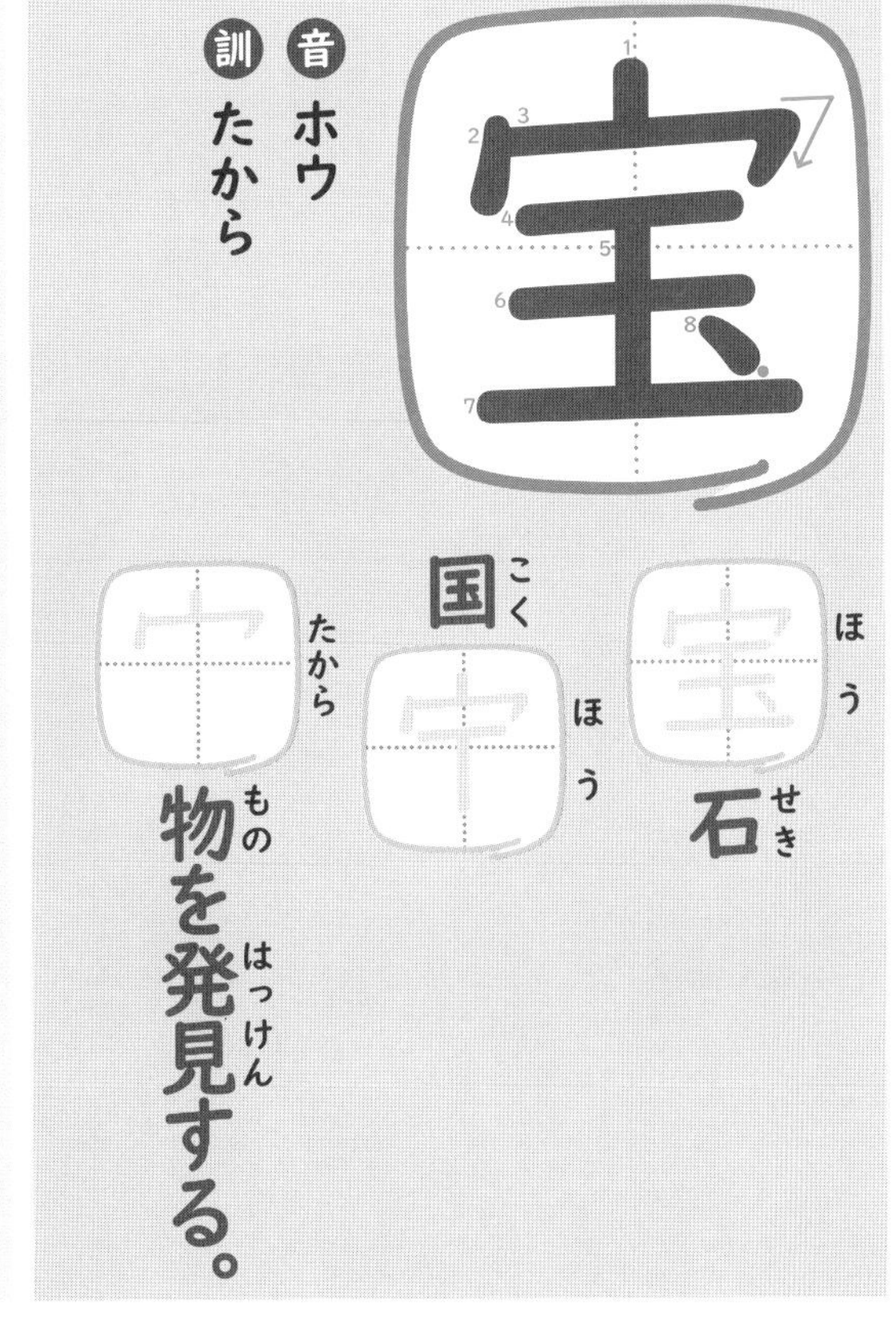

音 ホウ
訓 たから

□（ほう）石（せき）
国（こく）□（ほう）
□（たから）物（もの）を発見（はっけん）する。

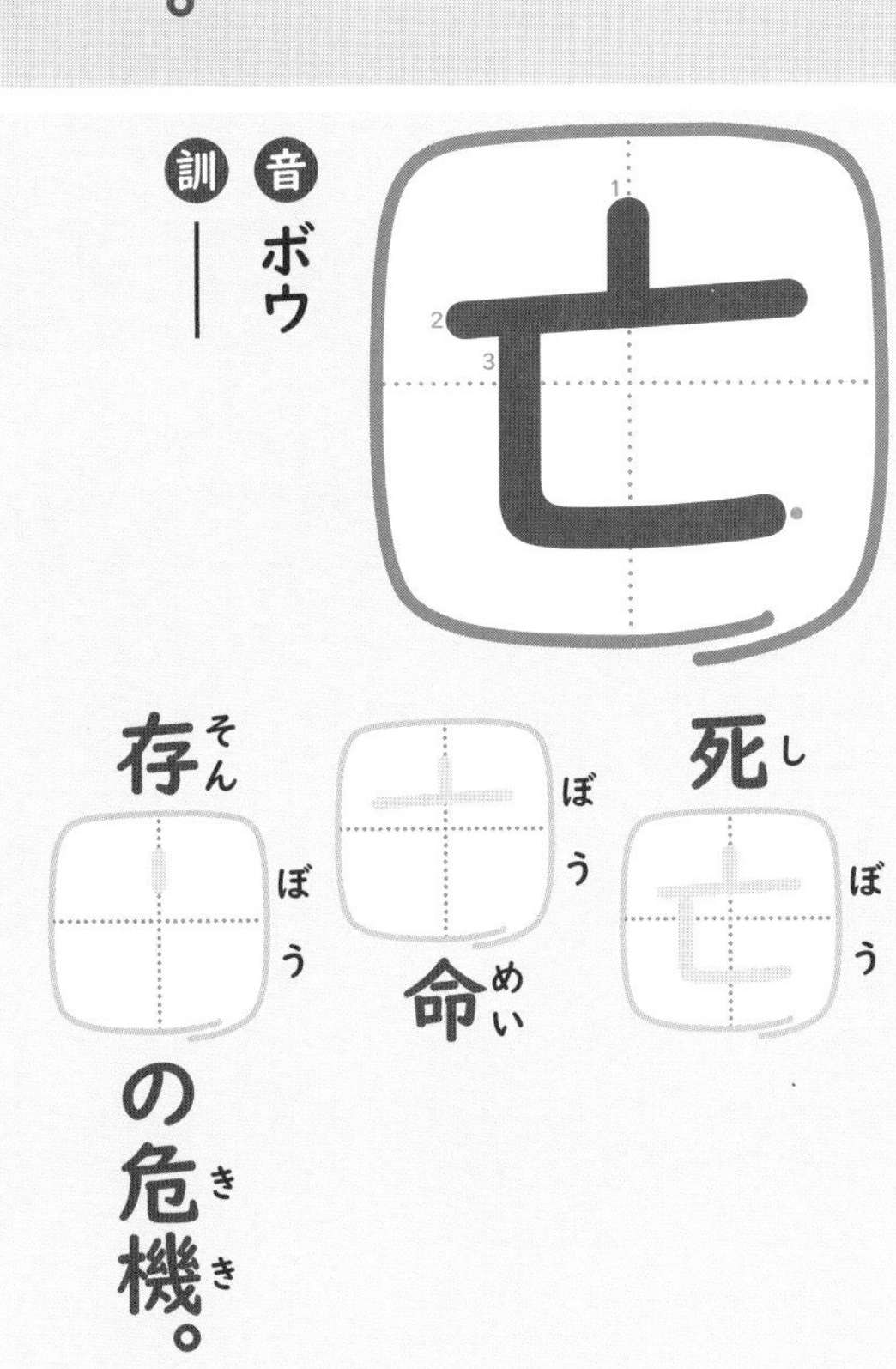

音 ボウ
訓 ―

死（し）□（ぼう）
□（ぼう）命（めい）
存（そん）□（ぼう）の危機（きき）。

漢字 9-⑤

忘・棒・枚

□手本の漢字を指でなぞります。□には漢字を頭の中で思いうかべてから書きましょう。

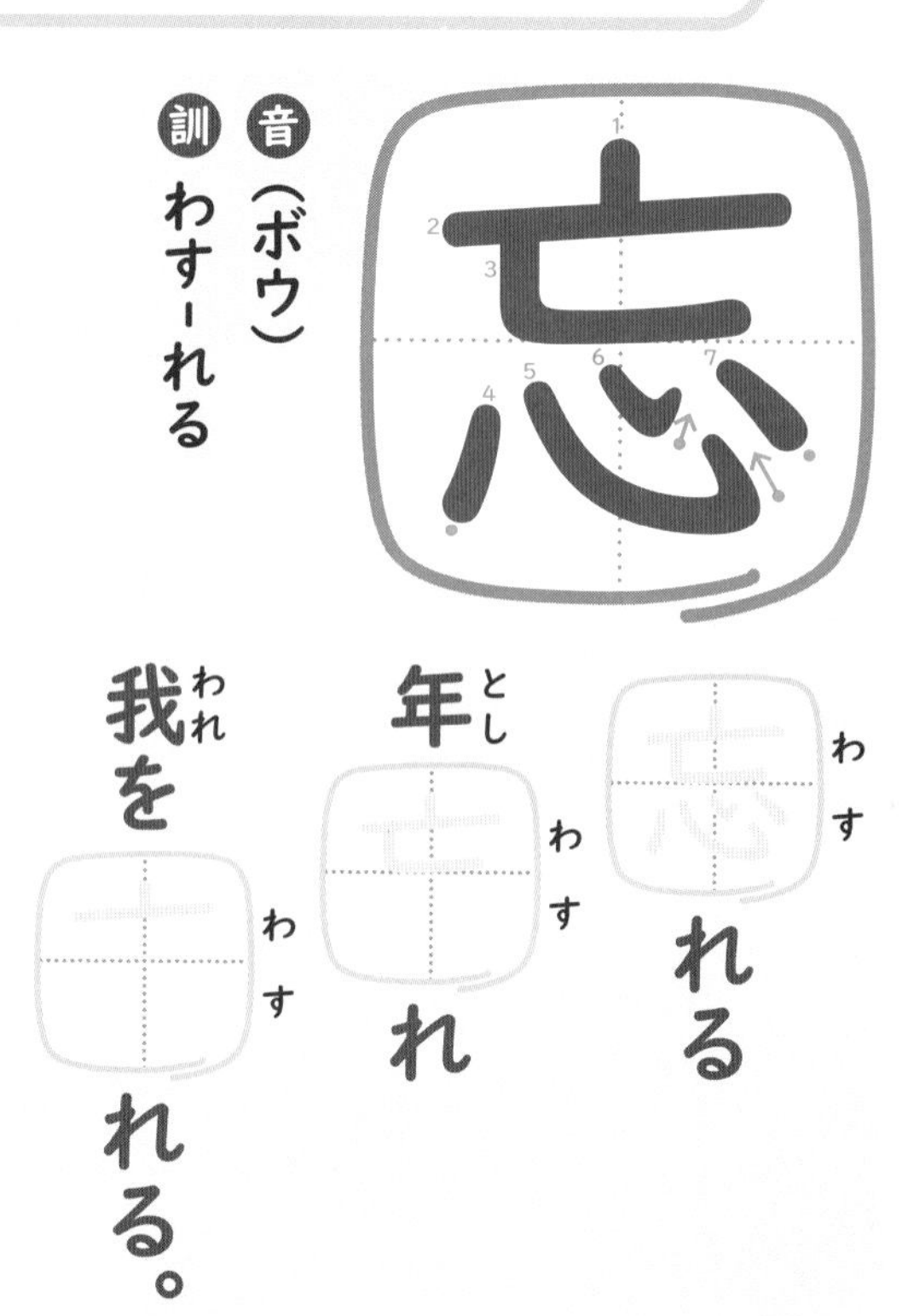

音 （ボウ）
訓 わす-れる

□(わす)れる
年(とし)□(わす)れ
我(われ)を□(わす)れる。

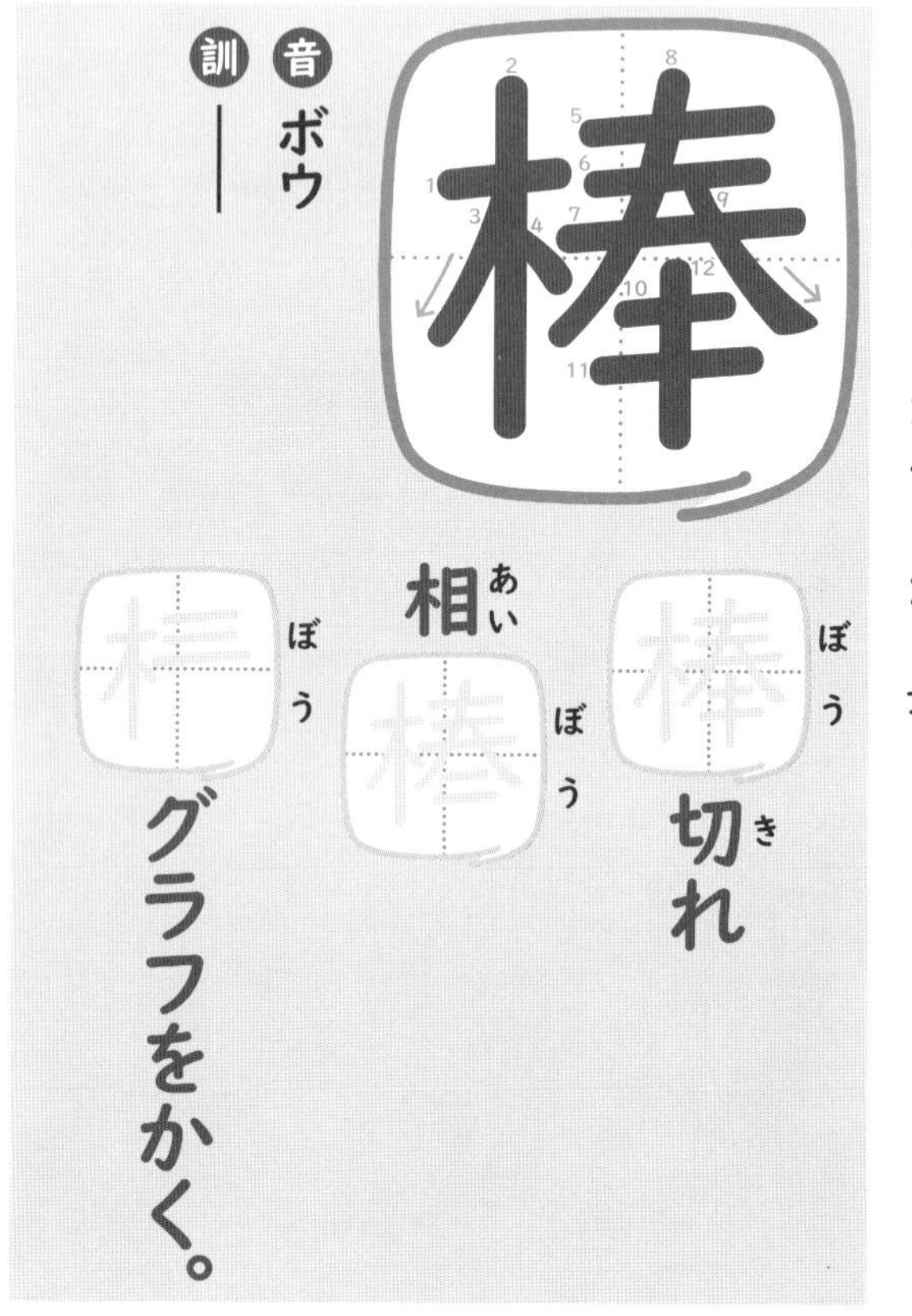

音 ボウ
訓 ―

□(ぼう)切(き)れ
相(あい)□(ぼう)
□(ぼう)グラフをかく。

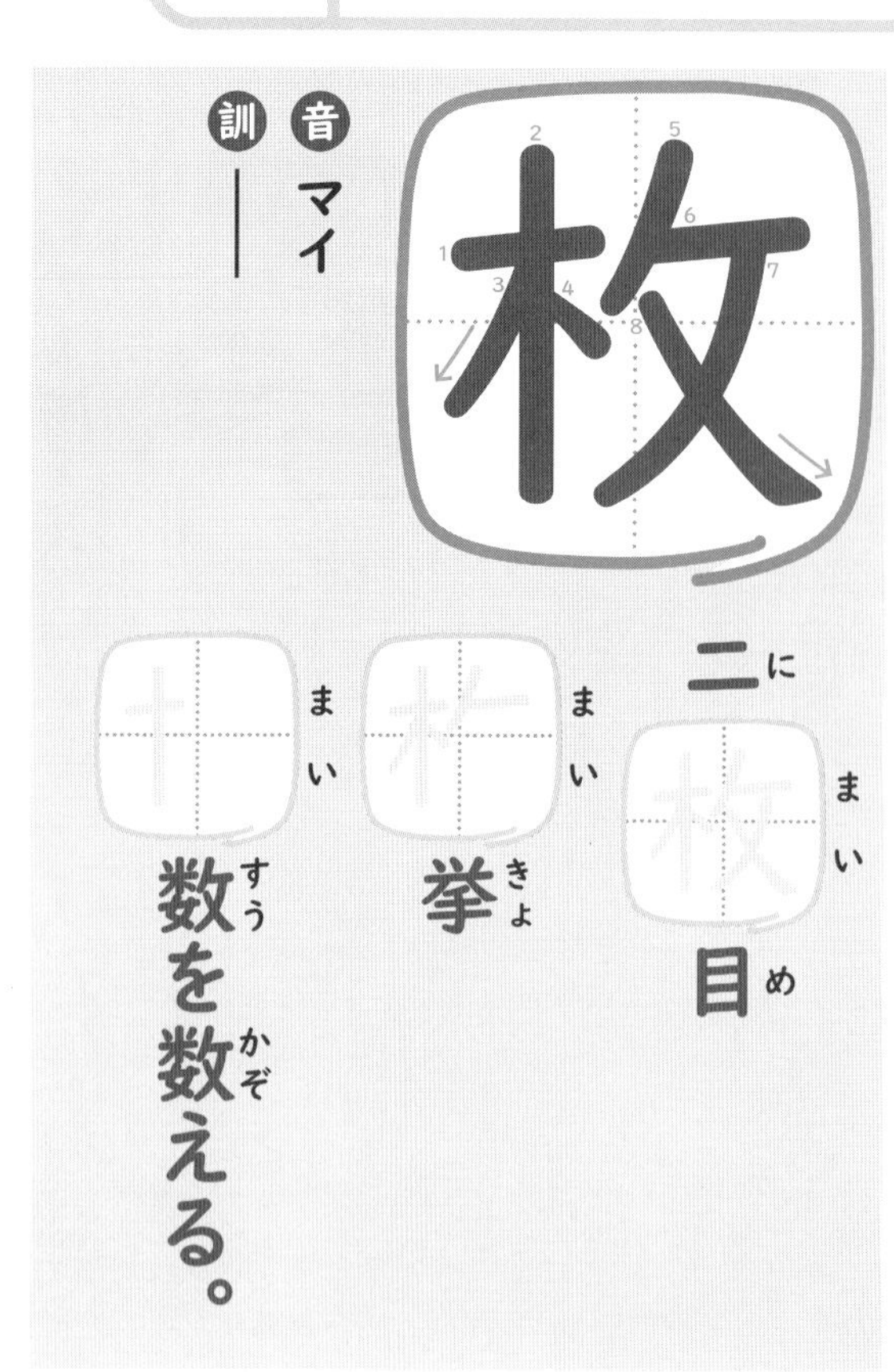

音 マイ
訓 ―

二(に)□(まい)目(め)
□(まい)挙(きょ)
□(まい)数(すう)を数(かぞ)える。

ゴール　スタート

漢字 9-⑥

読みのたしかめ

□ 次の文を読んで、——を引いた漢字の読みを（　）に書きましょう。

① 毎(まい)<u>晩</u>本(ほん)を読(よ)む。（　　）

② 賛(さん)<u>否</u>両論(りょうろん)がある。（　　）

③ 小説(しょうせつ)を<u>批</u>評(ひょう)する。（　　）

④ <u>秘</u>密(みつ)を守(まも)る。（　　）

⑤ <u>俵</u>に入(はい)った米(こめ)。（　　）

⑥ <u>腹</u>を割(わ)って話(はな)す。（　　）

⑦ 熱弁(ねつべん)を<u>奮</u>う。（　　）

⑧ 行列(ぎょうれつ)の中(なか)に<u>並</u>ぶ。（　　）

⑨ 天皇(てんのう)<u>陛</u>下(か)のお話(はなし)。（　　）

⑩ 本(ほん)を<u>閉</u>じる。（　　）

⑪ <u>片</u>足(あし)で立(た)つ。（　　）

⑫ たがいに<u>補</u>い合(あ)う。（　　）

⑬ 悲(かな)しみに<u>暮</u>れる。（　　）

⑭ <u>宝</u>の持(も)ちぐされだ。（　　）

⑮ 母校(ぼこう)を<u>訪</u>ねる。（　　）

⑯ 他国(たこく)に<u>亡</u>命(めい)する。（　　）

⑰ ルールを<u>忘</u>れる。（　　）

⑱ 足(あし)が<u>棒</u>になる。（　　）

⑲ 皿(さら)が三(さん)<u>枚</u>ある。（　　）

漢字 9-⑦

書きのたしかめ ①

□ 次の文を読んで、□にあてはまる漢字を頭の中で思いうかべてからなぞりましょう。

① 毎(まい)晩(ばん)本(ほん)を読(よ)む。

② 賛(さん)否(ぴ)両論(りょうろん)がある。

③ 小説(しょうせつ)を批(ひ)評(ひょう)する。

④ 秘(ひ)密(みつ)を守(まも)る。

⑤ 俵(たわら)に入(はい)った米(こめ)。

⑥ 腹(はら)を割(わ)って話(はな)す。

⑦ 熱弁(ねつべん)を奮(ふる)う。

⑧ 行列(ぎょうれつ)の中(なか)に並(なら)ぶ。

⑨ 天皇(てんのう)陛(へい)下(か)のお話(はなし)。

⑩ 本(ほん)を閉(と)じる。

⑪ 片(かた)足(あし)で立(た)つ。

⑫ たがいに補(おぎな)い合(あ)う。

⑬ 悲(かな)しみに暮(く)れる。

⑭ 宝(たから)の持(も)ちぐされだ。

⑮ 母校(ぼこう)を訪(たず)ねる。

⑯ 他国(たこく)に亡(ぼう)命(めい)する。

⑰ ルールを忘(わす)れる。

⑱ 足(あし)が棒(ぼう)になる。

⑲ 皿(さら)が三(さん)枚(まい)ある。

ゴール　スタート

漢字 9-⑧

書きのたしかめ ②

□ 次の文を読んで、□にあてはまる漢字を頭の中で思いうかべてから書きましょう。

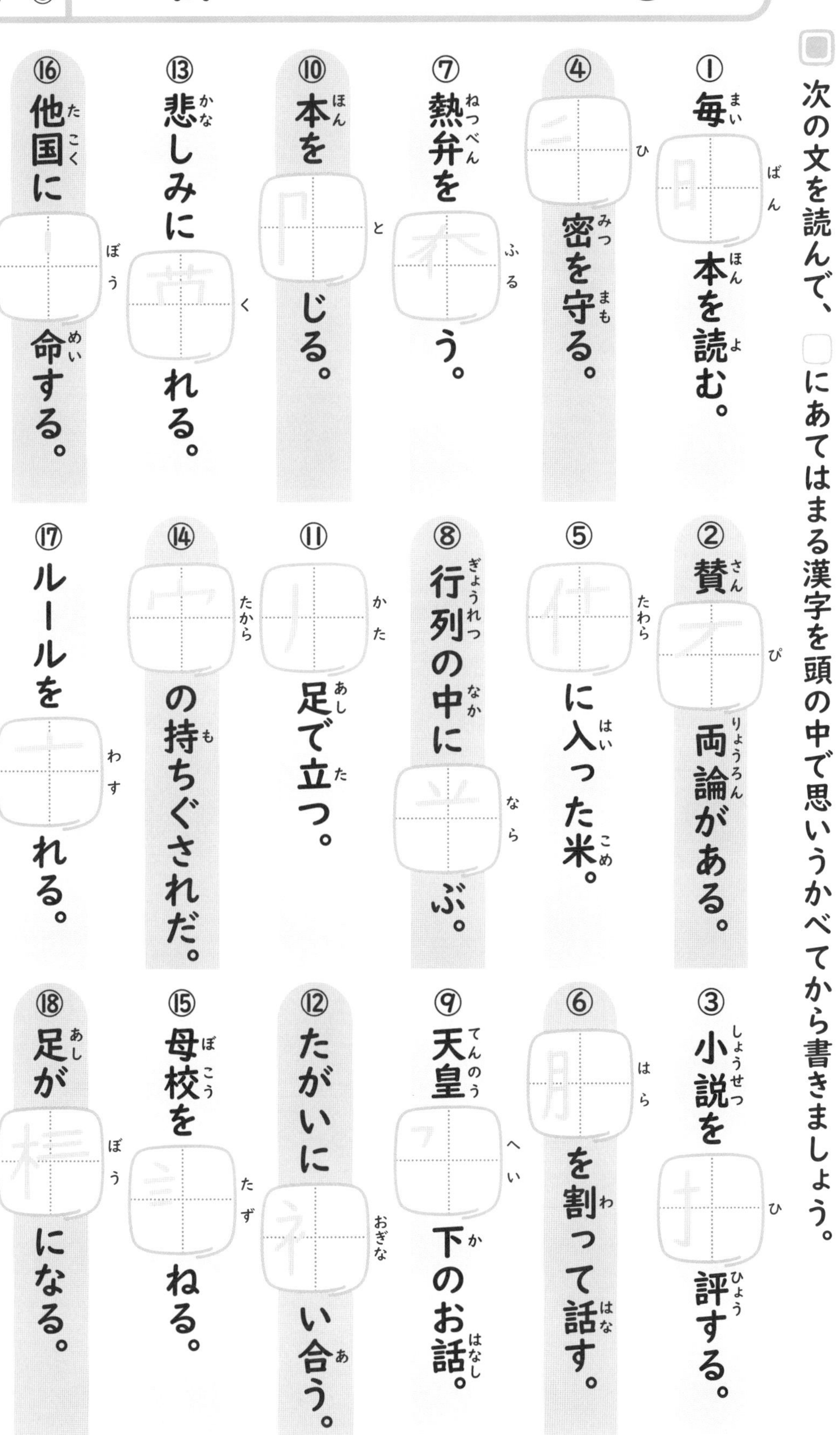

① 毎（ばん）本を読む。

② 賛（ぴ）両論がある。

③ 小説を（ひ）評する。

④ （ひ）密を守る。

⑤ （たわら）に入った米。

⑥ （はら）を割って話す。

⑦ 熱弁を（ふる）う。

⑧ 行列の中に（なら）ぶ。

⑨ 天皇（へい）下のお話。

⑩ 本を（と）じる。

⑪ （かた）足で立つ。

⑫ たがいに（おぎな）い合う。

⑬ 悲しみに（く）れる。

⑭ （たから）の持ちぐされだ。

⑮ 母校を（たず）ねる。

⑯ 他国に（ぼう）命する。

⑰ ルールを（わす）れる。

⑱ 足が（ぼう）になる。

⑲ 皿が三（まい）ある。

漢字 9-⑨

書きのたしかめ ③

□ 次の文を読んで、□にあてはまる漢字を頭の中で思いうかべてから書きましょう。

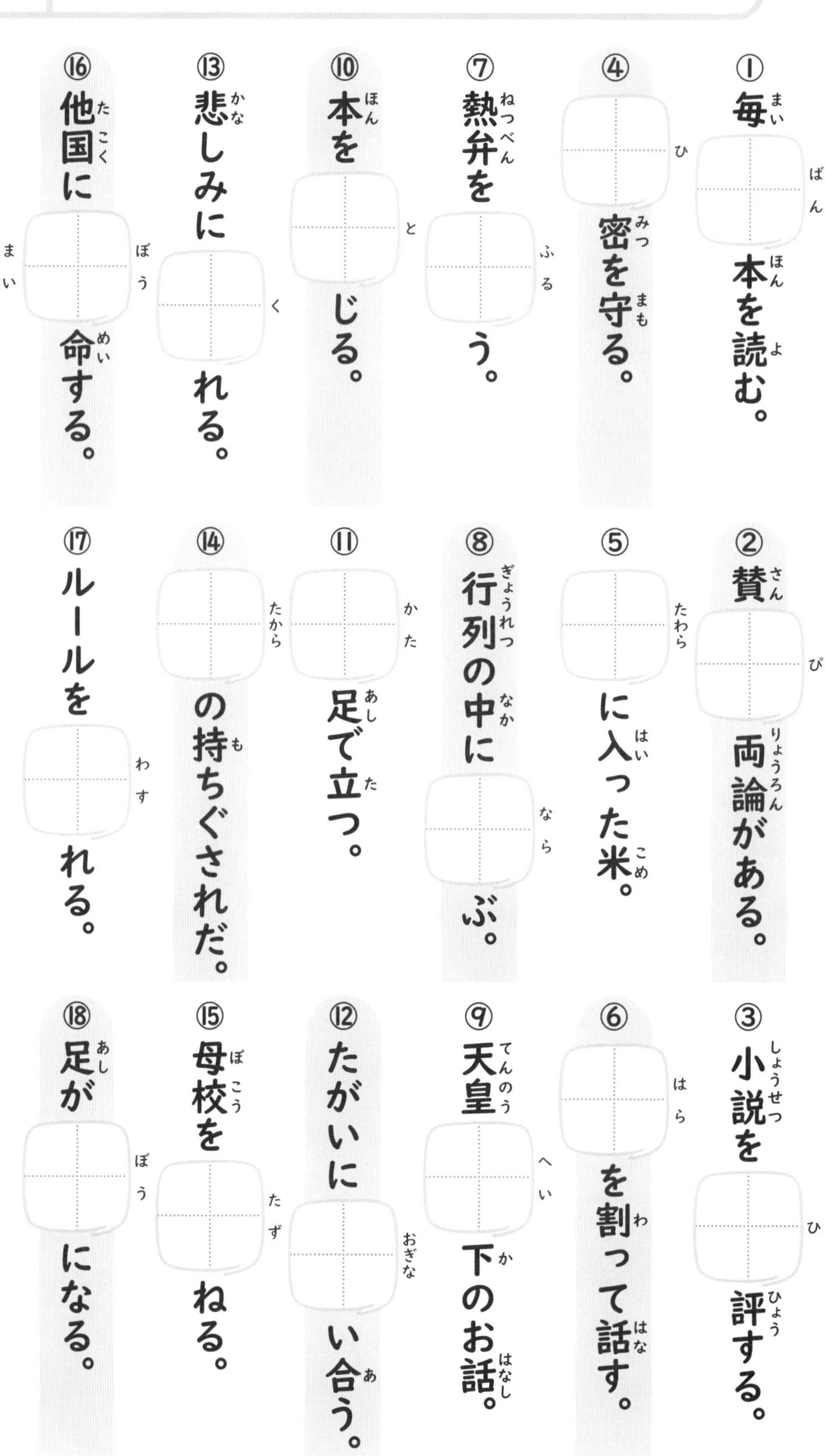

① 毎(まい)□(ばん)本(ほん)を読(よ)む。

② 賛(さん)□(ぴ)両論(りょうろん)がある。

③ 小説(しょうせつ)を□(ひ)評(ひょう)する。

④ □(ひ)密(みつ)を守(まも)る。

⑤ □(たわら)に入(はい)った米(こめ)。

⑥ □(はら)を割(わ)って話(はな)す。

⑦ 熱弁(ねつべん)を□(ふる)う。

⑧ 行列(ぎょうれつ)の中(なか)に□(なら)ぶ。

⑨ 天皇(てんのう)□(へい)下(か)のお話(はなし)。

⑩ 本(ほん)を□(と)じる。

⑪ □(かた)足(あし)で立(た)つ。

⑫ たがいに□(おぎな)い合(あ)う。

⑬ 悲(かな)しみに□(く)れる。

⑭ □(たから)の持(も)ちぐされだ。

⑮ 母校(ぼこう)を□(たず)ねる。

⑯ 他国(たこく)に□(ぼう)命(めい)する。

⑰ ルールを□(わす)れる。

⑱ 足(あし)が□(ぼう)になる。

⑲ 皿(さら)が三(さん)□(まい)ある。

漢字 9-⑩

正しい漢字みつけ！③

次の漢字は何画か書きたされた、まちがい漢字です。正しい部分のみをなぞって、漢字を見つけましょう。

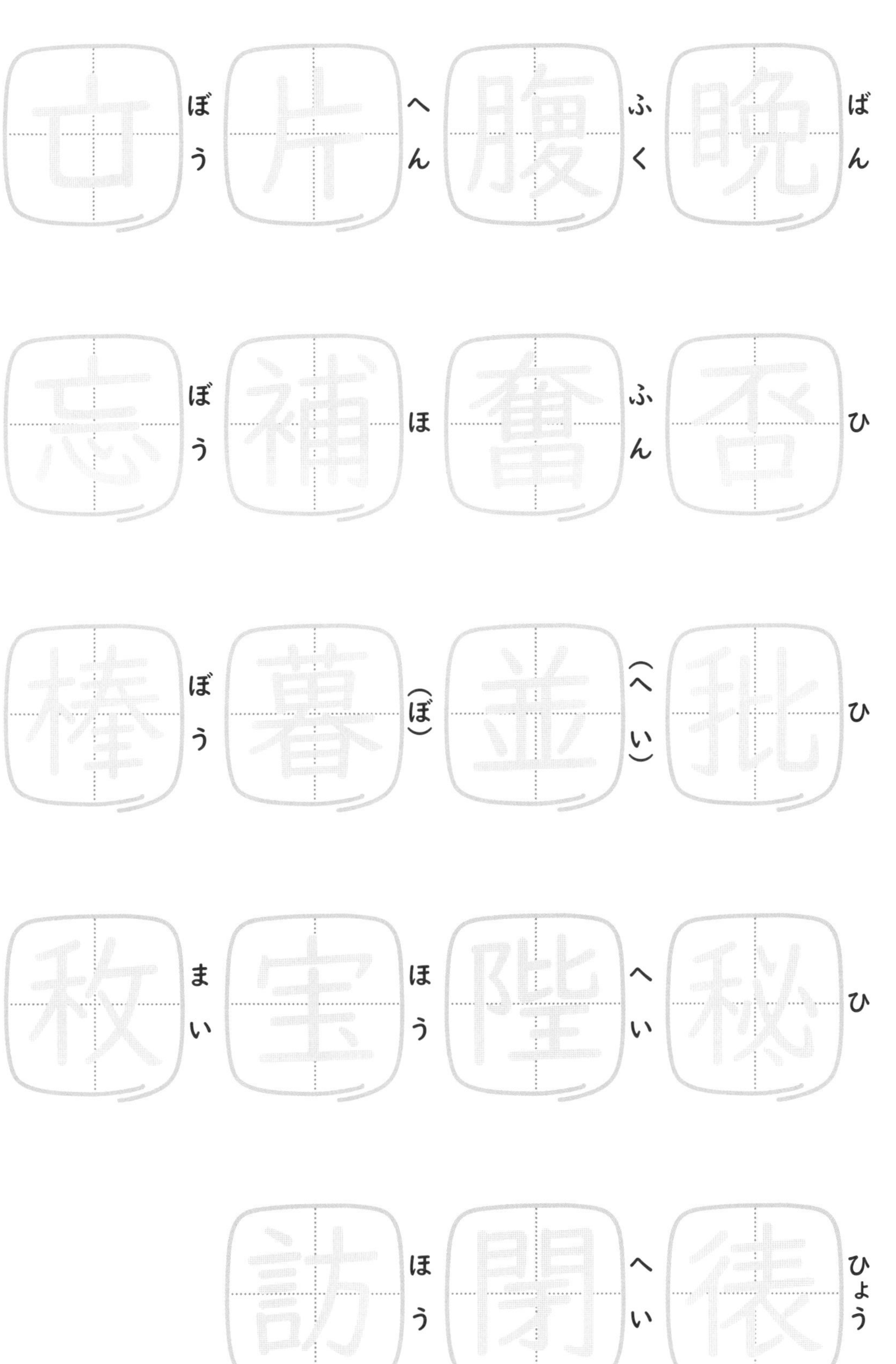

漢字 10-①

幕・密・盟・模

□手本の漢字を指でなぞります。□には漢字を頭の中で思いうかべてから書きましょう。

幕

音　マク　バク
訓　―

字(じ)幕(まく)

幕(ばく)府(ふ)

人生(じんせい)の幕(まく)があく。

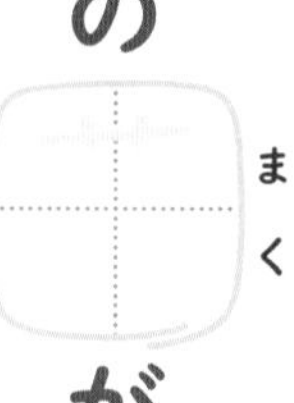

盟

音　メイ
訓　―

加(か)盟(めい)

連(れん)盟(めい)

敵(てき)と同(どう)盟(めい)を結(むす)ぶ。

密

音　ミツ
訓　―

密(みつ)度(ど)

秘(ひ)密(みつ)

親(しん)密(みつ)な関係(かんけい)。

模

音　モ　ボ
訓　―

模(も)型(けい)

模(も)様(よう)

規(き)模(ぼ)が大(おお)きい。

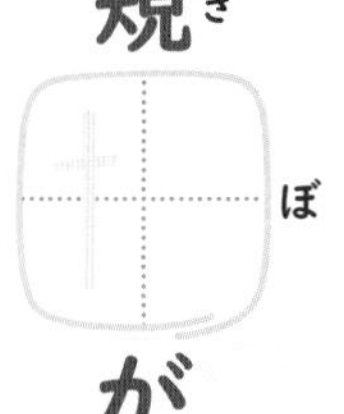

漢字 10-②

訳・郵・優・預

手本の漢字を指でなぞります。□には漢字を頭の中で思いうかべてから書きましょう。

音 ヤク
訓 わけ

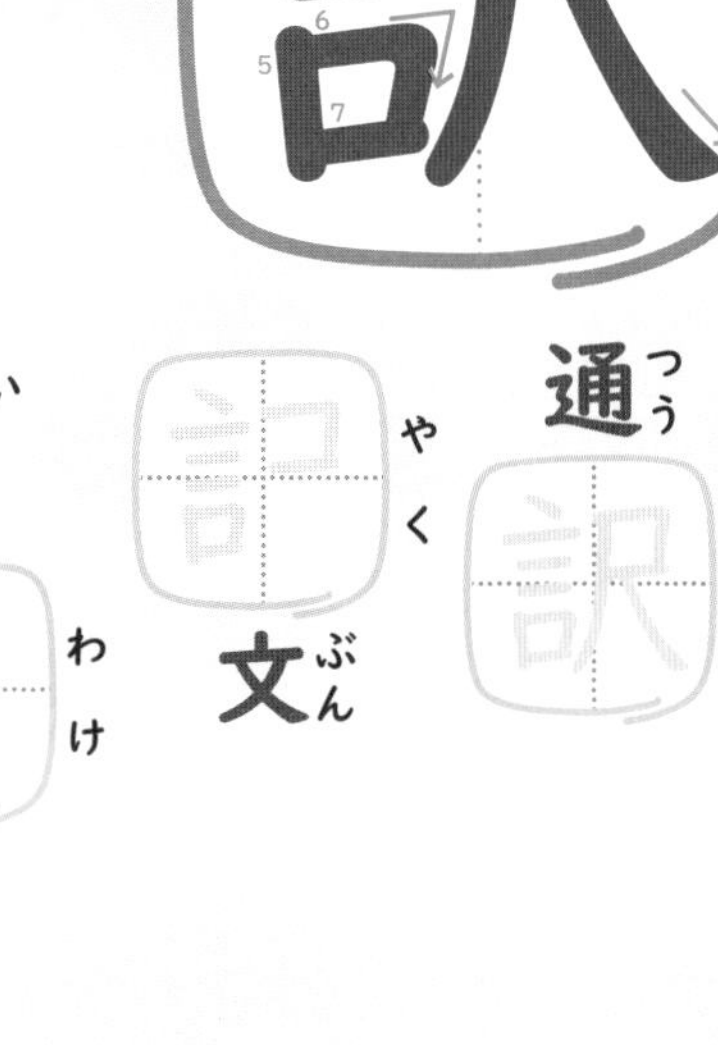

通（つう）□（やく）
□（やく）文（ぶん）

言（い）い□（わけ）をする。

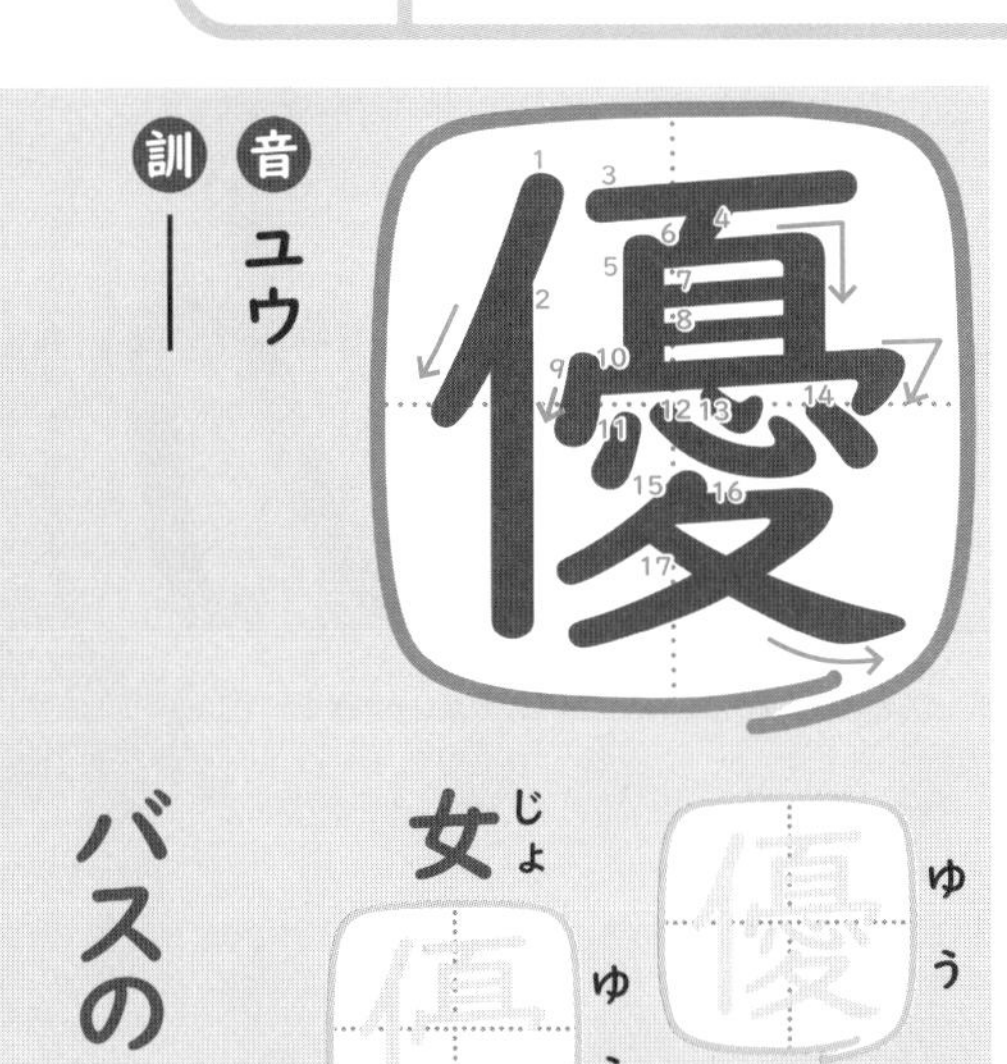

音 ユウ
訓 ―

□（ゆう）勝（しょう）
女（じょ）□（ゆう）
バスの□（ゆう）先座席（せんざせき）。

音 ユウ
訓 ―

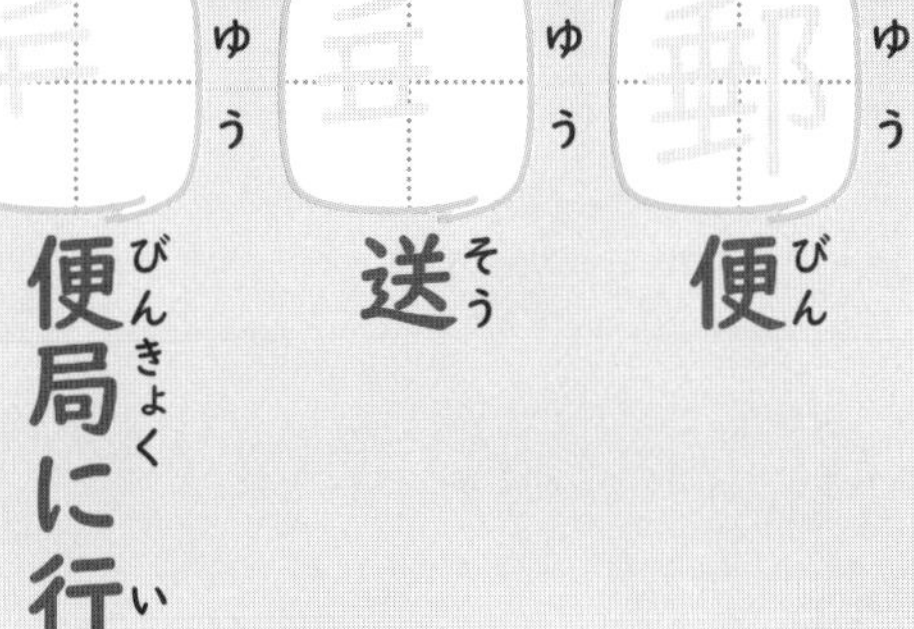

□（ゆう）便（びん）
□（ゆう）送（そう）
□（ゆう）便局（びんきょく）に行（い）く。

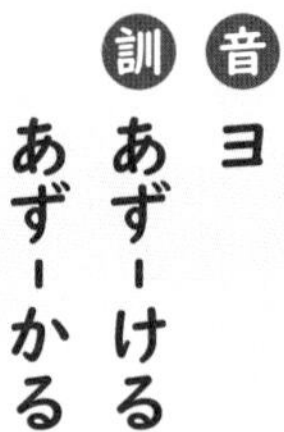

音 ヨ
訓 あず-ける
あず-かる

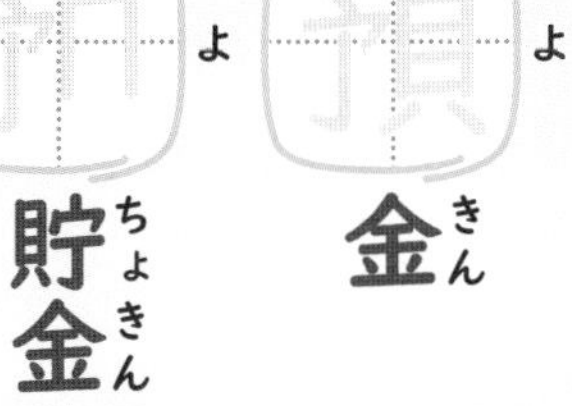

□（よ）金（きん）
□（よ）貯金（ちょきん）

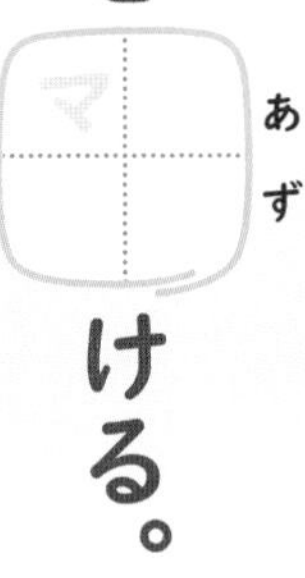

荷物（にもつ）を□（あず）ける。

漢字 10-③ 幼・欲・翌・乱

□ 手本の漢字を指でなぞります。□には漢字を頭の中で思いうかべてから書きましょう。

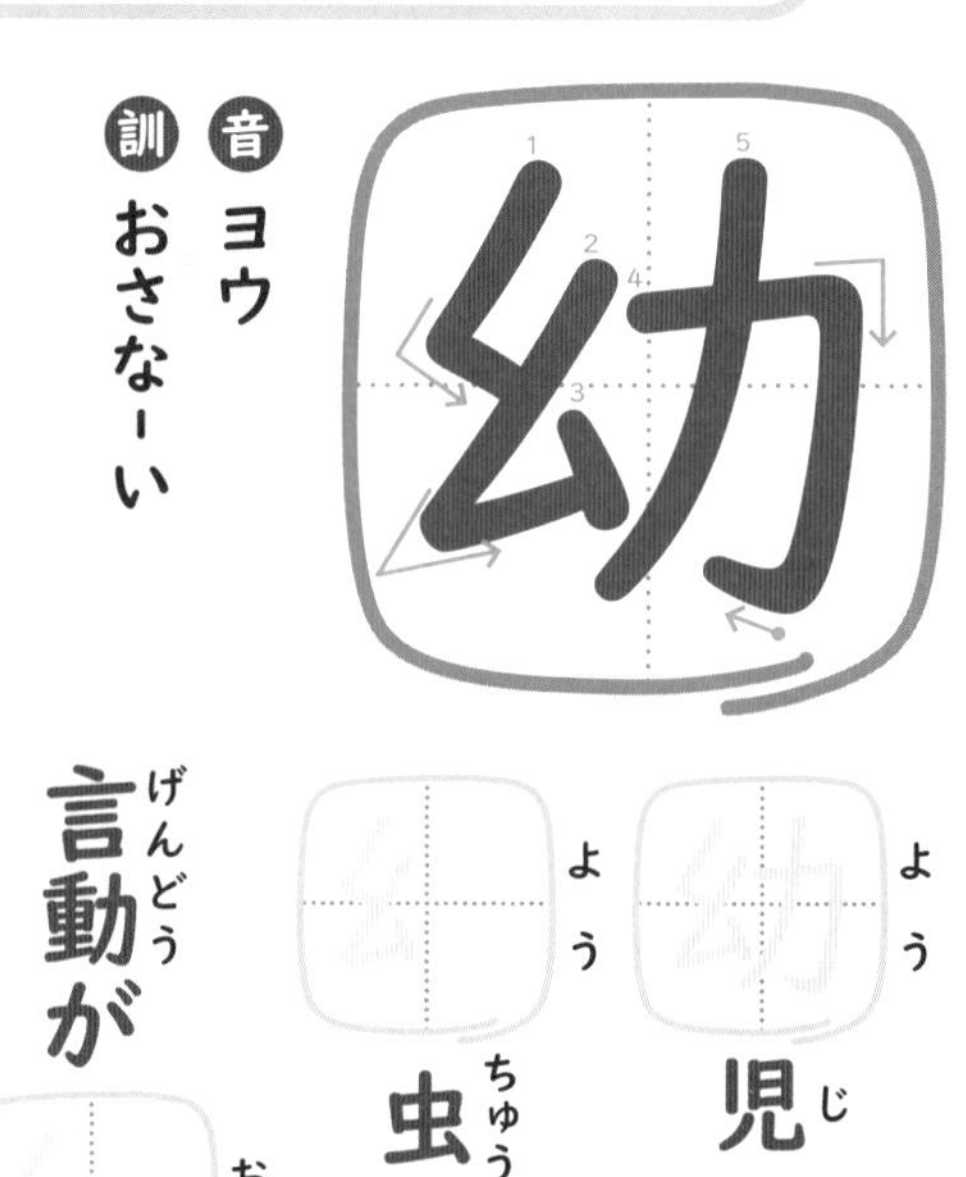

音 ヨウ
訓 おさな-い

□(よう)児(じ)
□(よう)虫(ちゅう)
言動(げんどう)が□(おさな)い。

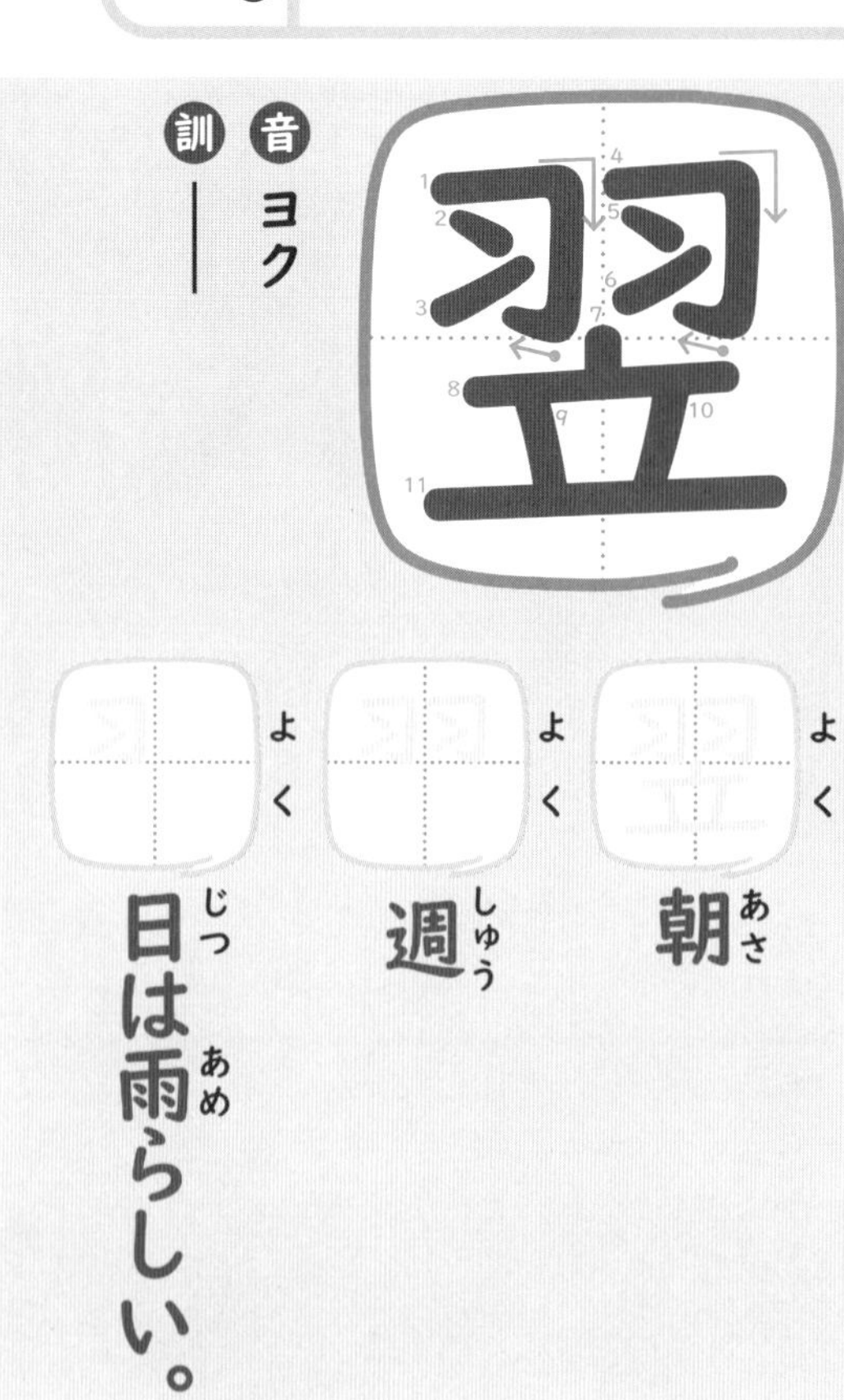

音 ヨク
訓 ―

□(よく)朝(あさ)
□(よく)週(しゅう)
□(よく)日(じつ)は雨(あめ)らしい。

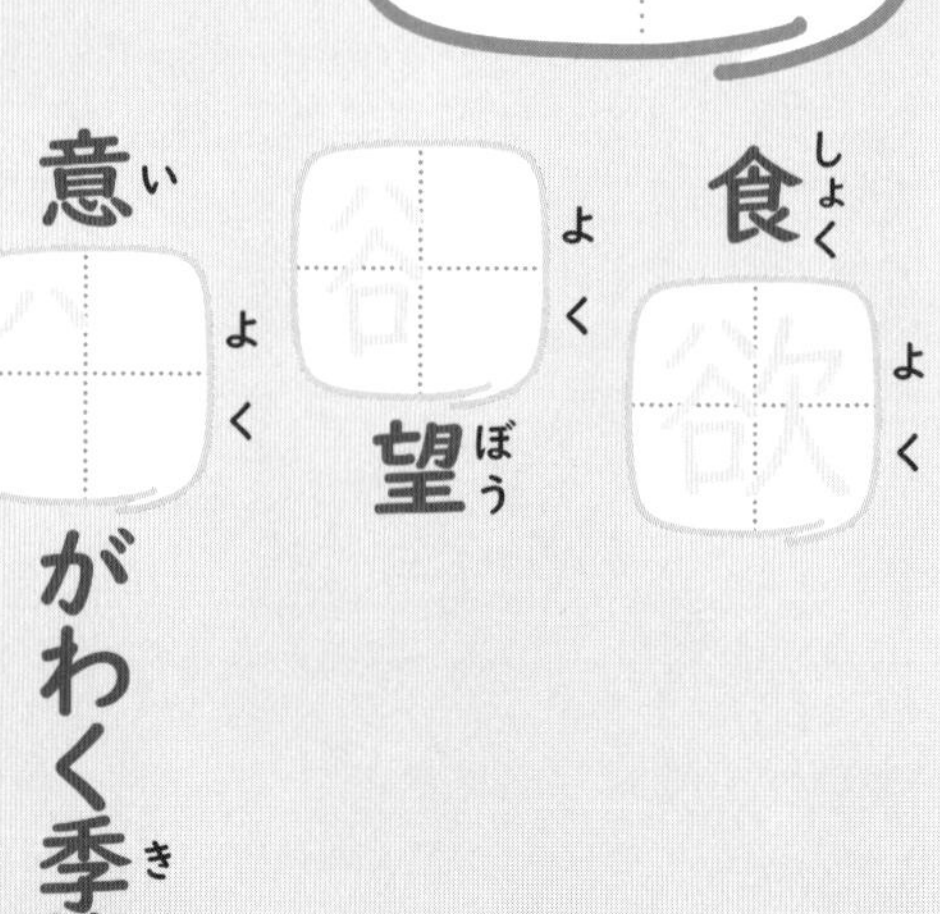

音 ヨク
訓 ―

食(しょく)□(よく)
□(よく)望(ぼう)
意(い)□(よく)がわく季節(きせつ)。

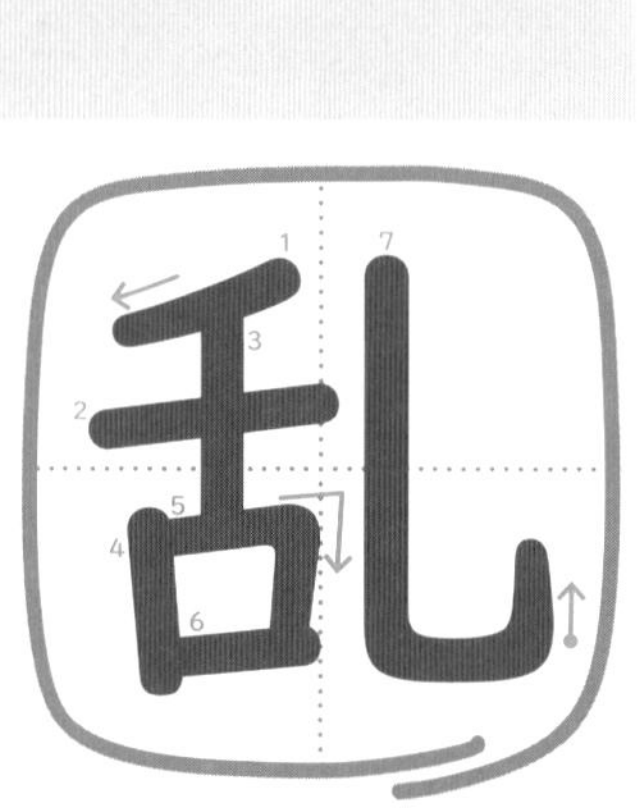

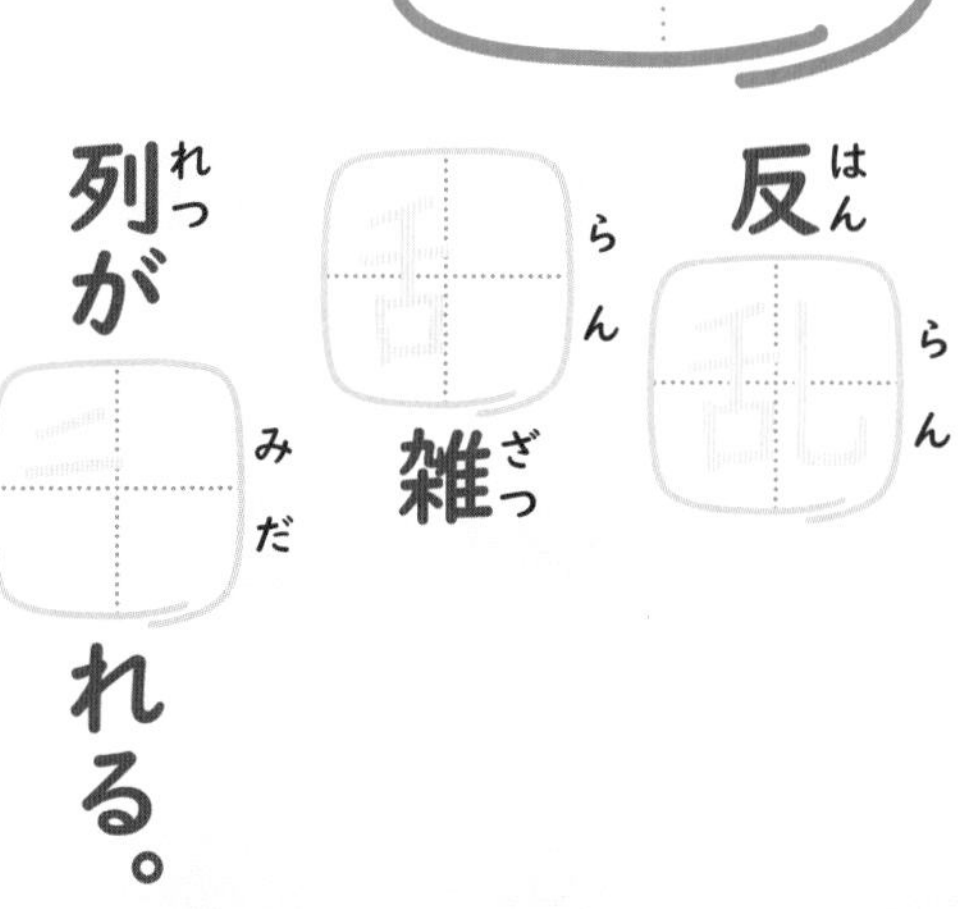

音 ラン
訓 みだ-れる
みだ-す

反(はん)□(らん)
□(らん)雑(ざつ)
列(れつ)が□(みだ)れる。

漢字 10-④ 卵・覧・裏・律

□手本の漢字を指でなぞります。□には漢字を頭の中で思いうかべてから書きましょう。

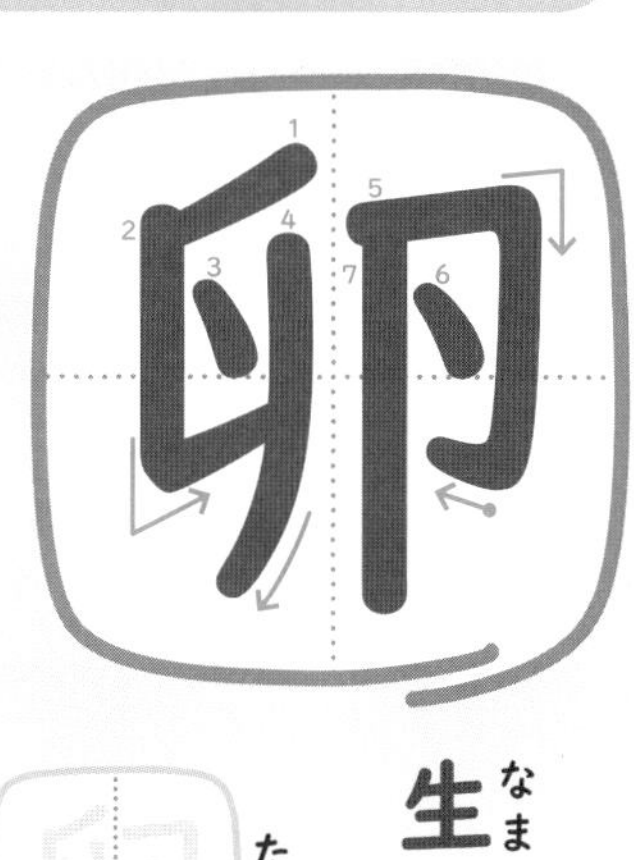

音 （ラン）
訓 たまご

生卵（なまたまご）

卵（たまご）焼（や）き

医者（いしゃ）の卵（たまご）。

覧

音 ラン
訓 ―

展覧会（てんらんかい）

回覧（かいらん）

遊覧船（ゆうらんせん）に乗（の）る。

音 （リ）
訓 うら

裏表（うらおもて）

裏口（うらぐち）

期待（きたい）を裏切（うらぎ）らない。

音 リツ
訓 ―

法律（ほうりつ）

規律（きりつ）

ピアノの調律（ちょうりつ）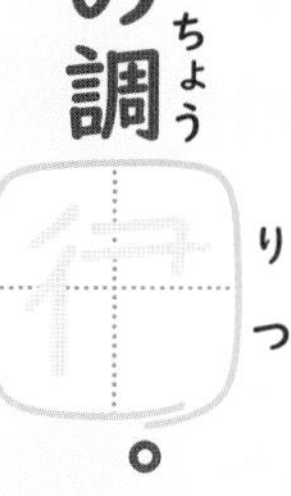。

臨・朗・論

□ 手本の漢字を指でなぞります。□には漢字を頭の中で思いうかべてから書きましょう。

臨

音 リン
訓 ―

臨（りん）時（じ）

臨（りん）海（かい）

臨（りん）機（き）応（おう）変（へん）に動（うご）く。

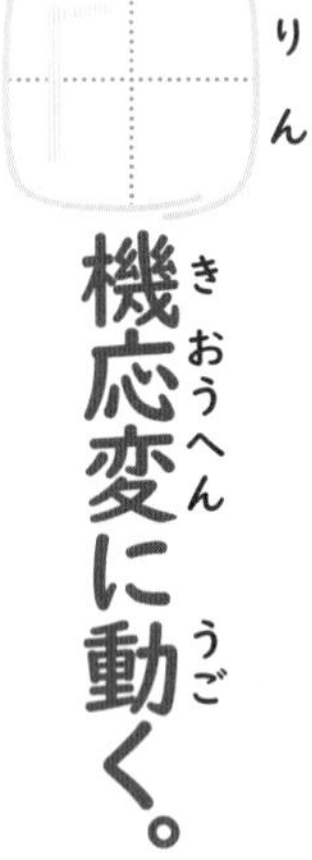

朗

音 ロウ
訓 ―

朗（ろう）読（どく）

明（めい）朗（ろう）

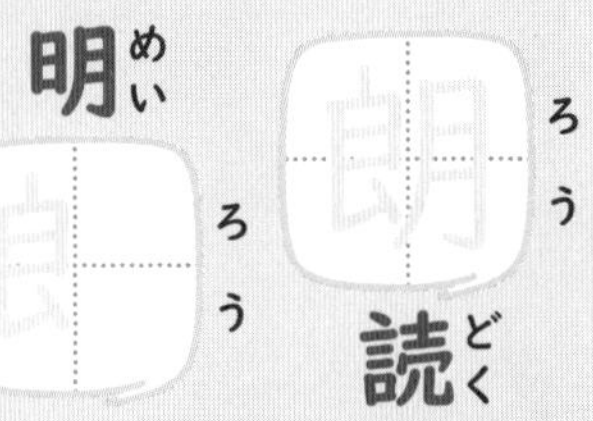

朗（ろう）報（ほう）が届（とど）く。

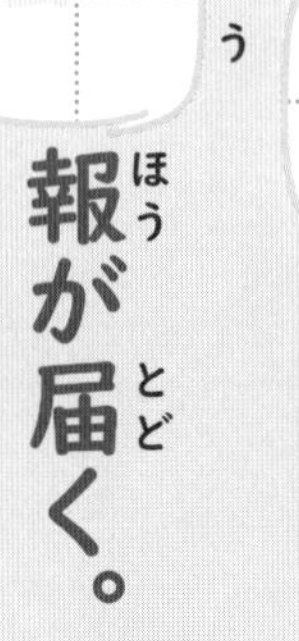

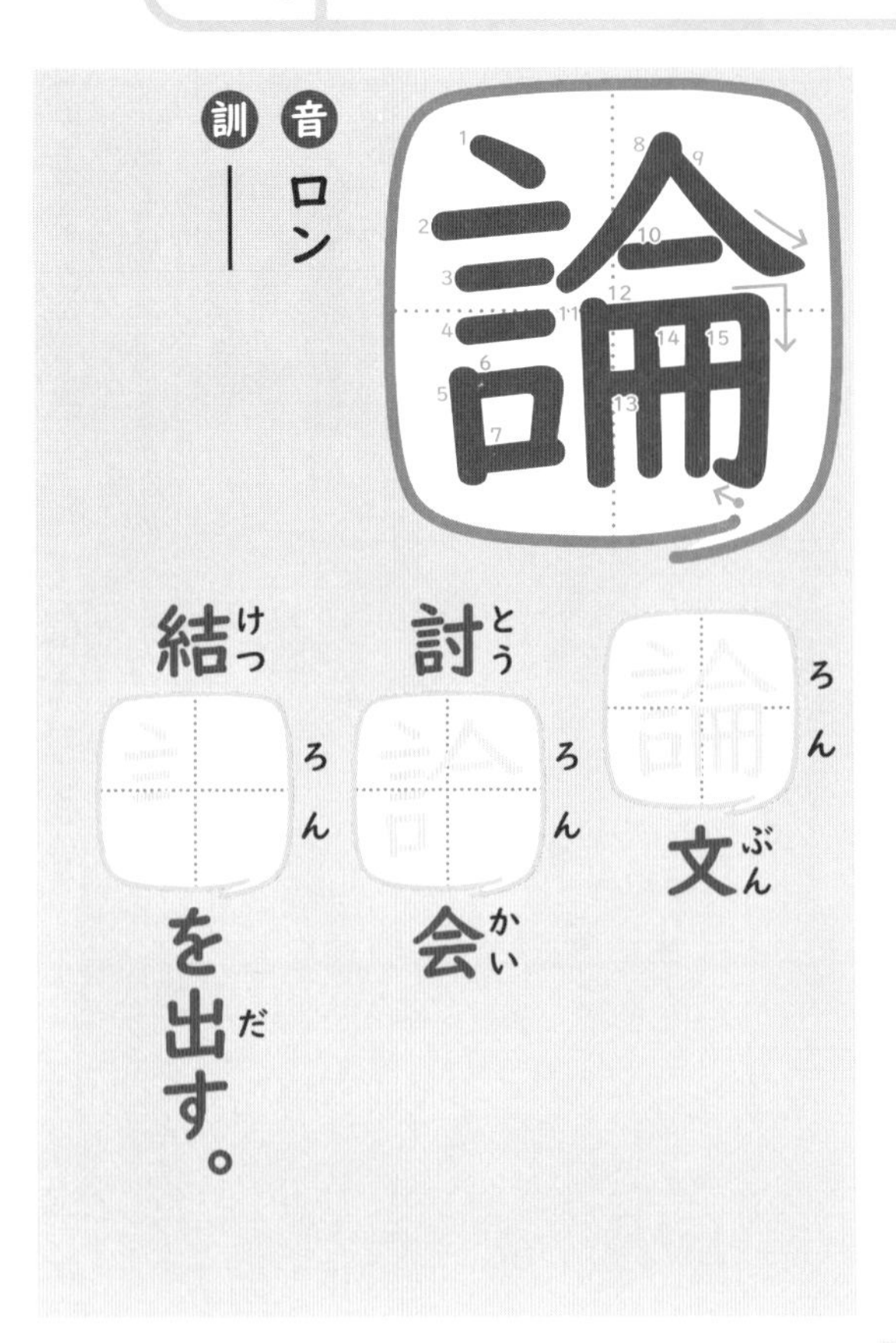

論

音 ロン
訓 ―

論（ろん）文（ぶん）

討（とう）論（ろん）会（かい）

結（けっ）論（ろん）を出（だ）す。

漢字 10-⑥

読みのたしかめ

次の文を読んで、―を引いた漢字の読みを（　）に書きましょう。

① 暗幕を張る。

② 密接した家。

③ 国連に加盟。

④ 模型を作る。

⑤ 深い訳がある。

⑥ 郵便配達。

⑦ 人気俳優を目指す。

⑧ 子どもを預ける。

⑨ 幼い子どもをだく。

⑩ 欲が深い人。

⑪ 翌年の五月。

⑫ 生活が乱れる。

⑬ 卵焼きを作る。

⑭ 観覧車の乗客。

⑮ 裏道を歩く。

⑯ 法律を守る。

⑰ 臨時バスが出る。

⑱ 詩の朗読をする。

⑲ 正論を語る。

漢字 10-⑦

書きのたしかめ ①

□ 次の文を読んで、□にあてはまる漢字を頭の中で思いうかべてからなぞりましょう。

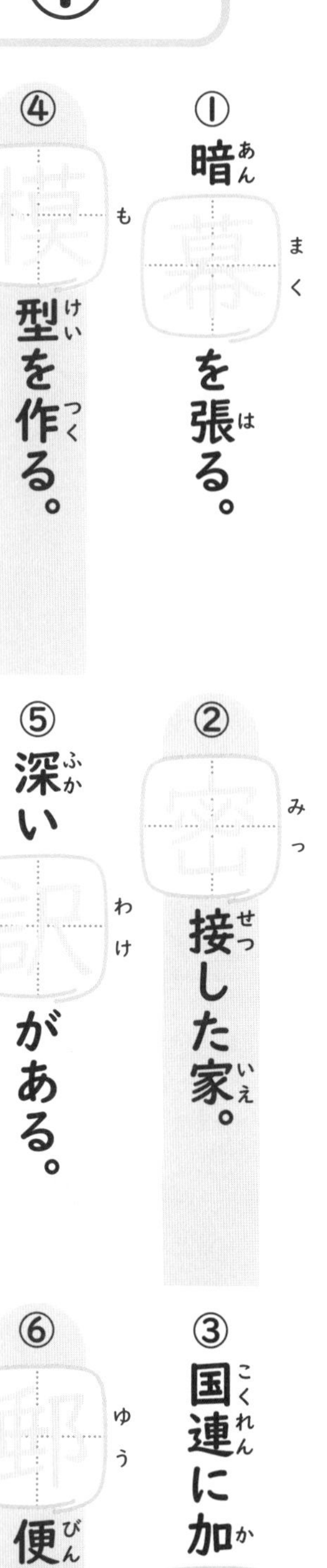

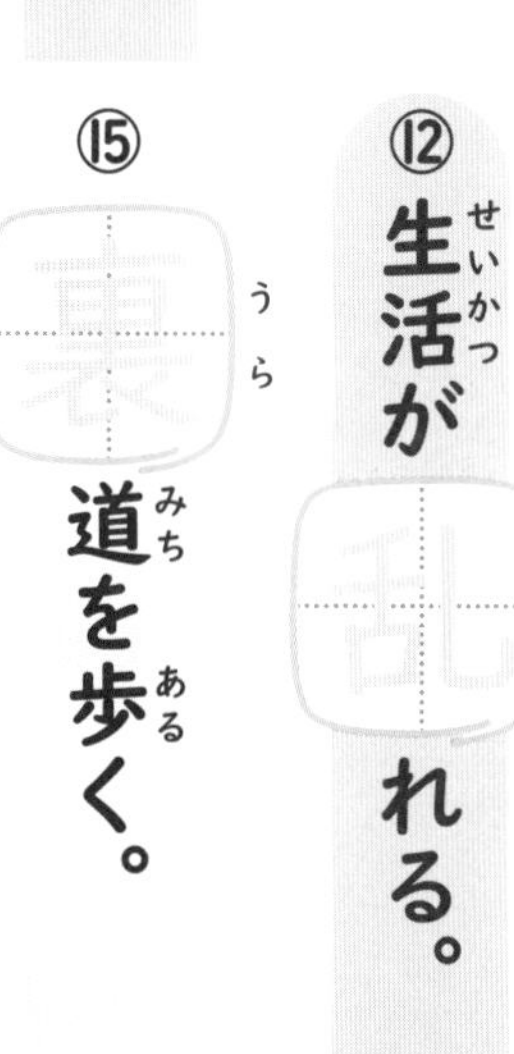

① 暗(あん)幕(まく)を張(は)る。

② 密(みっ)接(せっ)した家(いえ)。

③ 国連(こくれん)に加(か)盟(めい)。

④ 模(も)型(けい)を作(つく)る。

⑤ 深(ふか)い訳(わけ)がある。

⑥ 郵(ゆう)便配達(びんはいたつ)。

⑦ 人気俳(にんきはい)優(ゆう)を目指(めざ)す。

⑧ 子(こ)どもを預(あず)ける。

⑨ 幼(おさな)い子(こ)どもをだく。

⑩ 欲(よく)が深(ふか)い人(ひと)。

⑪ 翌(よく)年(とし)の五月(ごがつ)。

⑫ 生活(せいかつ)が乱(みだ)れる。

⑬ 卵(たまご)焼(や)きを作(つく)る。

⑭ 観(かん)覧(らん)車(しゃ)の乗客(じょうきゃく)。

⑮ 裏(うら)道(みち)を歩(ある)く。

⑯ 法(ほう)律(りつ)を守(まも)る。

⑰ 臨(りん)時(じ)バスが出(で)る。

⑱ 詩(し)の朗(ろう)読(どく)をする。

⑲ 正(せい)論(ろん)を語(かた)る。

漢字 10-⑧

書きのたしかめ ②

□ 次の文を読んで、□にあてはまる漢字を頭の中で思いうかべてから書きましょう。

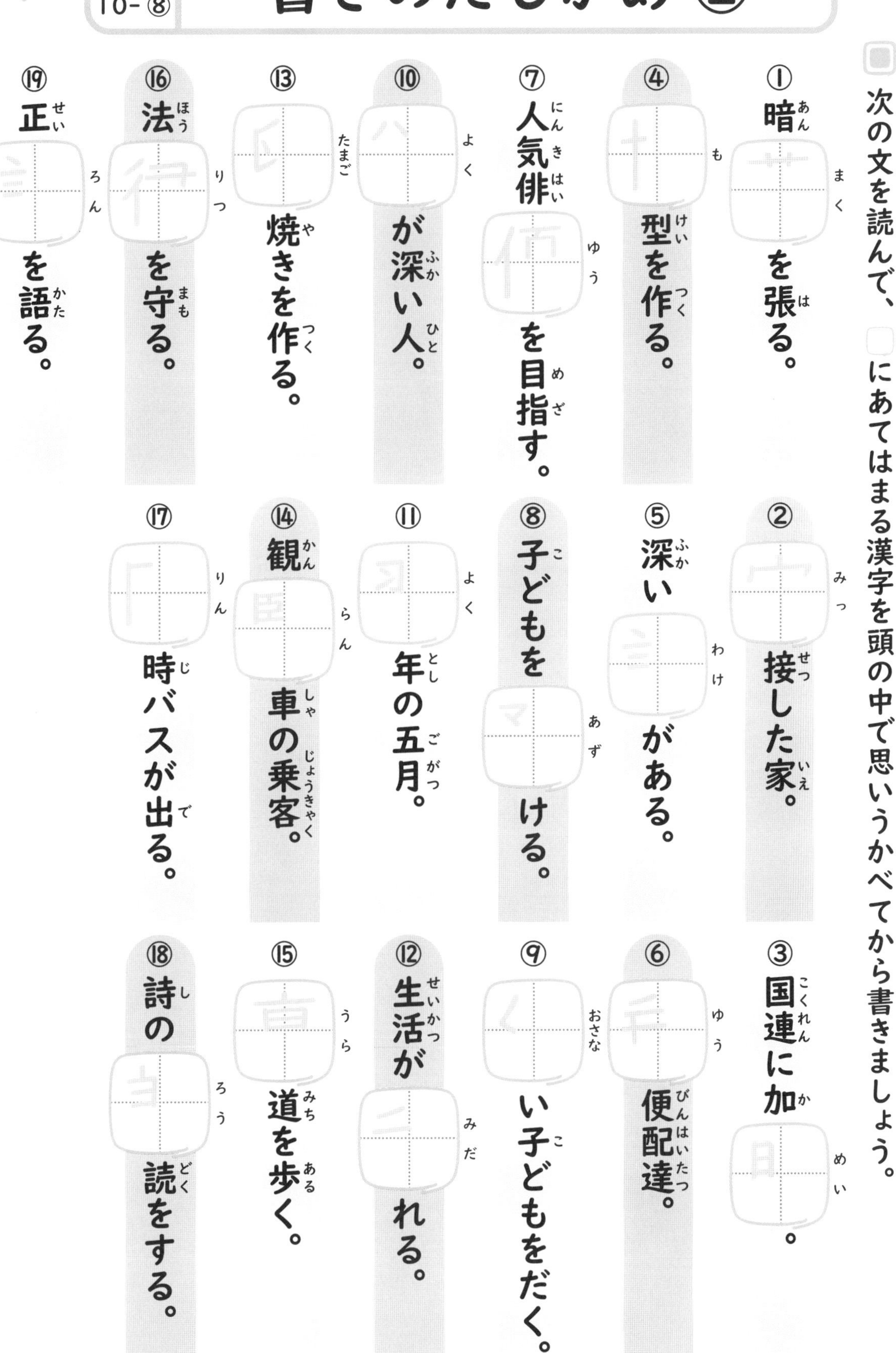

① 暗□（まく）を張る。

② □（みっ）接した家。

③ 国連に加□（めい）。

④ □（も）型を作る。

⑤ 深い□（わけ）がある。

⑥ □（ゆう）便配達。

⑦ 人気俳□（ゆう）を目指す。

⑧ 子どもを□（あず）ける。

⑨ □（おさな）い子どもをだく。

⑩ □（よく）が深い人。

⑪ □（よく）年の五月。

⑫ 生活が□（みだ）れる。

⑬ □（たまご）焼きを作る。

⑭ 観□（らん）車の乗客。

⑮ □（うら）道を歩く。

⑯ 法□（りつ）を守る。

⑰ □（りん）時バスが出る。

⑱ 詩の□（ろう）読をする。

⑲ 正□（ろん）を語る。

漢字 10-⑨

書きのたしかめ ③

□ 次の文を読んで、□にあてはまる漢字を頭の中で思いうかべてから書きましょう。

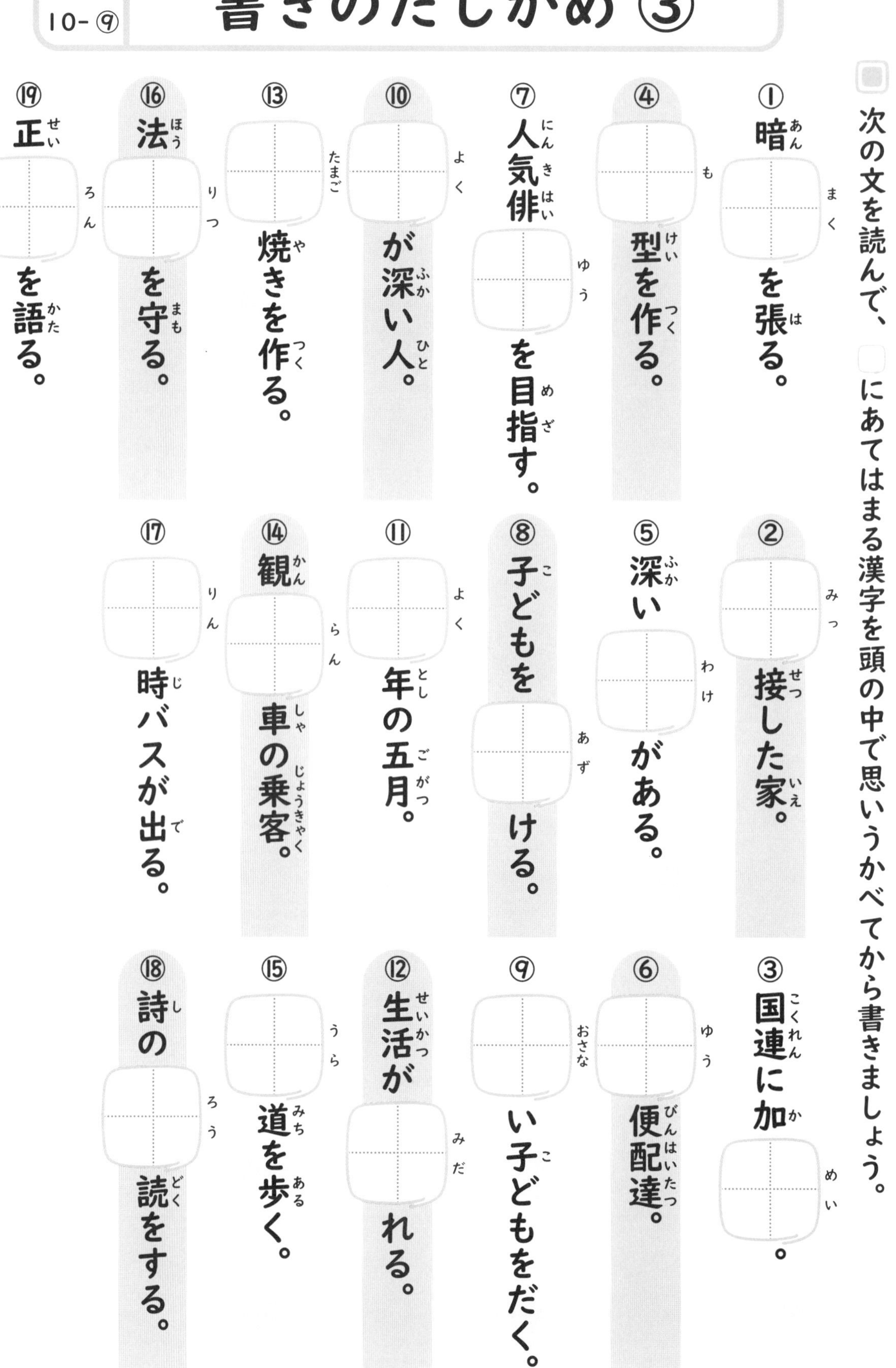

① 暗（あん）□（まく）を張（は）る。

② □（みっ）接（せつ）した家（いえ）。

③ 国連（こくれん）に加（か）□（めい）。

④ □（も）型（けい）を作（つく）る。

⑤ 深（ふか）い□（わけ）がある。

⑥ □（ゆう）便配達（びんはいたつ）。

⑦ 人気俳（にんきはい）□（ゆう）を目指（めざ）す。

⑧ 子（こ）どもを□（あず）ける。

⑨ □（おさな）い子（こ）どもをだく。

⑩ □（よく）が深（ふか）い人（ひと）。

⑪ □（よく）年（とし）の五月（ごがつ）。

⑫ 生活（せいかつ）が□（みだ）れる。

⑬ □（たまご）焼（や）きを作（つく）る。

⑭ 観（かん）□（らん）車（しゃ）の乗客（じょうきゃく）。

⑮ □（うら）道（みち）を歩（ある）く。

⑯ 法（ほう）□（りつ）を守（まも）る。

⑰ □（りん）時（じ）バスが出（で）る。

⑱ 詩（し）の□（ろう）読（どく）をする。

⑲ 正（せい）□（ろん）を語（かた）る。

ゴール　スタート

漢字 10-⑩

漢字みつけ！ ④

次の図の中から、今回学習した漢字を十九字見つけましょう。見つけた漢字はなぞりましょう。

まとめ 1-①

6年で習う漢字 ①

次の漢字を読んで、□にあてはまる漢字を頭の中で思いうかべてからなぞりましょう。

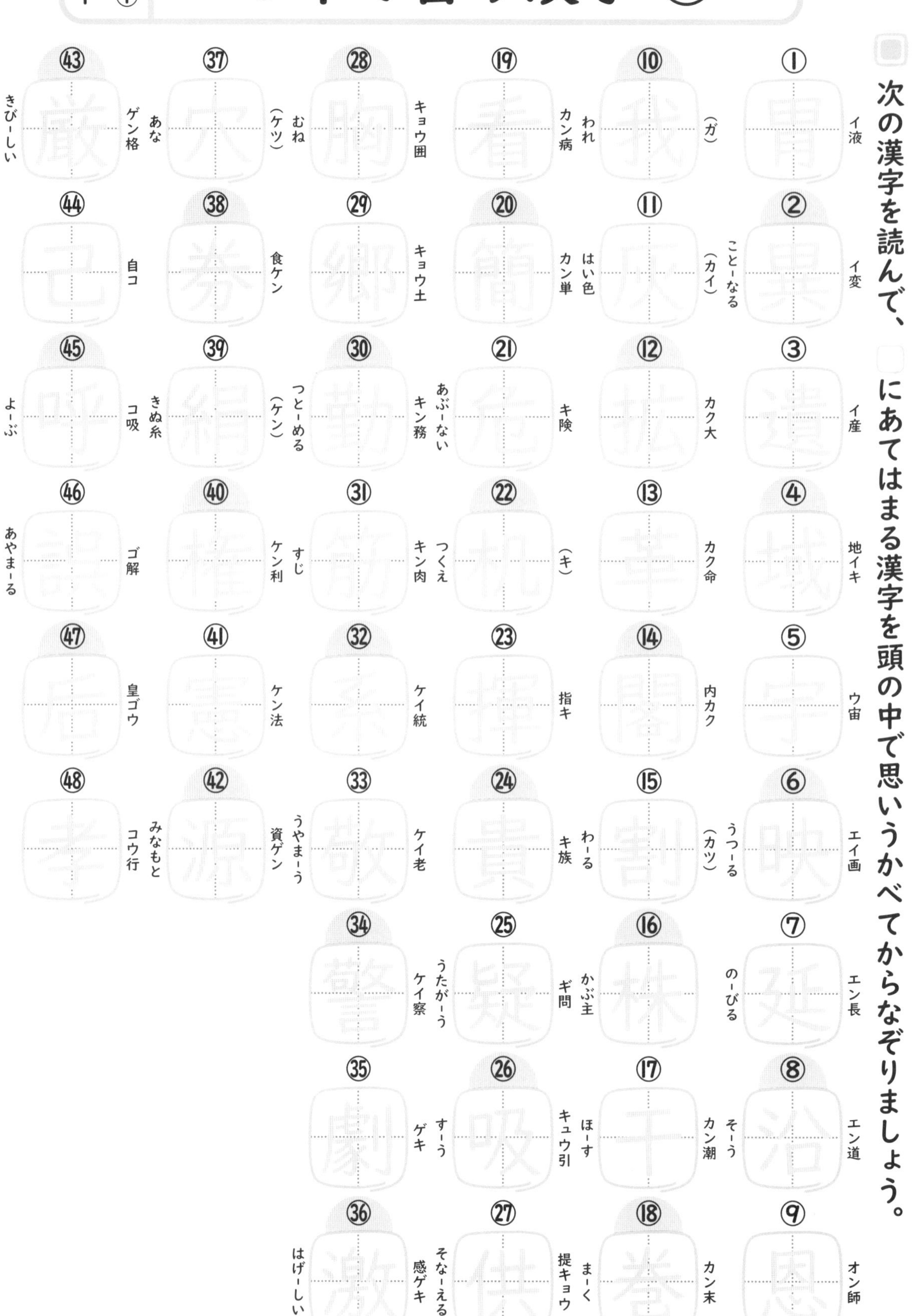

ゴール　スタート

まとめ 1-②

6年で習う漢字 ②

□ 次の漢字を読んで、□にあてはまる漢字を頭の中で思いうかべてからなぞりましょう。

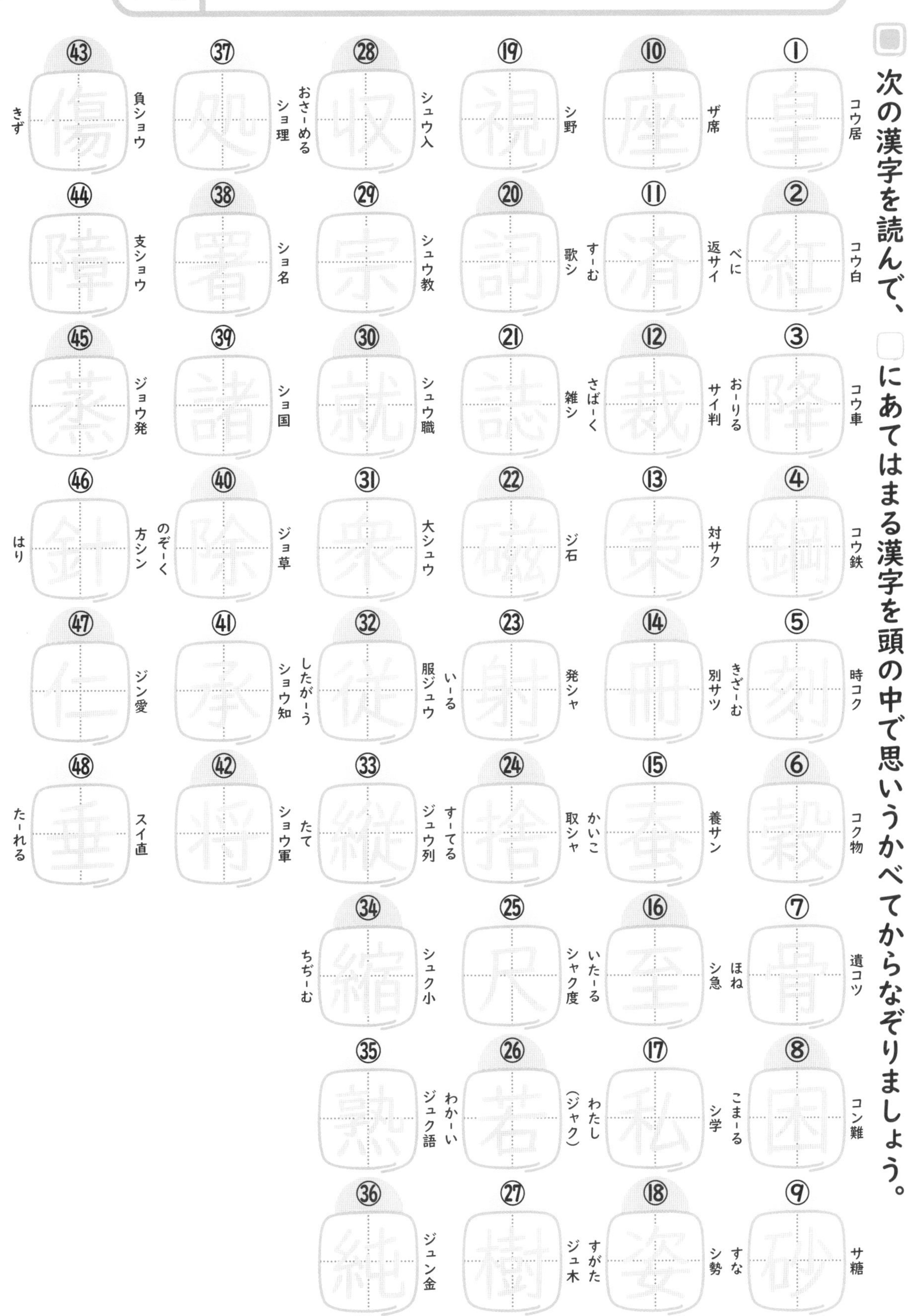

まとめ 1-③

6年で習う漢字 ③

次の漢字を読んで、□にあてはまる漢字を頭の中で思いうかべてからなぞりましょう。

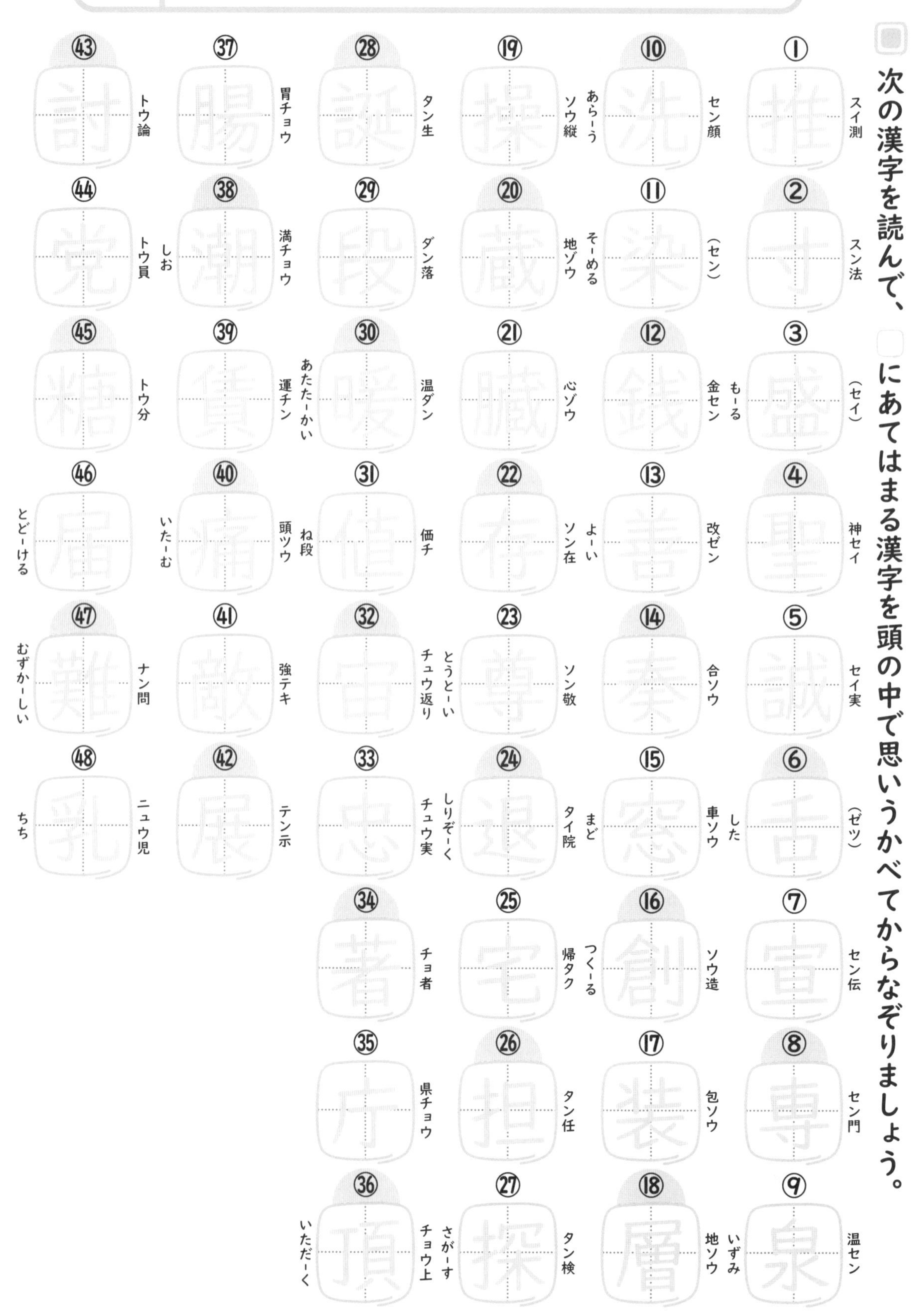

まとめ 1-④

6年で習う漢字④

次の漢字を読んで、□にあてはまる漢字を頭の中で思いうかべてからなぞりましょう。

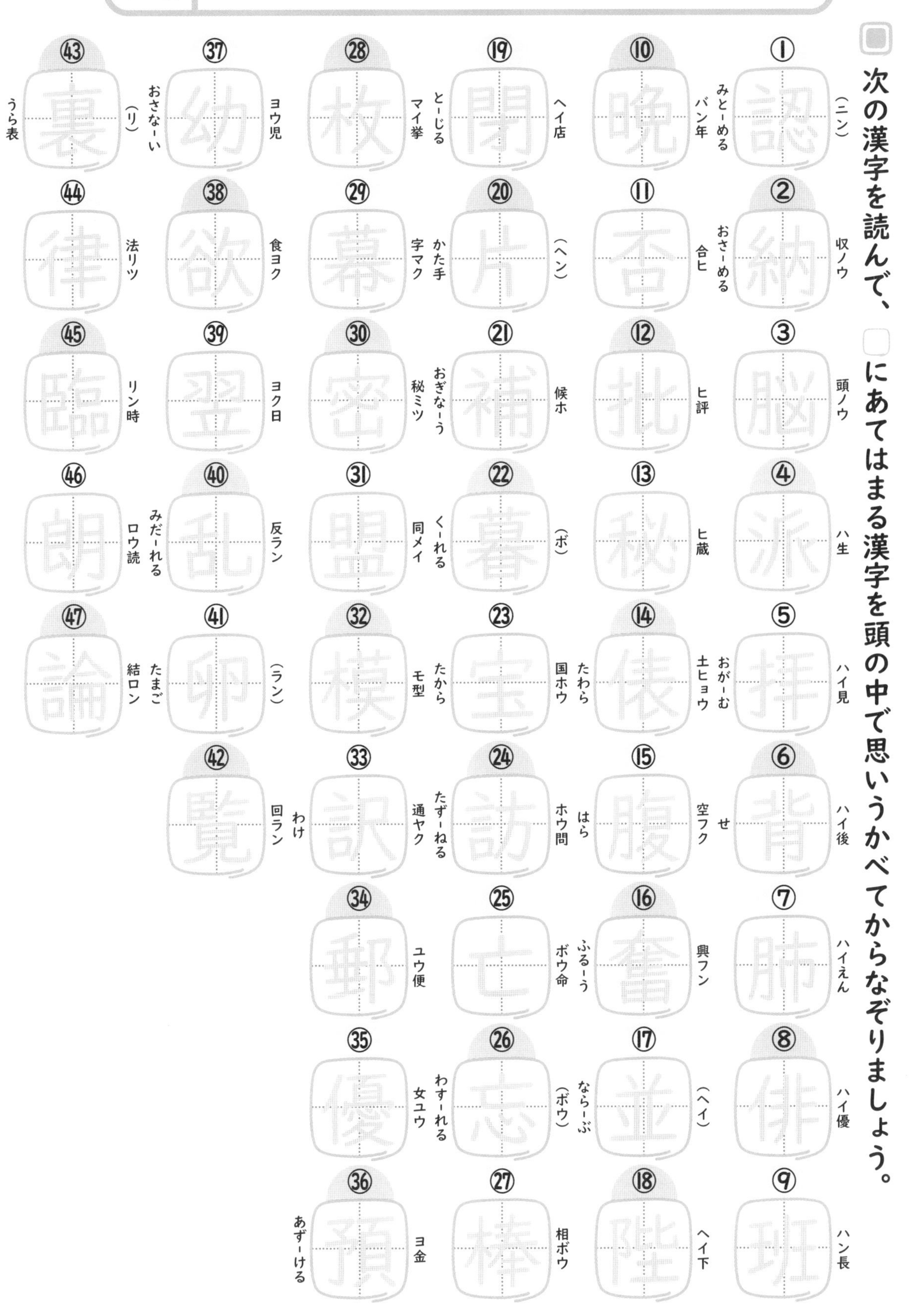

まとめ 2-①

6年で習う漢字 ⑤

□ 次の漢字を読んで、□にあてはまる漢字を頭の中で思いうかべてから書きましょう。

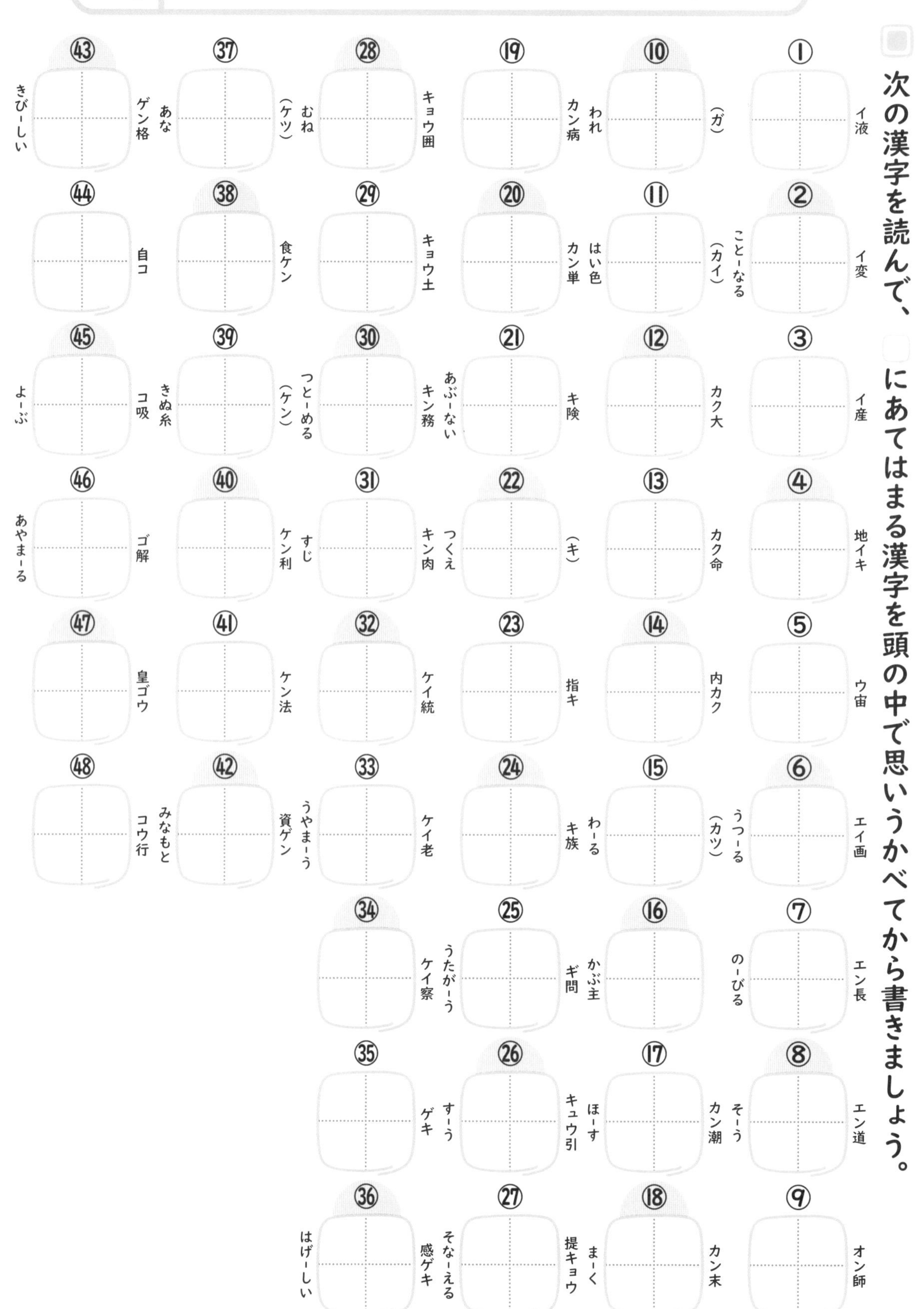

① イ液
② イ変　こと-なる
③ イ産
④ 地イキ
⑤ ウ宙
⑥ エイ画　うつ-る
⑦ エン長　の-びる
⑧ エン道　そ-う
⑨ オン師
⑩ (ガ)　われ
⑪ (カイ)　はい色
⑫ カク大
⑬ カク命
⑭ 内カク
⑮ (カツ)　わ-る
⑯ かぶ主
⑰ カン潮　ほ-す
⑱ カン末　ま-く
⑲ カン病
⑳ カン単
㉑ キ険　あぶ-ない
㉒ (キ)　つくえ
㉓ 指キ
㉔ キ族
㉕ ギ問　うたが-う
㉖ キュウ引　す-う
㉗ 提キョウ　そな-える
㉘ キョウ囲　むね
㉙ キョウ土
㉚ キン務　つと-める
㉛ キン肉　すじ
㉜ ケイ統
㉝ ケイ老　うやま-う
㉞ ケイ察
㉟ ゲキ
㊱ 感ゲキ　はげ-しい
㊲ (ケツ)　あな
㊳ 食ケン
㊴ (ケン)　きぬ糸
㊵ ケン利
㊶ ケン法
㊷ 資ゲン　みなもと
㊸ ゲン格　きび-しい
㊹ 自コ
㊺ コ吸　よ-ぶ
㊻ ゴ解　あやま-る
㊼ 皇ゴウ
㊽ コウ行

まとめ 2-②

6年で習う漢字⑥

次の漢字を読んで、□にあてはまる漢字を頭の中で思いうかべてから書きましょう。

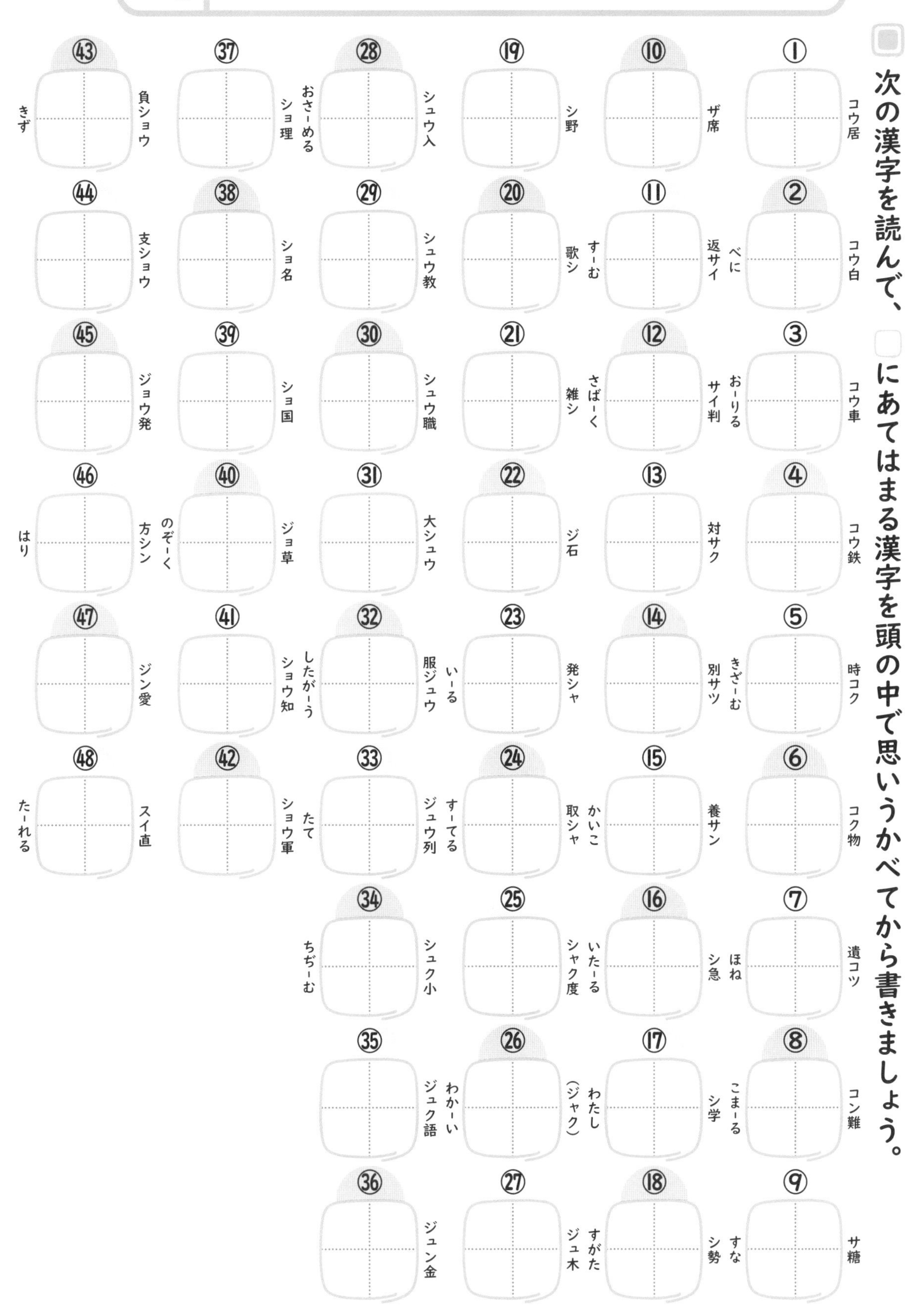

まとめ 2-③

6年で習う漢字 ⑦

次の漢字を読んで、□にあてはまる漢字を頭の中で思いうかべてから書きましょう。

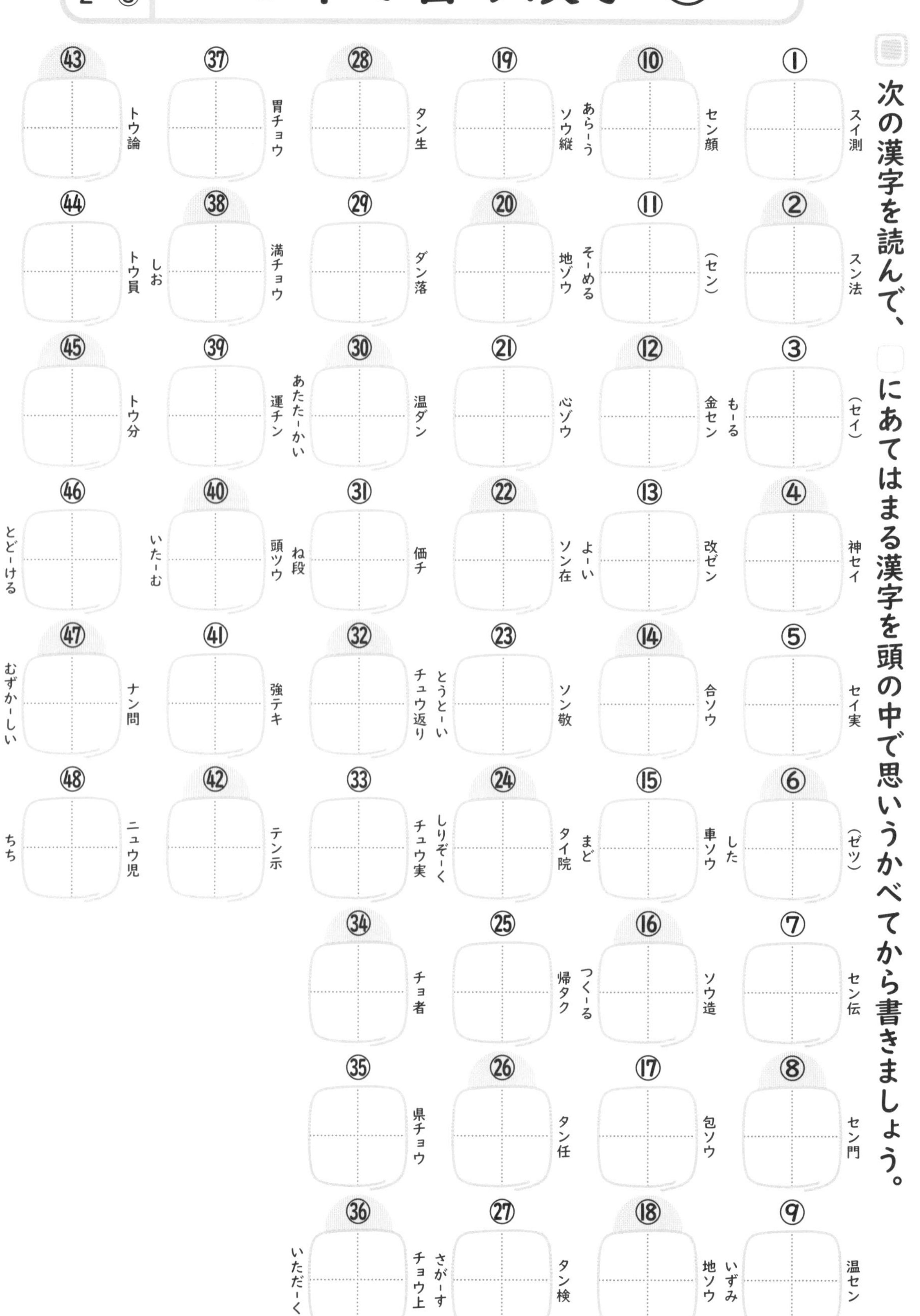

まとめ 2-④

6年で習う漢字 ⑧

■ 次の漢字を読んで、□にあてはまる漢字を頭の中で思いうかべてから書きましょう。

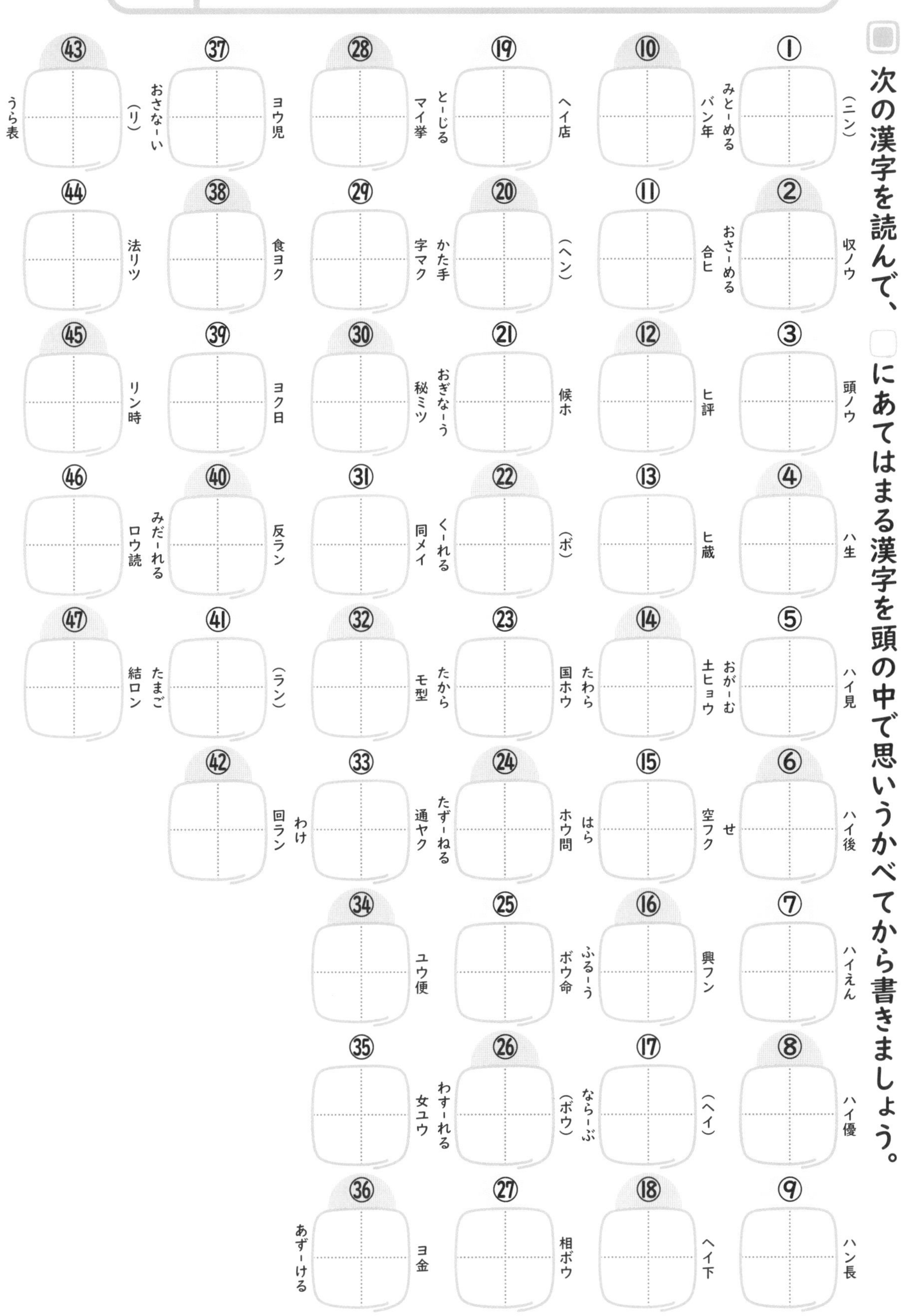

答え

〔P.11〕

漢字 1-10 漢字みつけ！①

次の図の中から、今回学習した漢字を二十字見つけましょう。見つけた漢字はなぞりましょう。

〔P.21〕

漢字 2-10 漢字めいろ①

正しい漢字の道を通って、スタートからゴールまで進みます。正しい漢字のみをなぞりましょう。（さらに、まちがい漢字を正しく書けたら花丸です）

スタート 敬 胸 危 絹 机 券 揮 供 劇 吸 系 穴 筋 ゴール

勤 激 警 疑 貴 郷

〔P.31〕

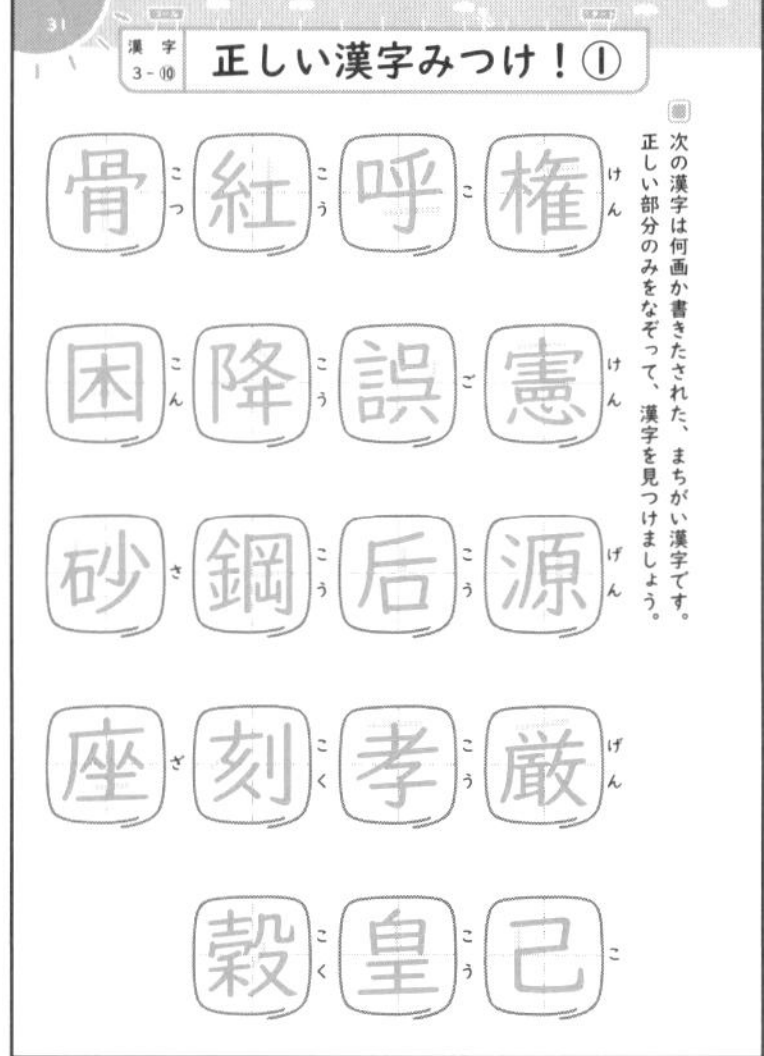

※権・呼・座は線の本数や向きがあっていれば正解です。

〔P.41〕

〔P.51〕

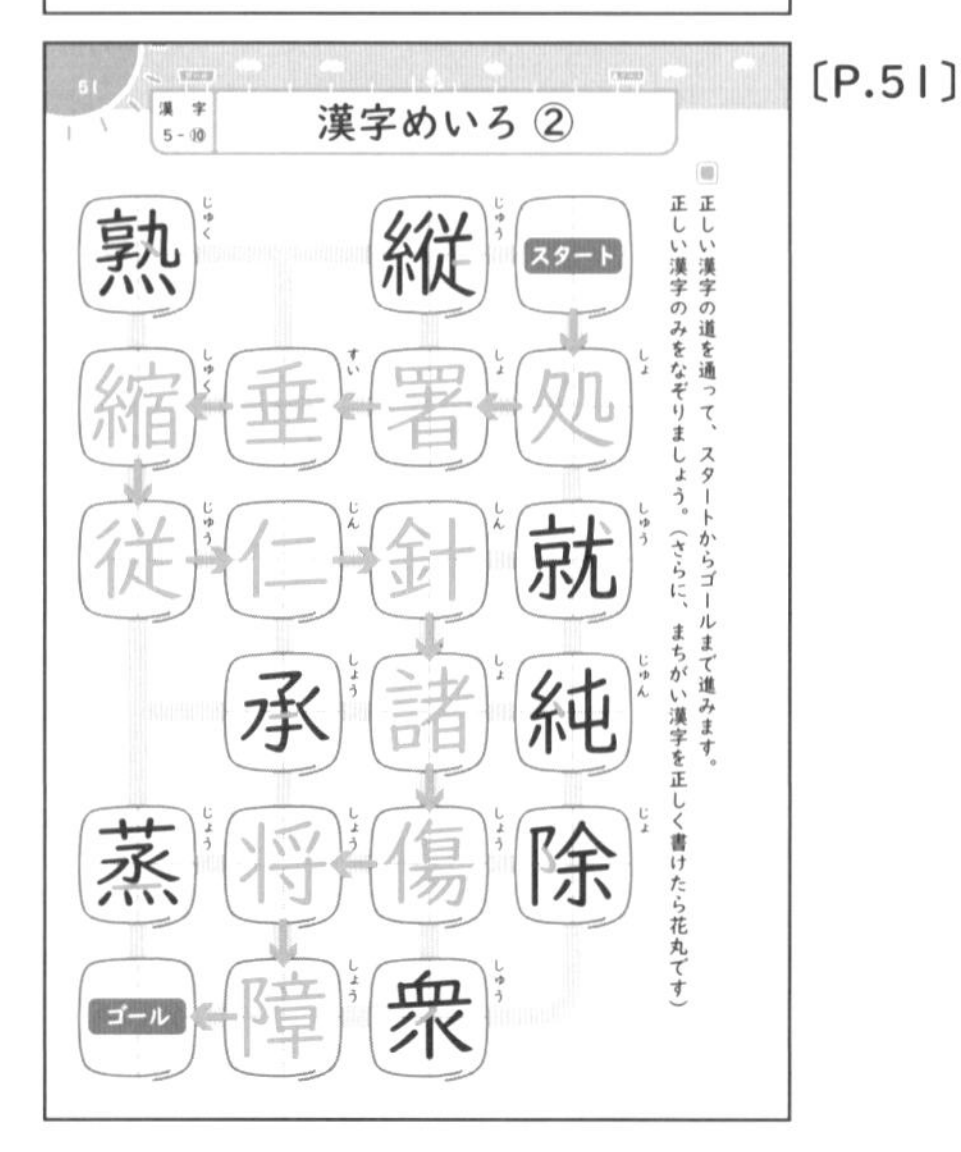

〔P.91〕

※晩・補・訪・棒は線の本数や向きがあっていれば正解です。

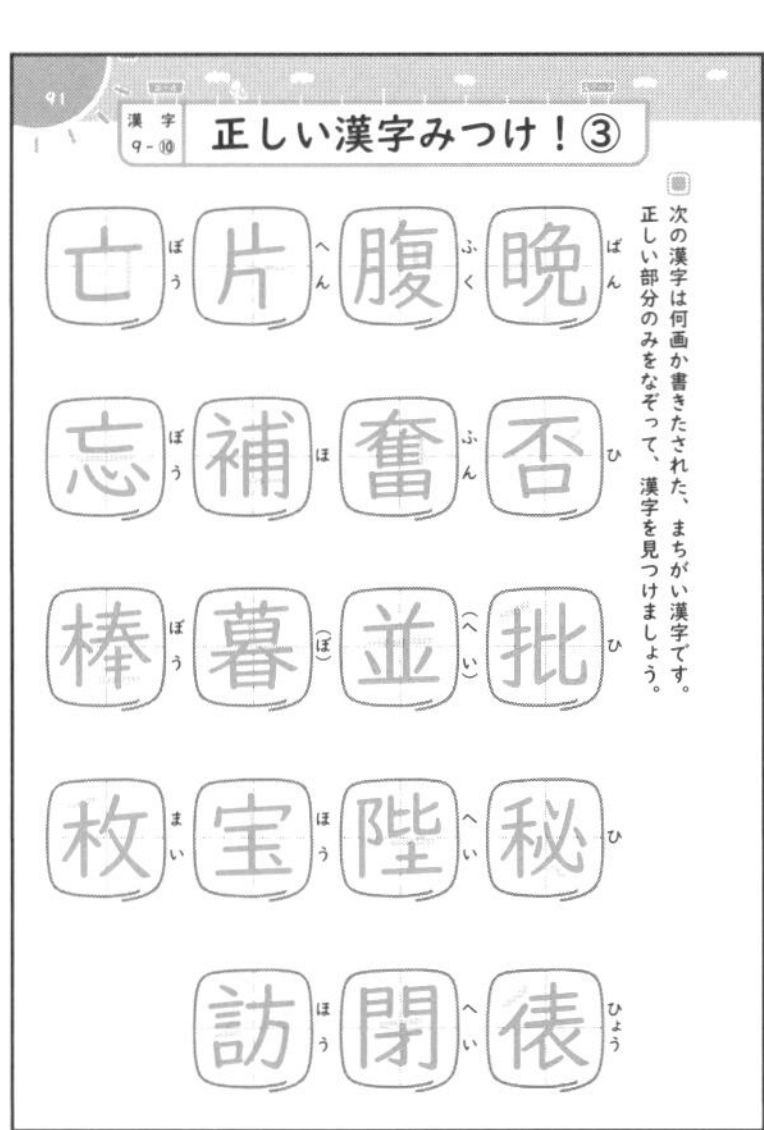

〔P.101〕

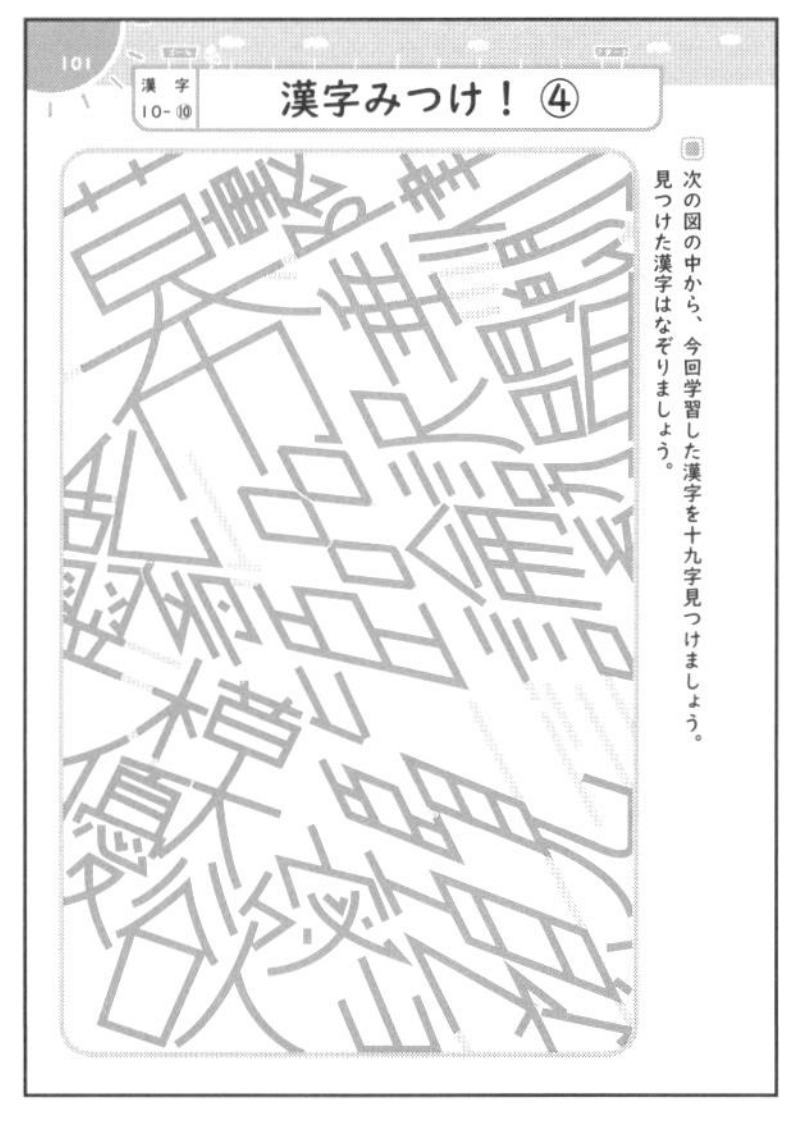

〔P.61〕

※推・舌・窓は線の本数や向きがあっていれば正解です。

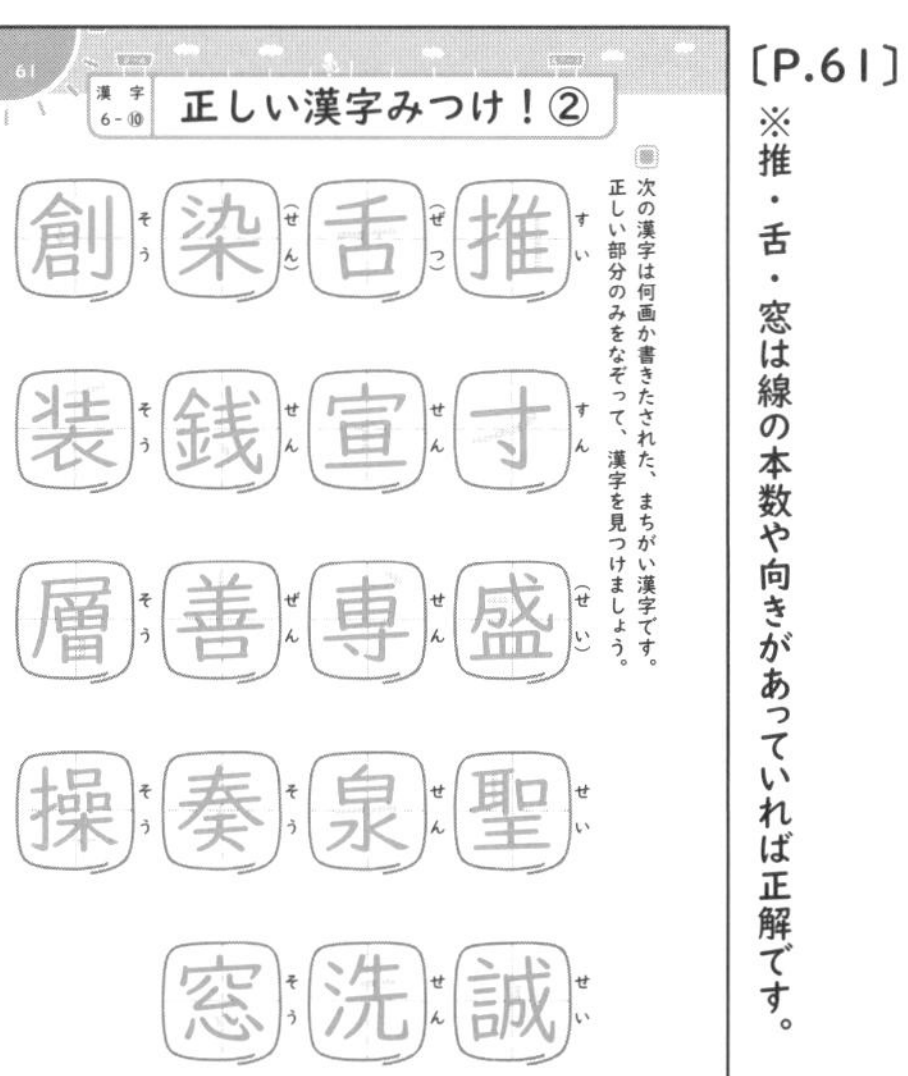

〔P.71〕

71 漢字 7-⑩

漢字みつけ！③

次の図の中から、今回学習した漢字を十九字見つけましょう。
見つけた漢字はなぞりましょう。

〔P.81〕

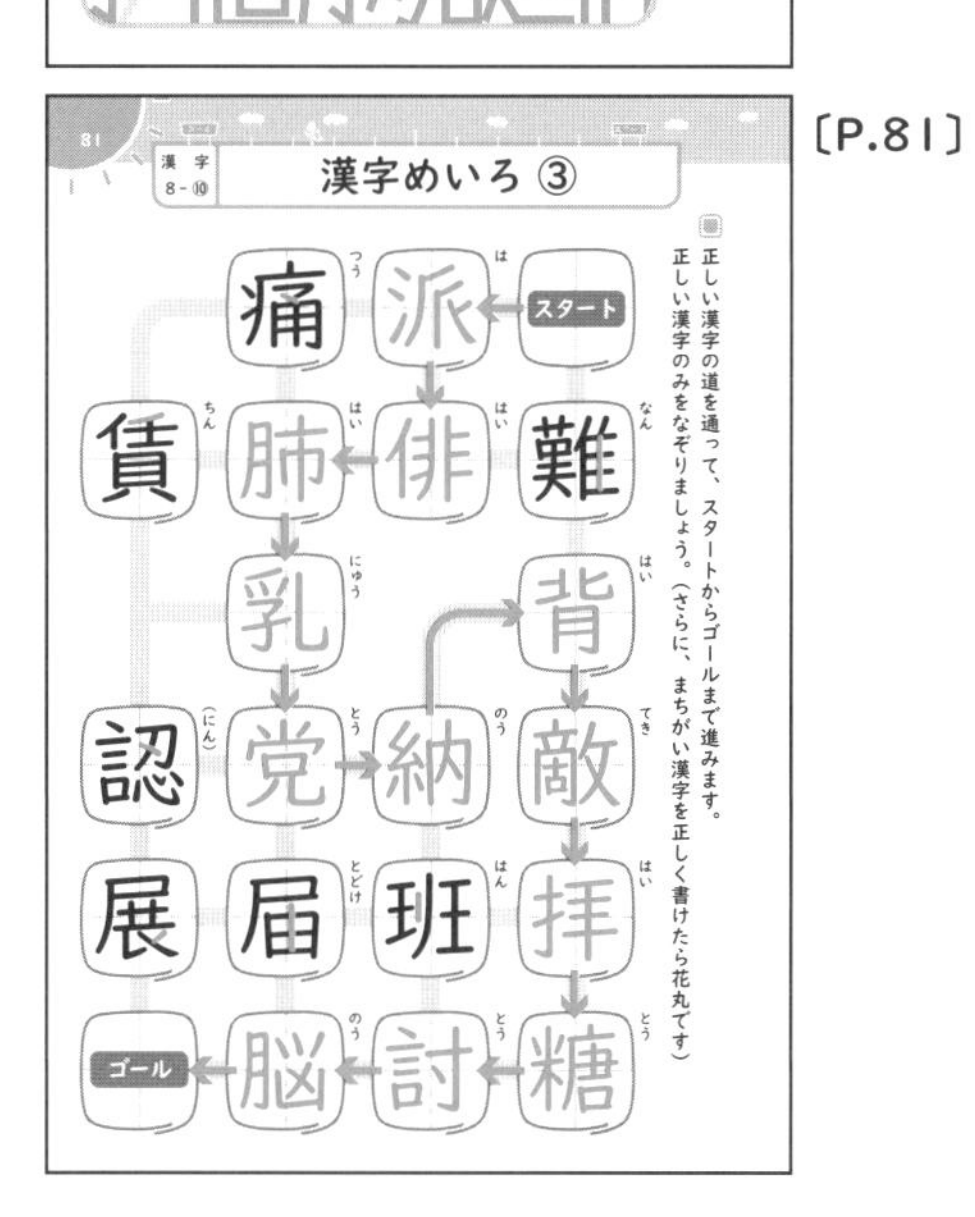

いつのまにか、正しく書ける

なぞるだけ漢字 小学6年

2022年1月20日　第1刷発行
著　　者　金井敬之
発 行 者　面屋尚志
発 行 所　フォーラム・A
〒530-0056　大阪市北区兎我野町15-13
TEL　06(6365)5606
FAX　06(6365)5607
振替　00970-3-127184

表　紙　畑佐　実
本　文　くまのくうた@
印　刷　尼崎印刷株式会社
製　本　株式会社高廣製本
制作編集　田邉光喜

乱丁・落丁本は、送料小社負担にてお取り替え致します。